CONSTRUIR O INIMIGO

UMBERTO ECO
CONSTRUIR O INIMIGO
e outros escritos ocasionais

TRADUÇÃO DE ELIANA AGUIAR

1ª edição

EDITORA RECORD
RIO DE JANEIRO • SÃO PAULO
2021

CIP-BRASIL. CATALOGAÇÃO NA PUBLICAÇÃO
SINDICATO NACIONAL DOS EDITORES DE LIVROS, RJ

E22c

Eco, Umberto, 1932-2016
Construir o inimigo e outros escritos ocasionais / Umberto Eco; [tradução Eliana Aguiar]. – 1. ed. – Rio de Janeiro: Record, 2021.

Tradução de: *Costruire il nemico e altri scritti occasionali*
ISBN 978-85-01-09311-0

1. Ensaios italianos. I. Aguiar, Eliana. II. Título.

CDD: 854
CDU: 82-4(450)

21-69238

Camila Donis Hartmann – Bibliotecária – CRB-7/6472

Copyright © Umberto Eco, 2011

Título original em italiano: Costruire il nemico e altri scritti occasionali

Todos os direitos reservados. Proibida a reprodução, armazenamento ou transmissão de partes deste livro, através de quaisquer meios, sem prévia autorização por escrito.

Texto revisado segundo o novo Acordo Ortográfico da Língua Portuguesa.

Direitos exclusivos de publicação em língua portuguesa para o Brasil adquiridos pela
EDITORA RECORD LTDA.
Rua Argentina, 171 – 20921-380 – Rio de Janeiro, RJ – Tel.: (21) 2585-2000, que se reserva a propriedade literária desta tradução.

Impresso no Brasil

ISBN 978-85-01-09311-0

Seja um leitor preferencial Record.
Cadastre-se em www.record.com.br
e receba informações sobre nossos lançamentos e nossas promoções.

Atendimento e venda direta ao leitor:
sac@record.com.br

Sumário

Introdução	7
Construir o inimigo	11
Absoluto e Relativo	32
A chama é bela	54
Em busca de tesouros	76
Delícias fermentadas	86
Os embriões fora do Paraíso	96
O Grupo 63, quarenta anos depois	104
Hugo, hélas! A poética do excesso	128
Veline e silêncio	155
Astronomias imaginárias	162
A cada povo, seu costume	183
Eu sou Edmond Dantès!	191
Só nos faltava mesmo o *Ulisses...*	205
Por que a ilha nunca é encontrada	213
Reflexões sobre o WikiLeaks	231

Introdução

O verdadeiro título desta coletânea deveria ser o seu subtítulo, ou seja, "escritos ocasionais". Apenas a justa preocupação do editor de que um título tão pomposamente modesto pudesse não atrair a atenção do leitor, enquanto o do primeiro ensaio apresentava alguns motivos de curiosidade, fez com que a balança tendesse para a escolha final.

O que é um escrito ocasional e quais são suas virtudes? Em geral, significa que o autor realmente não planejava abordar aquele determinado assunto e foi levado a ele pelo convite para uma série de discussões ou ensaios sobre um determinado tema. O tema estimula o autor, induzindo-o a refletir a respeito de uma coisa que, do contrário, não teria chamado sua atenção — e, muitas vezes, um tema recebido por imposição externa resulta mais fecundo que outro nascido de algum capricho interior.

Outra virtude do escrito ocasional é que não obriga à originalidade a qualquer custo, mas visa antes a diversão, tanto de quem fala quanto de quem ouve. Em suma, o escrito ocasional é um exercício barroco de retórica, como quando Roxana impunha a Cristiano (e, através dele, a Cyrano) desafios do tipo "fale-me do amor".

No rodapé de cada texto (todos da última década), registro as várias datas e ocasiões, mas, só para sublinhar sua ocasionalidade, recordo que "Absoluto e Relativo" e "A chama é bela" foram lidos no âmbito dos saraus do festival La Milanesiana, que são justamente eventos com tema definido. Se falar do absoluto nos anos em que a polêmica sobre o relativismo estava explodindo foi uma experiência interessante, a prova de fogo foi a chama, pois jamais me passou pela cabeça que um dia teria de discorrer (no calor do momento) sobre tal assunto.

"Os embriões fora do Paraíso" corresponde a uma conferência feita em Bolonha, em 2008, num congresso sobre a ética da pesquisa, e incluída posteriormente no livro organizado por Francesco Galofaro, *Etica della ricerca medica e identità culturale europea* [Ética da pesquisa médica e identidade cultural europeia] (Bolonha: CLUEB, 2009). "O Grupo 63, quarenta anos depois" abria um colóquio, sempre em Bolonha, cujo tema o próprio título indica.

As reflexões sobre a poética do excesso em Hugo sintetizam três exposições diversas, escritas e orais, enquanto o divertimento sobre astronomias imaginárias foi impudentemente apresentado, em duas versões diferentes, em dois colóquios distintos, um de astrônomos e o outro de geógrafos.

"Em busca de tesouros" condensa várias exposições sobre este mesmo assunto; "Delícias fermentadas" foi proferido numa conferência sobre Piero Camporesi.

"*Veline* e silêncio" foi uma conferência proferida quase de improviso no colóquio de 2009 da Associação Italiana de Semiótica.

Três textos são própria e verdadeiramente divertimentos, publicados em três diferentes anos no *Almanacco del bibliofilo*, e foram inspirados nos três temas de cada um dos almanaques, ou seja: "Em busca de novas ilhas da utopia" ensejou "A cada povo, seu costume"; "Divagações sentimentais sobre as leituras dos anos mais verdes", o texto "Eu sou Edmond Dantès!"; e "Resenhas em atraso" inspirou "Só nos faltava mesmo o *Ulisses*...". "Por que a ilha nunca é encontrada" também foi publicado no *Almanacco del bibliofilo*, em 2011, mas o texto retoma uma exposição num colóquio sobre ilhas que teve lugar em Carloforte, em 2010.

"Reflexões sobre o WikiLeaks" é a reelaboração de dois artigos publicados, o primeiro no *Libération* (em 2 de dezembro de 2010) e o outro no *L'Espresso* (em 31 de dezembro de 2010). Enfim, chegamos ao primeiro texto da coletânea, "Construir o inimigo": ele foi lido num dos encontros sobre os clássicos que Ivano Dionigi organizou na Universidade de Bolonha. Hoje, depois que Gian Antonio Stella desenvolveu o tema esplendidamente em mais de trezentas páginas, em seu *Negri, froci, giudei & cia. L'eterna guerra contro l'altro* [Negros, bichas, judeus & cia. A eterna guerra contra o outro] (Milão: Rizzoli, 2009), estas minhas vinte páginas parecem meio parcas, mas paciência, também não gostaria de relegá-las ao ostracismo, visto que os inimigos continuam a ser construídos sem descanso.

Construir o inimigo

Alguns anos atrás, em Nova York, topei com um taxista cujo nome era difícil de decifrar e ele me explicou que era paquistanês. Perguntou de onde eu vinha e lhe respondi que era da Itália. Perguntou quantos somos e ficou muito espantado ao saber que éramos tão poucos e que a nossa língua não era o inglês.

Por fim, perguntou quem eram os nossos inimigos. Diante do meu "como?", esclareceu pacientemente que queria saber com que povos estávamos em guerra havia séculos por reivindicações territoriais, ódios étnicos, violações contínuas de fronteiras e assim por diante. Disse que não estávamos em guerra com ninguém. Pacientemente, explicou-me que queria saber quem eram os nossos adversários históricos, aqueles que matam a gente e que a gente mata. Repeti que não tínhamos, que nossa última guerra havia acontecido mais de meio século atrás e que, além do mais, começamos com um inimigo e terminamos com um outro.

Não ficou satisfeito. Como é possível que exista um povo que não tem inimigos? Saltei do táxi, deixando um dólar de gorjeta à guisa de compensação por nosso indolente pacifismo, e só depois me veio à mente o que deveria ter respondido: que não é verdade que os italianos não tenham inimigos. Não têm inimigos externos e, de todo modo, não conseguiriam chegar a um acordo para apontar quem são eles, porque estão sempre em guerra entre si: Pisa contra Lucca, guelfos contra gibelinos, nortistas contra sulistas, fascistas contra *partigiani*, máfia contra Estado, governo contra magistratura — pena que na época ainda não tinha ocorrido a queda dos dois governos Prodi, pois poderia ter lhe explicado melhor o que significa perder uma guerra por culpa do fogo amigo.

No entanto, refletindo melhor sobre o episódio, convenci-me de que uma das desgraças do nosso país nos últimos sessenta anos é justamente o fato de não ter inimigos. A unidade da Itália fez-se graças à presença do austríaco ou, como queria Berchet, do *híspido, irritante alemão*; Mussolini pôde desfrutar do consenso popular incitando-nos à vingança pela vitória mutilada, pelas humilhações sofridas em Dogali e em Ádua e pelas demo-plutocracias judaicas que nos infligiam tais iníquas sanções. Vejam o que aconteceu nos Estados Unidos quando o Império do Mal desapareceu e o grande inimigo soviético dissolveu-se. Corriam o risco de ver desmoronar a sua identidade até que Bin Laden, reconhecido pelos benefícios recebidos em forma de ajuda contra a União Soviética, estendeu aos Estados Unidos a sua mão misericordiosa e deu a Bush a oportunidade de criar novos inimigos, reconsolidando o sentimento de identidade nacional e, de quebra, o seu próprio poder.

Ter um inimigo é importante não somente para definir a nossa identidade, mas também para encontrar o obstáculo em relação ao qual medir nosso sistema de valores e mostrar, no confronto, o nosso próprio valor. Portanto, quando o inimigo não existe, é preciso construí-lo. Vejam a generosa flexibilidade com que os *skinheads* de Verona escolhiam qualquer um que não pertencesse ao grupo como inimigo, tudo para garantir seu autorreconhecimento como grupo. E aqui, nesta ocasião, mais do que o fenômeno quase natural de identificação de um inimigo que nos ameaça, o que nos interessa é o processo de produção e demonização do inimigo.

Nas *Catilinárias* (II, 1-10), Cícero não teria necessidade de delinear uma imagem do inimigo, pois tinha provas do complô de Catilina. Mas ainda assim o constrói quando, na segunda oração, pinta para os senadores o retrato dos amigos de Catilina, reverberando sobre o principal acusado o seu halo de perversidade moral:

Indivíduos que tresnoitam nos banquetes, abraçados a mulheres impudicas, enlanguescidos de vinho, fartos de comida, engrinaldados de flores, besuntados de unguentos, debilitados pela cópula, que vomitam incitações à morte dos cidadãos honrados e ao incêndio da cidade. (...) Estão bem debaixo de vossos olhos: sem um fio de cabelo fora do lugar, imberbes ou com a barba bem talhada, com túnicas de mangas longas que chegam aos tornozelos, envoltos em véus e não nas togas. (...) Estes "infantes" tão lépidos e delicados aprenderam não só a amar e ser amados, a dançar e a cantar, mas também a brandir punhais e a ministrar venenos.

O moralismo de Cícero será, mais tarde, o mesmo de Agostinho, que vilipendiará os pagãos porque, ao contrário dos cristãos, frequentam circos, teatros, anfiteatros e celebram festas orgiásticas. Os inimigos são *diferentes* de nós e se comportam segundo costumes que não são os nossos.

E um diferente por natureza é o estrangeiro. Já nos baixos-relevos romanos, os bárbaros aparecem barbudos e com nariz chato, e o próprio apelativo "bárbaro", como se sabe, faz alusão a um defeito de linguagem, logo de pensamento.

Contudo, desde o início, são construídos como inimigos nem tanto os diferentes que nos ameaçam diretamente (como seria o caso dos bárbaros), mas aqueles que alguém tem interesse em representar como ameaçador, ainda que não ameacem diretamente, de modo que não temos o seu potencial de ameaça ressaltando sua diversidade, mas antes a sua diversidade tornando-se sinal de ameaça.

Vejamos o que Tácito disse dos judeus: "Profano é para eles tudo o que é sagrado para nós e tudo que para nós é impuro é para eles lícito" (e vem à mente a rejeição anglo-saxônica contra os comedores de rãs franceses ou a alemã contra os italianos que abusam do alho). Os judeus são "estranhos", pois não comem carne de porco, não botam levedura no pão, repousam no sétimo dia, só se casam entre si, praticam a circuncisão (imaginem) não porque é uma norma higiênica ou religiosa, mas "para marcar sua diversidade", sepultam os mortos e não veneram nossos Césares. Uma vez demonstrado como alguns costumes reais (circuncisão, repouso aos sábados) são diferentes, pode-se sublinhar esta diversidade inserindo no retrato alguns costumes lendários (consagram a efígie de um asno, desprezam os pais, filhos e irmãos, a pátria e os deuses).

Plínio não encontra elementos de acusação significativos contra os cristãos, visto que tem de admitir que não se dedicam a cometer delitos, mas antes a praticar ações virtuosas. Mesmo assim, decide condená-los à morte porque não sacrificam ao imperador, e esta obstinação em recusar uma coisa tão óbvia e natural estabelece sua diversidade.

Com o desenvolvimento dos contatos entre os povos, surge uma nova forma de inimigo, que não é mais apenas aquele que está fora e que exibe sua estranheza a distância, mas aquele que está dentro, entre nós — hoje diríamos o imigrante extracomunitário —, que se comporta de modo diverso ou fala mal a nossa língua e que, na sátira de Juvenal, é o grego esperto e trapaceiro, descarado, libidinoso, capaz de levar para a cama a avó de um amigo.

Estrangeiro entre todos, e pela cor diversa, é o negro. No verbete "Negro" da *Enciclopédia Britânica*, primeira edição americana, 1798, lia-se:

> Na carnação dos negros encontramos diversas gradações, mas todos se diferenciam igualmente dos outros homens, em todas as feições de seus rostos. Faces redondas, zigomas altos, uma fronte levemente elevada, nariz curto, largo e achatado, lábios espessos, orelhas pequenas, feiura e irregularidade de forma caracterizam seu aspecto exterior. As mulheres negras têm lombos muito cadentes e glúteos muito grandes, que lhes dão a forma de uma sela. Os vícios mais conhecidos parecem ser o destino desta raça infeliz: costuma-se dizer que ócio, traição, vingança, crueldade, impudência, furto, mentira, turpilóquio, dissolução, mesquinhez e intemperança extinguiram os princípios da lei natural e calaram as censuras da consciência. São estranhos a qualquer sentimento de compaixão e constituem um terrível exemplo da corrupção do homem quando deixado à própria sorte.

O negro é feio. O inimigo deve ser feio, pois o belo é identificado com o bom (*kalokagathia*), e uma das características fundamentais da beleza sempre foi aquilo que a Idade Média chamara de *integritas* (isto é, ter tudo o que é exigido para ser um representante médio daquela espécie; portanto, para os humanos, serão feios aqueles a quem falta um membro, um olho, ou que têm uma estatura inferior à média ou uma cor "desumana"). E eis que, do gigante monóculo Polifemo ao anão Mime, temos imediatamente o modelo de identificação do inimigo. No século V d.C., Prisco de Pânio descreve Átila como baixo de estatura, com tórax largo e cabeça grande, olhos pequenos, barba rala e crespa, nariz achatado e (traço fundamental) carnação escura. Mas é curioso como o rosto de Átila é semelhante à fisionomia do diabo, tal como é visto, mais de cinco séculos depois, por Rodolfo Glabro: de modesta estatura, pescoço delgado, rosto emaciado, olhos nigérrimos, testa encrespada de rugas, nariz achatado, boca protuberante, lábios espessos, queixo estreito e afilado, barba caprina, orelhas hirsutas e em ponta, cabelos duros e arrepiados, dentadura canina, crânio alongado, peito protuberante, dorso em corcunda (*Crônicas*, V, 2).

No encontro com uma civilização ainda desconhecida, também são desprovidos de *integritas* os bizantinos vistos por Liutprando de Cremona, enviado em 968 ao encontro do imperador Otto I, em Bizâncio (*Relatório da missão diplomática em Constantinopla*):

> Estive diante de Nicéforo, um ser monstruoso, um pigmeu de cabeça enorme, que parece uma toupeira pela pequenez dos olhos, é enfeado por uma barba curta, larga, espessa e crespa, cujo pescoço tem um dedo de comprimento (...) um etíope na cor, "com quem não gostaríeis de topar no coração da noite", de ventre obeso, seco de nádegas, coxas longas demais para sua pequena estatura, pernas curtas, pés chatos e uma roupa de camponês gasta demais, fétida e desbotada à força do uso.

Fétido. O inimigo sempre fede e um certo Berillon escrevia, no início da Primeira Guerra Mundial (1915), um volume, *La polychésie de la race allemande*, onde demonstrava que o alemão médio produz mais matéria fecal do que um francês, e de odor mais desagradável. Se fedia o bizantino, fedia o sarraceno no *Evagatorium in Terrae sanctae, Arabiae et Egypti peregrinationem*, de Felix Fabri (século XV):

> Os sarracenos emitem uma horrível fedentina e por isso dedicam-se a contínuas abluções de diversos tipos; e, como nós não fedemos, não se importam

que tomemos banho junto com eles. Mas não são tão indulgentes com os judeus, que fedem ainda mais. (...) Assim, os malcheirosos sarracenos ficam contentes por estar em companhia de quem, como nós, não cheira mal.

Fediam os austríacos de Giusti (recordam "Vossa Excelência que me olha malsão / Por uma ou outra simplória gracinha"?):

> Entro e a vejo apinhada de soldados,
> daqueles soldados setentrionais,
> boêmios e croatas trasladados,
> postos ali a vigiar, não mais.
> (...)
> Fiquei atrás, que ali naquele meio;
> naquele magote, digo e não nego,
> sentiria um ponta de receio
> do qual só lhe salva o seu emprego.
> Sentia um bafo e um fartum de permeio:
> Excelência, pareciam de sebo,
> naquela bela casa do Senhor,
> até as velas do altar-mor.

Não pode deixar de feder o cigano, visto que se alimenta de carniça, como ensina Lombroso (*O homem delinquente*, 1876, 1, II) e fede a inimiga de James Bond, em *Moscou contra 007*, Rosa Klebb, não apenas russa e soviética, mas ainda por cima lésbica:

> Tatiana abriu a porta e ainda de pé, enquanto seus olhos encaravam aquela mulher sentada atrás de uma mesa redonda sob a luz de uma lâmpada central, lembrou de repente onde tinha sentido aquele cheiro. Era o cheiro do metrô de Moscou numa noite quente, perfume barato dissimulando os eflúvios animalescos. Na Rússia, as pessoas se ensopam literalmente de perfume, tenham ou não tomado banho, mas sobretudo quando não tomaram (...).
> A porta do quarto de dormir abriu e "aquela Klebb" apareceu na soleira (...) usava uma camisola transparente de crepe da China laranja (...) de um

corte na saia despontava um joelho enrugado, que lembrava um coco seco e amarelado, levemente adiantado na pose clássica das modelos (...). Rosa Klebb tinha tirado os óculos e seu rosto estava empastado de ruge e batom (...). Em seguida, deu um tapinha no sofá a seu lado. "Desligue a luz central, minha querida. O interruptor fica ao lado da porta. Depois sente aqui, a meu lado. Precisamos nos conhecer melhor."[1]

Monstruoso e malcheiroso, pelo menos nas origens do cristianismo, é o judeu, visto que seu modelo é o Anticristo, o arqui-inimigo, o inimigo que não é só nosso, mas de Deus:

> Estes são os seus traços: a cabeça é como uma chama ardente, o olho direito injetado de sangue, o esquerdo, de um verde felino, tem duas pupilas, suas pálpebras são brancas, o lábio inferior é grande, o fêmur direito é fraco, os pés grandes, o polegar achatado e alongado. (*Testamento siríaco de Nosso Senhor Jesus Cristo*, I, 4, séc. V)

> O Anticristo nascerá do povo dos judeus (...) da união de um pai e uma mãe como todos os homens e não, como se diz, de uma virgem. (...) No início de sua concepção, o diabo penetrará no útero materno, por virtude do diabo ele será nutrido no ventre da mãe, e a potência do diabo estará sempre com ele. (Adso de Montier-en-Der, *Sobre o nascimento e os tempos do anticristo*, séc. X)

> Terá dois olhos de fogo, orelhas como as de um asno, o nariz e a boca de um leão, pois enviará aos homens atos de loucura dos fogos mais criminosos e as vozes mais vergonhosas da contradição, fazendo-os renegar Deus, espalhando em seus sentidos o fedor mais horripilante, dilacerando as instituições da igreja com a mais feroz das concupiscências; rindo num esgar enorme, mostrando horríveis dentes de ferro. (Hildegarda de Bingen, *Liber scivias*, III, 1, 14, séc. XII)

---

1. Ian Fleming. *A 007, dalla Russia com amore*. Tradução italiana de Enrico Cicogna. Milão: Garzanti, 1964. [*Moscou contra 007*. Tradução de Sylvio Gonçalves. Rio de Janeiro: Record, 2003. (*N. da T.*)]

Se o Anticristo vem do povo judaico, seu modelo não poderá deixar de reverberar sobre a imagem do judeu, seja no antissemitismo popular, seja no antissemitismo teológico ou no antissemitismo burguês oito-novecentista. Comecemos com o rosto:

> Têm, em geral, o rosto lívido, o nariz adunco, os olhos encovados, o queixo proeminente e os músculos constritores da boca fortemente pronunciados. (...) Os judeus são, ademais, sujeitos a doenças que indicam corrupção do sangue, como outrora a lepra e hoje o escorbuto, que lhe é afim, escrófulas, afluxos de sangue (...), Dizem que os judeus exalam sempre um mau cheiro (...) Outros atribuem estes efeitos ao uso frequente de ervas de odor penetrante, como a cebola e o alho. (...) Outros ainda dizem que é a carne de ganso, que eles apreciam muito, que os torna lívidos e atrabiliosos, dado que é um alimento abundante em açúcares grosseiros e viscosos. (Baptiste-Henri Grégoire, *Essai sur la régénération physique, morale e politique des Juifs*, 1788)

Mais tarde, Wagner complicará o retrato com aspectos fonéticos e mímicos:

> No aspecto externo do judeu encontra-se algo de estranho que, mais do que qualquer outra coisa, repugna a esta nacionalidade; com um homem que tem um aspecto como aquele, ninguém quer ter nada em comum (...). É impossível para nós imaginar que um personagem da antiguidade ou dos tempos modernos, herói ou amoroso, seja representado por um judeu, sem que nos sintamos involuntariamente chocados com tudo o que há de inconveniente, ou melhor, de ridículo numa representação do gênero (...). Mas a coisa que mais nos repugna é o sotaque particular que caracteriza a fala dos judeus (...). Nossos ouvidos são particularmente agredidos pelos sons agudos, sibilantes, estridentes deste idioma. Os judeus usam as palavras e a construção da frase de maneira oposta ao espírito de nossa língua nacional (...). Ouvindo-os, mesmo sem o desejar, prestamos mais atenção a seu modo de falar do que àquilo que dizem. Este ponto é da maior importância para explicar sobretudo a impressão produzida pelas obras musicais dos judeus. Ouvindo o judeu que fala, sentimo-nos involuntariamente incomodados ao deparar-nos com um discurso desprovido de qualquer expressão verdadeiramente humana (...). É natural que, no canto — a mais vivaz e

autêntica manifestação do sentimento individual —, a índole judaica nos seja especialmente detestável. Poderíamos reconhecer ao judeu uma aptidão artística, mas para qualquer arte que não seja a do canto, que parece ter-lhe sido negada pela própria natureza.[2]

Hitler procede com mais graça, quase nos limites da inveja:

> Nos jovens, a roupa deve ser colocada a serviço da educação. (...) Se hoje em dia a perfeição corpórea não tivesse sido relegada ao segundo plano por nossa moda descuidada, centenas de milhares de moças certamente não teriam sido seduzidas por asquerosos bastardos judeus de pernas tortas.[3]

Do rosto aos costumes, eis o inimigo judeu que mata criancinhas e bebe seu sangue. Ele aparece bem cedo, por exemplo, nos *Contos de Canterbury* de Chaucer, que narram a história de um menino muito parecido com São Simão de Trento que, ao passar pelo bairro judaico entoando o *Alma Redemptoris Mater*, é raptado, degolado e jogado dentro de um poço.

O judeu que mata criancinhas e bebe seu sangue tem uma genealogia muito complexa, pois o mesmo modelo já existia na construção do inimigo interno do cristianismo: o herege. Um único texto é suficiente:

> À noite, quando se acendem os lumes e entre nós se celebra a paixão, conduzem a uma certa casa as donzelas que iniciaram em seus ritos secretos, apagam os lampiões, pois não querem que a luz seja testemunha das ignomínias que terão lugar, e desafogam a própria dissolução sobre quem for, mesmo que seja irmã ou filha. Na verdade, ao violar as leis divinas que vetam o conúbio com quem tem o mesmo sangue, acreditam que estão fazendo uma coisa grata aos demônios. Encerrado o ritual, voltam para casa e esperam que se passem nove meses: quando chega a hora em que deviam nascer os ímpios filhos de um ímpio sêmen, congregam-se de novo no mesmo lugar.

---

2. Richard Wagner. *L'ebraismo nella musica* [1850]. Tradução italiana anônima. Gênova: Effepi-Quaderni.

3. Adolf Hitler. *La mia battaglia*. Tradução italiana de Angelo Treves. Milão: Bompiani, 1934. cap. 2, 2.

Três dias depois do parto, arrancam os míseros filhos de suas mães, fazem cortes em seus tenros membros com uma lâmina afiada, recolhem em copas o sangue que jorra, queimam os recém-nascidos enquanto ainda respiram, jogando-os numa fogueira. Em seguida, misturam as cinzas ao sangue nas copas, obtendo uma horrível mixórdia com a qual sujam alimentos e bebidas, escondidos como quem joga veneno no hidromel. Esta é a sua comunhão.[4]

Às vezes o inimigo é percebido como diverso e feio porque é de classe inferior. Na *Ilíada*, Tersites ("vesgo, manco de um pé, ombros curvos em arco,/ esquálido, cabeça pontiaguda, calva/ à mostra, odioso para Aquiles e Odisseu", II, 212)* é socialmente inferior a Agamemnon ou Aquiles e, portanto, invejoso deles. Entre Tersites e o Frantis de De Amicis a diferença é pouca, ambos feios: Ulisses golpeia o primeiro a sangue e a sociedade enviará Franti à prisão perpétua (E. De Amicis, *Cuore*, 25 de outubro):

> E a seu lado, a cara dura e triste de um que se chama Franti, que já foi expulso de outra seção (...). Só uma pessoa poderia rir enquanto Derossi falava dos funerais do Rei, e Franti riu. Detesto Franti. É mau. Quando um pai vem à escola para passar uma descompostura no filho, ele se diverte; quando alguém chora, ele ri. Treme diante de Garrone e bate no filho do pedreiro porque é pequeno; atormenta Crossi por causa do braço morto; debocha de Precossi, que todos respeitam; zomba até de Robetti, da segunda, que anda de muletas por ter salvado uma criança. Provoca quem é mais fraco que ele e, quando parte para a briga, fica furioso e quer mesmo machucar. Tem alguma coisa que dá medo naquela testa baixa, naqueles olhos turvos, quase escondidos sob a aba do boné de lona encerada. Não tem medo de nada, ri na cara do professor, rouba sempre que pode, nega na maior cara de pau, está sempre brigando com alguém, leva alfinetes para a escola para espetar os colegas, arranca os botões da jaqueta, da sua e da dos outros, e joga fora; tudo dele, a pasta, os cadernos, os livros, é amassado, rasgado, sujo, a régua cheia de dentes, a caneta comida, as unhas roídas, as roupas

---

4. Michele Psello. *De operatione daemonum*. Séc. XI. Tradução italiana de Umberto Albini. *Sull'attività dei demoni*. Gênova: ECIG, 1985. cap. 4.

* *Os nomes e os navios, Homero, Ilíada II*. Tradução de Haroldo de Campos. Rio de Janeiro: Sette Letras, 1999. (*N. da T.*)

cheias de manchas e rasgões feitos nas brigas (...). Às vezes, o professor até finge que não está vendo suas estripulias, e ele faz pior ainda. Tentou convencê-lo com boas palavras, mas ele riu, debochado. Tentou adverti-lo com palavras terríveis, ele cobriu o rosto com as mãos como se estivesse chorando, e riu de novo.

Entre os portadores de feiura devida à posição social estão obviamente o delinquente nato e a prostituta. Mas com a prostituta já entramos num outro universo, o da inimizade ou do racismo sexual. Para o macho que governa e escreve, ou que escrevendo governa, desde o início a mulher foi apresentada como inimiga. Não nos deixemos enganar pelas mulheres angelicais, ao contrário: justamente porque a literatura maior é dominada por criaturas doces e belas, o mundo da sátira — que é, aliás, o do imaginário popular — demoniza a mulher constantemente, desde a antiguidade, por toda a Idade Média e até os tempos modernos. Para a antiguidade, limito--me a Marcial (*Epigramas*, 94):

> Viveste sob trezentos cônsules, Vetustila; restam-te três cabelos e quatro dentes, tens o peito de uma cigarra, as pernas e a cor de uma formiga. Passeias por aí uma testa que tem mais pregas que tua estola e seios semelhantes a teias de aranha (...). Tua visão é como a das corujas de manhã e fedes como um bode; teu traseiro é igual ao de uma pata ressequida (...). Nesta tua vagina só o que pode penetrar ainda é a tocha fúnebre.[5]

E quem seria, afinal, o autor do seguinte trecho?

> A mulher é animal imperfeito, arrebatado por mil paixões desagradáveis (...). Nenhum outro animal é menos limpo que ela: nem mesmo o porco, que às vezes chafurda no lodo, pode vencê-las em feiura; e se alguém tivesse a ideia de negá-lo, bastaria olhar suas partes ou procurar os locais secretos onde elas, envergonhadas, escondem os horríveis instrumentos que usam para extrair de si os humores supérfluos.

---

5. Tradução italiana de Giuliana Boirivant. Milão: Bompiani, 1955.

Se assim pensava Giovanni Boccaccio (no *Corbaccio*), laico e libertino, imaginem o que devia pensar e escrever um moralista medieval para reiterar o princípio paulino de que, se fosse possível fazê-lo sem queimar de ardores, melhor seria nunca conhecer os prazeres da carne.

No século X, Odo de Cluny recordava que:

> A beleza do corpo está toda na pele. De fato, se os homens, dotados da penetração visual interna como os linces da Beócia, vissem o que está por baixo da pele, até a simples visão das mulheres lhes pareceria nauseabunda: esta graça feminil nada é senão baixeza, sangue, humor, fel. Pensem naquilo que se esconde nas narinas, na garganta, no ventre; por todo lado, imundície (...) E nós que temos repugnância de tocar, mesmo com a ponta dos dedos, o vômito e o esterco, como podemos então sentir desejo de apertar nos braços um simples saco de excrementos![6]

Da misoginia que chamaremos de "normal" chegamos à construção da bruxa, obra-prima de civilização moderna. Certamente, a bruxa era conhecida da antiguidade clássica e limito-me a recordar Horácio ("Eu mesmo vi Canídia, envolta numa veste, nus os pés e a cabeleira esparsa, ulular com Sagana maior. A palidez lhes dava, a ambas, um aspecto horrível", *Sátiras*, 8) ou as bruxas de *O asno de ouro*, de Apuleio. Mas tanto na Antiguidade como na Idade Média, os casos de bruxas e bruxos mencionados referiam-se sobretudo a crenças populares, como ocorrências de possessão a bem dizer episódicos. Nos tempos de Horácio, Roma não se sentia ameaçada pelas bruxas e a Idade Média ainda pensava que, no fundo, a bruxaria era um fenômeno de autossugestão, ou seja, que a bruxa era alguém que acreditava que era bruxa, como recitava o *Canon Episcopi*, no século IX:

> Certas mulheres depravadas, que invocaram Satanás e foram desviadas por seus embustes e seduções, creem e afirmam que durante a noite cavalgam certas bestas, em companhia de uma multidão de mulheres, no séquito de Diana (...). Os sacerdotes devem exortar constantemente o povo de Deus,

---

6. *Collationum Libri Tres, PL*, 133, col. 556 e 648.

pregando que tais coisas são totalmente falsas e que tais fantasias não são evocadas na mente dos fiéis pelo espírito divino, mas sim pelo espírito maligno. De fato, Satanás transforma-se em anjo da luz e toma posse da mente destas mulherzinhas, dominando-as em razão de sua pouca fé e incredulidade.

Mas nos primórdios do mundo moderno, ao contrário, a bruxa começa a congregar-se em seitas, a celebrar seus sabás, a voar, a transmutar-se em animais e a transformar-se em inimigo social, a ponto de merecer processos inquisitórios e a fogueira. Não é neste espaço que enfrentaremos o complexo problema da síndrome da bruxaria, no que se refere tanto à busca de um bode expiatório diante de profundas crises sociais, quanto à influência do xamanismo siberiano ou da permanência de arquétipos eternos. O que nos interessa aqui ainda é o modelo recorrente da criação de um inimigo — modelo este que é análogo ao da construção do herege ou do judeu. E não basta que homens de ciência, como Gerônimo Cardano (*De rerum varietate*, XV), levantassem, no século XVI, objeções ditadas pelo bom senso:

> São mulherzinhas de mísera condição, que sobrevivem nos vales alimentando-se de castanhas e ervas. (...) Por isso são macilentas, disformes, de cor térrea, com os olhos fora das órbitas e mostram no olhar um temperamento melancólico e bilioso. São taciturnas, alheias e pouco se diferenciam daqueles que são possuídos pelo demônio. São tão firmes em suas opiniões que, a dar ouvidos apenas ao que dizem, seria fácil reputar verdadeiras as coisas que contam com tanta convicção, coisas que nunca aconteceram e jamais acontecerão.

As novas ondas de perseguição começam com os leprosos. Carlo Ginzburg recorda, em sua *Storia notturna. Una decifrazione del sabba* (Turim: Einaudi, 1989, p. 6-8), que em 1321 eles foram queimados em toda a França, acusados de tentar matar toda a população envenenando águas, fontes e poços: "As mulheres leprosas que tivessem confessado o crime, espontaneamente ou sob tortura, deviam ser levadas à fogueira, a menos que estivessem grávidas;

neste caso, tinham de ficar segregadas e, após o parto e o desaleitamento dos filhos, eram conduzidas ao fogo."*

Não é difícil identificar aqui as raízes dos processos contra os untadores.** Mas um outro aspecto da perseguição citada por Ginzburg é que os untadores leprosos eram automaticamente associados aos judeus e aos sarracenos. Vários cronistas referiam-se a boatos dizendo que os judeus eram cúmplices dos leprosos e por isso muitos deles foram queimados: "O populacho fazia justiça com as próprias mãos, sem chamar nem pároco nem bailio: trancavam as pessoas em suas casas, junto com os animais e utensílios, e ateavam fogo."

Um dos chefes dos leprosos teria confessado que um judeu o corrompera com dinheiro além de fornecer o veneno (feito de sangue humano, urina, três ervas, hóstia consagrada) embalado em saquinhos com pesos para que afundassem mais facilmente nas fontes, mas que os judeus tinham sido contratados pelo rei de Granada — uma outra fonte incluía até o sultão de Babilônia no complô. Assim, fundiram-se três tipos de inimigos tradicionais num só golpe: o leproso, o judeu e o sarraceno. A menção ao quarto inimigo, o herege, era feita pelo detalhe de que os leprosos convocados deviam cuspir na hóstia e pisotear a cruz.

Mais tarde, rituais desse gênero passaram a ser praticados pelas bruxas. Se no século XIV surgiram os primeiros manuais para o processo inquisitório que visava os hereges, como a *Practica inquisitionis hereticae pravitatis* de Bernardo Gui ou o *Directorium Inquisitorum* de Nicolau Emeric, foi no século XV (enquanto em Florença, Marsilio Ficino traduzia Platão sob encomenda de Cosme de Médici e, segundo uma conhecida paródia goliarda, os seres humanos preparavam-se para cantar "que alívio, que sossego — saímos do Medievo"), entre 1435 e 1437, que aparece o *Formicarius*, de Nider (publicado mais tarde, em 1473), no qual se fala pela primeira vez das várias práticas de feitiçaria no sentido moderno.

Na bula *Summis desiderantes affectibus*, de 1484, Inocêncio VIII escreverá:

---

* *História noturna: decifrando o sabá*. Tradução de Nilson Moulin. São Paulo: Companhia das Letras, 1991. (*N. da T.*)

** Untadores eram pessoas suspeitas, em tempos de pestilência, de untar os locais públicos com uma substância infecta para contaminar a população. (*N. da T.*)

Chegou recentemente aos nossos ouvidos — para nosso grande sofrimento — que em algumas regiões da Alemanha (...) pessoas de ambos os sexos, esquecidas da própria salvação e afastando-se da fé católica, não hesitam em entregar-se carnalmente aos diabos íncubos e súcubos, a matar ou fazer definhar as progênies de mulheres, de animais e dos frutos da terra (...) através de encantamentos, malefícios, esconjuros e outras odiosíssimas práticas de bruxaria (...). Querendo impedir com remédios oportunos, conforme nos impõe nosso cargo, que o flagelo da perversidade herética espalhe seus venenos contra almas inocentes, decretamos que se permita aos inquisidores Sprenger e Kramer o exercício do ofício inquisitorial naquelas terras.

E de fato, inspirados também no *Formicarius*, Sprenger e Kramer publicarão, em 1486, o infame *Malleus Maleficarum* (*O martelo das feiticeiras*).

O modo de construir uma bruxa é indicado (um exemplo em mil) nas atas do processo inquisitório contra Antonia, da paróquia de Saint-Jorioz, diocese de Genebra, em 1477:

A acusada, depois de abandonar marido e família, dirigiu-se com Masset ao local conhecido como "laz Perroy", junto à torrente (...) onde havia uma sinagoga de hereges, e lá encontrou homens e mulheres em grande número, os quais se cortejavam, dançavam e bailavam para trás. Ele lhe mostrou então um demônio chamado Robinet, que tinha a aparência de um negro, dizendo: "Eis o nosso mestre, a quem devemos render homenagem, se queres obter o que desejas." A ré perguntou como devia comportar-se (...) e o dito Masset respondeu: "Renegarás Deus, teu criador, a fé católica e aquela rameira da Virgem Maria e aceitarás como teu senhor e mestre este demônio chamado Robinet e farás à sua maneira tudo o que ele quiser (...)." Ouvindo estas palavras, a acusada começou a entristecer e, num primeiro momento, negou-se a fazê-lo. Mas no final renegou Deus, seu criador, dizendo: "Renego Deus, meu criador, a fé católica e a santa Cruz, e aceito o demônio Robinet como meu mestre e senhor." E rendeu homenagem ao demônio beijando-lhe o pé (...). Em seguida, em desprezo a Deus, jogou no chão, pisoteou com o pé esquerdo e quebrou uma cruz de madeira (...). Transportou-se sobre um bastão de um pé e meio de comprimento; para ir às sinagogas, devia ungi-lo com certo unguento guardado num cálice cheio dele, e colocá-lo entre as pernas dizendo: "Vá, vá para o lado do diabo!" e imediatamente era transportada pelos ares com movimento veloz, até o local da sinagoga. Confessa também que, no citado local, comeram pão e carnes, beberam vinho e dançaram novamente; então, tendo o citado demônio, seu mestre, se transmutado de homem em cão negro, honraram-no e reverenciaram--no, beijando-o no traseiro; por fim, o demônio, apagando o fogo que ali brilhava em chamas verdes iluminando a sinagoga, exclamou em voz alta: "Meclet! Meclet" e, àquele grito, deitaram-se bestialmente os homens com as mulheres e ela com o citado Masset Garin.[7]

Este depoimento, com todos os pormenores da cuspida na cruz e do beijo no ânus, recorda quase literalmente o depoimento do processo dos Templários, ocorrido um século e meio antes. O que chama atenção é que não somente as perguntas e contestações dos inquisidores deste processo quatrocentista são guiadas pelo que eles leram em processos anteriores, como em todos os casos, no final de um interrogatório que se supõe bastante duro, a vítima sempre aceita tudo o que lhe foi imputado. Nos processos por feitiçaria, não só se constrói uma imagem do inimigo e, no final, a vítima confessa até o que não fez, como também, ao confessá-lo, se autoconvence de que realmente fez tudo aquilo. O leitor talvez lembre que um processo análogo é descrito em *Escuridão ao meio-dia* (1941), de Koestler — e que, em todo caso, também os processos stalinistas começavam por construir a imagem do inimigo, para depois convencer a vítima a reconhecer-se naquela imagem.

A construção do inimigo também induz quem aspira a um reconhecimento favorável a converter-se neste inimigo. Teatro e narrativa oferecem exemplos de "patinhos feios" que, desprezados por seus semelhantes, se adaptam à imagem que estes fazem deles. Como exemplo típico, citarei *Ricardo III*:

---

7. Citado em Giuseppina e Eugenio Battisti. *La civiltà delle streghe.* Milão: Lerici, 1964. p. 73 e ss.

Eu, que não fui moldado para jogos amenos, nem feito para cortejar um espelho enamorado, eu que (...) privado sou da harmoniosa proporção, erro de formação, obra da natureza enganadora, disforme, inacabado, lançado antes do tempo neste mundo que respira, quando muito meio feito e de tal modo imperfeito e tão fora de estação que os cães me ladram quando passo coxeando perto deles. Pois bem, eu (...) não tenho outro deleite para passar o tempo senão espiar minha sombra ao sol e compor variações sobre minha própria deformidade. E assim, já que não posso ser o amante (...) estou decidido a ser o vilão.[8]

Parece que é impossível prescindir do inimigo. A figura do inimigo não pode ser abolida dos processos de civilização. A necessidade é inata também nos homens mais afáveis e amigos da paz. Nestes casos, a imagem do inimigo é simplesmente deslocada para uma força natural ou social que nos ameace de alguma forma e que precisa ser vencida, seja ela a exploração capitalista, a poluição ambiental ou a fome no Terceiro Mundo. Mas ainda que estes sejam casos "virtuosos", como recorda Brecht, também o ódio contra a baixeza endurece a voz.

Então a ética seria impotente diante da necessidade ancestral de ter inimigos? Posso dizer que a instância ética não surge quando se finge que não existem inimigos, mas quando se tenta entendê-los, colocar-se em seu lugar. Em Ésquilo não há aversão contra os persas, cuja tragédia este vive entre eles e do ponto de vista deles. César trata os gauleses com muito respeito, no máximo diz que são um pouco chorões quando se rendem. Tácito admira os germanos, considerando que têm mesmo uma bela compleição e limitando-se a lamentar sua falta de higiene e sua relutância nos trabalhos mais árduos, pois não suportam calor e sede.

Tentar entender o outro significa destruir os clichês a seu respeito, sem negar ou apagar sua alteridade.

Mas sejamos realistas. Estas formas de compreensão do inimigo são próprias dos poetas, dos santos e dos traidores. Nossas pulsões mais profundas

---

8. William Shakespeare. *Riccardo III*. Tradução italiana de Gabriele Baldini. Milão: BUR, ato I, cena I.

são de ordem bem diferente. Em 1968, foi publicado nos Estados Unidos um *Relatório secreto da Iron Mountain sobre a possibilidade e desejabilidade da paz*, de autor anônimo (e alguns o atribuíram até a Galbraith).[9] Tratava-se claramente de um panfleto contra a guerra ou pelo menos de um lamento pessimista sobre sua inevitabilidade. Mas como para fazer a guerra é necessário um inimigo, a inelutabilidade da guerra corresponde à inelutabilidade da identificação e da construção do inimigo. Assim, com extrema seriedade, o panfleto observava que a reconversão de toda a sociedade americana a uma situação de paz teria sido desastrosa, pois somente a guerra constitui o fundamento do desenvolvimento harmônico das sociedades humanas. Seu desperdício organizado constitui uma válvula que regula o bom andamento da sociedade. Ela resolve o problema das reservas, é um regulador. A guerra permite que uma comunidade se reconheça como "nação"; sem a guerra para contrabalançar, um governo não poderia estabelecer sequer a esfera de sua própria legitimidade; só a guerra garante o equilíbrio entre as classes e permite colocar e explorar os elementos antissociais. A paz produz instabilidade e delinquência juvenil; a guerra canaliza da maneira mais justa todas as forças turbulentas, dando-lhes um *"status"*. O exército é a última esperança dos deserdados e dos inadaptados; somente o sistema de guerra, com seu poder de vida e de morte, dispõe a sociedade a pagar um preço de sangue mesmo para outras instituições que não dependem dela, como o desenvolvimento do automobilismo. Ecologicamente, a guerra é uma válvula de escape para as vidas excedentes, e se até o século XIX nela morriam apenas os membros mais valiosos do corpo social (os guerreiros), enquanto os ineptos salvavam-se, os sistemas atuais superaram este problema, com os bombardeios em centros civis. O bombardeio limita o aumento da população melhor que o infanticídio ritual, a castidade religiosa, a mutilação forçada ou o uso extensivo da pena de morte... Enfim, é a guerra que permite o desenvolvimento de uma arte verdadeiramente "humanista", na qual predominam as situações de conflito.

---

9. Organização de Leonard C. Lewin. Nova York: The Dial Press, 1968. (Tradução italiana: Milão: Bompiani, 1969.)

Se é assim, a construção do inimigo deve ser intensiva e constante. Um modelo realmente exemplar é apresentado por George Orwell em *1984*:

> No momento seguinte, um rangido horrível, estridente como uma monstruosa máquina girando sem lubrificação, brotou de um enorme telão no fundo da sala. Um som de dar calafrios e arrepiar os cabelos da nuca. O Ódio havia começado.
>
> Como sempre, o rosto de Emmanuel Goldstein, o Inimigo do Povo, apareceu na tela. Ouviram-se alguns assovios entre os presentes. A mulherzinha ruiva deu uma espécie de gemido misto de medo e repugnância. Goldstein era o renegado, o apóstata que um dia, muito tempo atrás (...), chegou a ser uma figura de destaque do Partido (...), mas depois passou a organizar atividades contrarrevolucionárias e foi condenado à morte, mas conseguiu fugir misteriosamente e desapareceu. (...) Era o traidor supremo, o primeiro que ousou profanar a pureza do Partido. Todos os crimes subsequentes contra o Partido, todas as traições, os atos de sabotagem, as heresias, os desvios etc. derivavam diretamente de seus ensinamentos. Ainda estava vivo em algum lugar do mundo, onde continuava a tramar suas conspirações. (...)
>
> O diafragma de Winston contraiu-se. Não podia olhar o rosto de Goldstein sem experimentar um misto angustiante de emoções. Era um rosto magro de judeu, com uma auréola lanosa de cabelos brancos e um pequeno cavanhaque caprino — um rosto inteligente, mas ainda assim intrinsecamente desprezível, com uma espécie de estupidez senil concentrada no nariz longo e fino, com um par de óculos equilibrados na ponta. Tinha uma cara de ovelha e até a voz tinha alguma coisa de ovino. Goldstein estava desferrando seu costumeiro e venenoso ataque às doutrinas do Partido (...), exigia a imediata conclusão de um acordo de paz com a Eurásia, reivindicava liberdade de expressão, liberdade de imprensa, liberdade de reunião, liberdade de pensamento, gritando histericamente que a revolução havia sido traída.
>
> Antes que o Ódio completasse trinta segundos, metade das pessoas da sala já havia explodido em exclamações incontroláveis de raiva. (...) Em seu segundo minuto, o Ódio chegou ao desvario. As pessoas pulavam em seus lugares e berravam a plenos pulmões no esforço de cobrir o balido daquela

voz exasperante que saía da tela. A mulherzinha ruiva estava vermelha como um pimentão, e sua boca abria e fechava como a de um peixe fora da água. (...) A garota de cabelos escuros atrás de Winston tinha começado a gritar: "Porco! Porco! Porco!" e, de repente, pegou um dicionário de novilíngua e atirou no telão. O volume bateu direto no nariz de Goldstein e caiu no chão: a voz continuou, inexorável. Num momento de lucidez, Winston percebeu que estava berrando junto com os outros e batendo furiosamente o salto do sapato contra o pé da cadeira. A coisa mais horrível dos Dois Minutos de Ódio não era ser obrigado a participar, mas, ao contrário, o fato de que era impossível não participar. (...) Um êxtase pavoroso de medo e ânsia de vingança, um desejo louco de matar, de torturar, de esmagar rostos com uma marreta parecia circular através de todo o grupo como uma corrente elétrica, transformando cada um deles, mesmo contra a vontade, num demente que vociferava e arreganhava os dentes.[10]

Não é preciso chegar aos delírios de *1984* para reconhecer que somos seres que necessitam de um inimigo. Estamos vendo tudo que o medo dos novos fluxos migratórios pode fazer. Estendendo a uma etnia inteira as características de alguns de seus membros que vivem numa situação de marginalização, constrói-se hoje na Itália a imagem do inimigo romeno, bode expiatório ideal para uma sociedade que, arrastada por um processo de transformação que é também étnico, não consegue mais se reconhecer.

A visão mais pessimista sobre isso vem de Sartre, em *Huis clos*. De um lado, só podemos nos reconhecer a nós mesmos na presença de um Outro, e nisto se baseiam as regras de convivência e mansuetude. Mas é mais fácil considerar este Outro insuportável, porque simplesmente não é nós. E assim, reduzindo-o a inimigo, construímos nosso inferno na terra. Quando Sartre encerra três defuntos, que não se conheceram em vida, num quarto de hotel, um deles compreende a tremenda verdade:

> Você vai ver que idiotice. Idiota como uma flor! Não tem tortura física, não é verdade? E, no entanto, estamos no inferno, lugar de ser castigado, né?

---

10. George Orwell. *1984*. Tradução italiana de Gabriele Baldini. Milão: Mondadori, 1950.

Ninguém mais vem, vem? A gente vai ficar até o fim, só nós, juntos, não é isso? (...) Falta o carrasco. (...) Fizeram um corte de pessoal. É só isso. (...) Cada um de nós é o carrasco dos outros dois.[11]

[CONFERÊNCIA PROFERIDA NA UNIVERSIDADE DE BOLONHA, EM 15 DE MAIO DE 2008, NO ÂMBITO DOS SARAUS SOBRE OS CLÁSSICOS, E PUBLICADA EM: IVANO DIONIGI (ORG.). *ELOGIO DELLA POLITICA*. MILÃO: BUR, 2009.]

---

11. Jean-Paul Sartre. *La porta chiusa*. Tradução italiana de Masimo Bontempelli. Milão: Bompiani, 1960. [*Entre quatro paredes*. Tradução de Alcione Araújo e Pedro Hussak. Rio de Janeiro: Civilização Brasileira, 2005. (*N. da T.*)]

Absoluto e Relativo

Se vocês apareceram aqui esta noite, apesar do título terrorista de minha exposição, isso quer dizer que estão preparados para tudo. No entanto, uma aula séria sobre os conceitos de Absoluto e Relativo deveria durar pelo menos 2.500 anos, tanto quanto o debate real. Estou aqui porque a Milanesiana deste ano recebeu o título de "Conflitos do Absoluto" e, naturalmente, fiquei me perguntando o que queriam dizer com este termo. É a pergunta mais elementar que um filósofo deve colocar.

Como não estive presente nos outros eventos da Milanesiana, fui procurar na internet imagens de artistas que se remetem ao Absoluto, e eis que encontrei *Conhecimento do absoluto*, de Magritte, várias outras obras do autor, como *A pintura do absoluto*, *Quête d'absolu*, *Em busca do absoluto*, *Marcheur de l'absolu* e várias imagens publicitárias, como a da vodca Absolut. Parece que o Absoluto vende bem.

Mas com a noção de Absoluto evoquei um de seus opostos, ou seja, a noção de Relativo, que andou muito na moda quando eclesiásticos dos mais altos níveis e até pensadores laicos começaram uma campanha contra o chamado relativismo, transformado em termo pejorativo usado para fins quase terroristas, algo assim como a palavra "comunismo" para Berlusconi. Portanto, vou me limitar aqui não a esclarecer, mas a confundir suas ideias, tentando sugerir como cada um desses termos significa — segundo as circunstâncias e contextos — coisas muito diferentes entre si e como, portanto, não devem ser usados como tacos de beisebol.

Segundo os dicionários de filosofia, Absoluto seria tudo aquilo que é *ab solutus*, livre de laços ou limites, algo que não depende de outro algo, que tem em si mesmo a própria razão, causa e explicação. Algo, portanto, muito semelhante a Deus, no sentido em que Ele se definia "eu sou aquele que é" (*"ego sum qui sum"*), em relação ao qual todo o resto é contingente, ou seja, algo que não tem em si mesmo a própria causa e — mesmo que existisse por acidente — poderia muito bem não existir ou não existir mais amanhã, como acontece com o sistema solar ou com cada um de nós.

Como seres contingentes e, portanto, destinados a morrer, temos uma necessidade desesperada de pensar que podemos nos ancorar em algo que não perece, ou seja, um Absoluto. Mas esse Absoluto pode ser transcendente, como a divindade bíblica, ou imanente. Sem falar em Spinoza ou Bruno, com os filósofos idealistas nós também passamos a fazer parte do Absoluto, pois o Absoluto seria (em Schelling, por exemplo) a unidade indissolúvel do sujeito cognoscente e daquilo que antes era considerado estranho ao sujeito, como a natureza ou o mundo. No Absoluto, nós nos identificamos com Deus, somos parte de alguma coisa que ainda não se completou plenamente: processo, desenvolvimento, crescimento infinito e infinita autodefinição. Mas sendo assim, jamais poderíamos definir ou conhecer o Absoluto, dado que somos parte dele, e tentar concebê-lo seria fazer como o barão de Münchhausen, que saía do pântano puxando-se pelos cabelos.

A alternativa é, então, pensar no Absoluto como algo que não somos e que está em outra parte, independente de nós, como o Deus de Aristóteles, que pensa a si mesmo como pensante e que, como queria Joyce no *Retrato do artista quando jovem*, "permanece dentro, junto, atrás ou acima de sua obra, invisível, refinado a ponto de desaparecer, preocupado em aparar as unhas". De fato, Niccolò Cusano já dizia no século XV, em *De docta ignorantia*: "Deus é absoluto."

Mas para Cusano, enquanto Absoluto, Deus nunca é plenamente alcançável. A relação entre o nosso conhecimento e Deus é a mesma que se instaura entre um polígono inscrito e a circunferência na qual está inscrito: à medida que se multiplicam os lados do polígono, aproximamo-nos cada vez mais da circunferência, mas polígono e circunferência nunca serão iguais.

Cusano dizia que Deus é como um círculo cujo centro está em toda parte e cuja circunferência não está em parte alguma.

É possível pensar um círculo com o centro em toda parte, e a circunferência, em parte alguma? É evidente que não. No entanto, podemos nomeá-lo e é isso que estou fazendo neste momento. Cada um de vocês entende que estou falando de algo que tem a ver com a geometria, salvo que é geometricamente impossível e inconcebível. Portanto, existe uma diferença entre poder conceber ou não uma coisa e poder nomeá-la, atribuindo-lhe algum significado.

O que quer dizer usar uma palavra e atribuir-lhe um significado? Quer dizer muitas coisas:

A. *Possuir instruções para reconhecer o eventual objeto ou situação ou evento.* Por exemplo, faz parte do significado das palavras "cão" e "tropeçar" uma série de descrições, também sob a forma de imagens, para que possamos reconhecer um cão e distingui-lo de um gato, e distinguir tropeçar de saltar.

B. *Dispor de uma definição e/ou classificação.* Existem definições e classificações para "cão", mas também para eventos ou situações, como "homicídio culposo" como fato distinto de "homicídio preterdoloso".

C. *Conhecer outras propriedades, ditas factuais ou enciclopédicas, de uma determinada entidade.* Por exemplo, sobre o cão, sei que é fiel, que é bom para a caça ou para a guarda; sobre o homicídio culposo, sei que, segundo a lei, pode levar a uma determinada pena etc.

D. *Possivelmente, possuir instruções sobre o modo de produzir o objeto ou evento correspondente.* Conheço o significado do termo "vaso" porque, mesmo não sendo um ceramista, sei o que se faz para produzir um vaso — e o mesmo acontece também em relação a termos como "decapitação" ou "ácido sulfúrico". Mas em compensação, sobre um termo como "cérebro" conheço os significados A e B, algumas das propriedades C, mas não sei como se poderia produzi-lo.

Um belíssimo caso em que conheço as propriedades A, B, C e D é fornecido por C. S. Pierce, que assim define o lítio:

> Quem examinar um manual de química em busca da definição de lítio verá que é um elemento de peso atômico 7, mais ou menos. Mas, se o autor tiver uma maior disposição para a lógica, dirá que se conseguirem um material vítreo, translúcido, cinza ou branco, muito duro, friável e insolúvel — capaz de dar um tom purpurino a uma chama não luminosa — e se triturarem este mineral com cal ou veneno para ratos seco, fundindo-os em seguida, ele pode ser parcialmente dissolvido em ácido muriático. E, se esta solução for evaporada e o resíduo for tratado com ácido sulfúrico e devidamente purificado, poderá ser convertido num cloreto através dos métodos normais. Este cloreto, reduzido ao estado sólido, fundido e eletrolisado com uma meia dúzia de células potentes, levará à formação de um glóbulo de metal rosa-prata que boiará na benzina. E esta matéria será uma amostra de lítio. A peculiaridade desta definição — ou deste preceito, mais útil que uma definição — é que informa o que a palavra lítio denota, prescrevendo igualmente o que fazer para obter uma experiência perceptiva do objeto externo. (*Collected Papers*, 2.330)[1]

Belo exemplo de representação completa e satisfatória do significado de um termo. No entanto, outras expressões têm significados brumosos e imprecisos — em graus de clareza decrescentes. Por exemplo, a expressão "o mais alto número par" tem um significado, tanto é verdade que já sabemos que deve ser divisível por dois (e, portanto, somos capazes de diferenciá-lo do mais alto número ímpar), e dispomos também de uma vaga instrução para produzi-lo, visto que podemos imaginar a contagem de números cada vez mais altos, separando os ímpares dos pares... Só que logo percebemos que jamais o alcançaremos, como num sonho em que sentimos que podemos agarrar uma coisa, mas nunca conseguimos. Uma expressão como "círculo com o centro em toda parte e a circunferência em parte alguma" não sugere,

---

1. Tradução italiana de Massimo A. Bonfantini e Giampaolo Proni. In: C. S. Peirce. *Opere*. Milão: Bompiani, 2003.

ao contrário, nenhuma regra para produzir um objeto correspondente e não só não suporta nenhuma definição, como também frustra qualquer esforço para imaginá-lo sem sofrer uma sensação de vertigem. Uma expressão como Absoluto tem uma definição a bem dizer tautológica (é absoluto o que não é contingente, mas é contingente o que não é absoluto) e, no entanto, não sugere descrições, definições e classificações; não podemos pensar em instruções para produzir algo correspondente, não conhecemos nenhuma de suas propriedades, à exceção de supor que as possua todas e que seja provavelmente aquele *id cujus nihil majus cogitari possit* de que falava Santo Anselmo de Aosta (o que me traz à mente a frase atribuída a Rubinstein: "Se creio em Deus? Não, creio em algo... muito maior"). O que conseguimos imaginar, no máximo, é a clássica noite em que todas as vacas são pardas.

É claro que é possível não apenas nomear, mas até representar visualmente o que não podemos conceber. Mas estas imagens não representam o inconcebível: simplesmente nos convidam a tentar imaginar algo inimaginável e em seguida frustram a nossa expectativa. O que se obtém ao tentar entendê-las é justamente a sensação de impotência expressa por Dante no último canto do *Paraíso* (XXXIII, vv. 82-96), quando gostaria de nos dizer o que viu no momento em que foi capaz de olhar para a divindade, mas não pode nos contar nada além de que não pode dizê-lo, e recorre à fascinante metáfora de um livro com infinitas páginas:

> Ó graça eterna, que me fez, por fim,
> o lume desvendar, sublime e terso,
> cujo esplendor repercutia em mim!
> E no seu fulcro vi brilhar converso,
> em perfeita e veraz composição,
> tudo o que pelo mundo está disperso.
> A substância e o acidente, e sua união,
> subitamente ali pude abranger,
> na sua própria e primordial razão.
> A forma universal, a essência e o ser,
> eu divisei no módulo subido,
> que a mencioná-lo sinto igual prazer.

Mas trouxe-me um instante mor olvido
que vinte e cinco séculos à empresa
de Argos, que fez Netuno surpreendido. *

Não é diferente a sensação de impotência que exprime Leopardi quando quer falar justamente do infinito ("é assim que nesta/ imensidão o meu pensar se afoga:/ e o naufragar me é doce neste mar").

E eis por que neste colóquio da Milanesiana encontramos, a falar do Absoluto, os artistas. Pseudo-Dionísio Areopagita já recordava que, como o Uno divino é tão distante de nós que não pode ser nem compreendido nem alcançado, dele devemos falar por metáforas e alusões, mas especialmente, para tornar evidente a pequenez do nosso discurso, através de símbolos negativos, expressões dissímeis:

> E chamam-no também com os nomes das coisas mais baixas, unguento fragrante, pedra angular, e lhe atribuem até uma forma beluína, adaptando as características do leão e da pantera e dizendo que será como um leopardo ou uma ursa feroz. (*Hierarquia celeste*, II, 5).

Alguns filósofos ingênuos aventaram a hipótese de que só os poetas saberiam dizer o que é o Ser ou o Absoluto, mas na verdade eles expressam apenas o indefinido. Era a poética de Mallarmé, que dedicou sua vida a tentar expressar uma "explicação órfica da terra":

> Digo: uma flor! e, fora do olvido em que minha voz relega qualquer contorno, enquanto diversa dos cálices já vistos, musicalmente se eleva, ideia mesma e suave, a ausência de todo perfume. (*Crise de vers*, 1895)

Na realidade, este texto é intraduzível e diz apenas que se nomeia uma palavra, isolada no espaço branco que a circunda, e dela deve jorrar a totalidade do não dito, mas sob a forma de uma ausência. De fato,

---

* Dante Alighieri. *A Divina Comédia*. 6. ed. Tradução de Cristiano Martins. Belo Horizonte: Villa Rica, 1991. (*N. da T.*)

> nomear um objeto é suprimir três quartos da potência da poesia, que é feita da felicidade de adivinhar pouco a pouco: sugerir, eis o sonho. (*Sur l'Évolution littéraire: réponse à l'enquête de Jules Huret*, 1891).

Durante toda a vida, Mallarmé se colocou sob o signo deste sonho, mas, ao mesmo tempo, sob o signo da derrota. Derrota que Dante deu como certa desde o início, compreendendo que é orgulho luciferino pretender expressar finitamente o infinito e evitando a derrota da poesia justamente ao fazer poesia da derrota, que não é poesia que pretende dizer o indizível, mas poesia da impossibilidade de dizê-lo.

É importante refletir sobre o fato de que Dante (como, aliás, Pseudo--Dionísio e Niccolò Cusano) era um crente. É possível crer num Absoluto e afirmar que é impensável e indefinível? Claro, aceitando que o pensamento impossível do Absoluto seja substituído pelo sentimento do Absoluto e, portanto, pela fé como "substância de coisas esperadas e argumento das não aparentes". Elie Wiesel, no curso desta Milanesiana, recordou as palavras de Kafka, para quem é possível falar com Deus, mas não de Deus. Se o Absoluto é filosoficamente uma noite em que todas as vacas são pardas, para o místico que, como João da Cruz, o percebe como "noite escura" (noite que me guiaste,/ noite mais complacente que a aurora"), ele é fonte de emoções inefáveis. João da Cruz exprime sua experiência mística através da poesia: diante da indizibilidade do Absoluto, pode surgir como garantia a possibilidade de que esta tensão insatisfeita se resolva materialmente numa forma completa. O que permitia que, em sua *Ode a uma urna grega*, Keats visse a Beleza como substituto da experiência do Absoluto:

> A beleza é a verdade, a verdade é a beleza:
> isto é tudo o que vós sabeis na Terra e tudo o que deveis saber.

E isso funciona para quem resolveu praticar uma religião estética. Mas João da Cruz nos diria, na realidade, que somente a sua experiência mística do Absoluto era capaz de garantir-lhe a única verdade possível. Donde a convicção de muitos homens de fé de que aquelas filosofias que negam a possibilidade de conhecer o Absoluto negam automaticamente qualquer critério de verdade ou, negando que exista um critério absoluto de verdade, negam a possibilidade da experiência do Absoluto. Mas uma coisa é dizer que uma filosofia nega a possibilidade de conhecer o Absoluto, outra é dizer que ela nega qualquer critério de verdade — mesmo no que diz respeito ao mundo contingente. Verdade e experiência do Absoluto são, afinal, coisas inseparáveis?

A confiança na existência de algo verdadeiro é fundamental para a sobrevivência dos seres humanos. Se não acreditássemos que, quando conversamos, o que outros nos dizem é verdadeiro ou falso, a vida em sociedade não seria possível. Não poderíamos nem confiar no fato de que, se uma caixa traz a inscrição "Aspirina", podemos excluir a possibilidade de que seja estricnina.

Temos a teoria especular da verdade, segundo a qual esta última é *adaequatio rei et intellectus*, como se nossa mente fosse um espelho que, se funcionar bem, não deformar ou embaçar, deve refletir fielmente as coisas tais como são. É a teoria sustentada por Santo Tomás de Aquino, mas também pelo Lenin de *Materialismo e empiriocriticismo* (1909), e, como Tomás não podia ser leninista, devíamos concluir então que, em filosofia, Lenin era um neotomista — sem saber, naturalmente. Na realidade, à exceção de estados extáticos, somos obrigados a falar e a dizer o que nosso intelecto reflete. Contudo, definimos como verdadeiras (ou falsas) não as coisas, mas as asserções que fazemos sobre o modo como as coisas são. A célebre definição de Tarski diz que o enunciado "A neve é branca" é verdadeiro se e somente se a neve for branca. Ora, deixemos de lado a brancura da neve, que irá se tornando cada vez mais discutível, e consideremos outro exemplo: o enunciado "Está chovendo" (entre aspas) só é verdadeiro se estiver chovendo (sem aspas).

A primeira parte da definição (entre aspas) é um enunciado verbal e não representa nada além de si mesmo, mas a segunda parte deveria exprimir como as coisas são de fato. Contudo, aquilo que deveria ser um estado de coisas é de novo expresso em palavras. Para evitar tal mediação linguística, deveríamos dizer que "Está chovendo" (entre aspas) é verdadeiro se [existe] a tal coisa (e sem dizer nada, apontássemos a chuva que cai). Mas se parece possível usar este recurso indicante diante da evidência dos sentidos em relação à chuva, seria mais difícil fazê-lo com o enunciado "A Terra gira em torno do Sol" (porque neste caso, os sentidos diriam exatamente o contrário).

Para estabelecer se este enunciado corresponde a um estado de coisas é necessário ter interpretado o termo "chover" e ter estipulado sua definição. É preciso ter estabelecido que: para falar da chuva não basta perceber gotas de água caindo do alto (pois poderia se tratar de alguém regando suas flores numa varanda); a consistência das gotas deve ter certo grau (do contrário, falaríamos de orvalho ou de geada); a sensação deve ser contínua (do contrário, diríamos que foi uma ameaça fugaz de chuva) e assim por diante. Estipulado isto, devemos passar então para uma verificação empírica, que no caso da chuva está à disposição de todos (basta estender a mão e confiar nos próprios sentidos).

Já no caso do enunciado "A Terra gira em torno do Sol", os procedimentos de verificação são bem mais complicados. Que sentido assume a palavra "verdadeiro" diante de cada um dos seguintes enunciados?

1. Estou com dor de barriga.
2. Esta noite sonhei que Deus Pai aparecia para mim.
3. Amanhã vai chover com certeza.
4. O mundo vai acabar em 2536.
5. Existe vida após a morte.

Os enunciados 1 e 2 exprimem uma evidência subjetiva, mas a dor de barriga é uma sensação evidente e insuprimível, ao passo que, ao rememorar um sonho da noite anterior, posso não ter tanta certeza do que me recordo. Além disso, nenhum dos dois enunciados pode ser imediatamente verificado por outras pessoas. Claro, um médico dispõe de instrumentos de verificação para descobrir se tenho realmente uma colite ou sou um hipocondríaco, mas um psicanalista a quem contasse que sonhei com Deus Pai enfrentaria maior dificuldade, pois eu poderia muito bem estar mentindo.

As afirmações 3, 4 e 5 não são imediatamente verificáveis. Porém, se vai chover amanhã é coisa que poderá ser verificada amanhã, enquanto o fim do mundo em 2536 colocaria alguns problemas (é por isso que distinguimos a credibilidade de um meteorologista da aeronáutica daquela de um profeta). A diferença entre 4 e 5 é que 4 será verdadeiro ou falso pelo menos em 2536, enquanto 5 continuará a ser empiricamente indizível *per saecula saeculorum*.

6. Todo ângulo reto tem necessariamente noventa graus.

7. A água ferve sempre a cem graus.

8. A maçã é uma angiosperma.

9. Napoleão morreu em 5 de maio de 1821.

10. Chega-se à costa seguindo o curso do Sol.

11. Jesus é Filho de Deus.

12. A correta interpretação das Sagradas Escrituras é definida pelo magistério da Igreja.

13. Os embriões já são seres humanos e têm uma alma.

Algumas das questões enunciadas são verdadeiras ou falsas em relação a regras que nós adotamos: o ângulo reto só tem noventa graus no âmbito de um sistema de postulados euclidianos; a água ferve a cem graus é verdadeiro não só quando damos crédito a uma lei física elaborada por generalização indutiva, mas também com base na definição de grau centígrado; uma maçã só é uma angiosperma com base em algumas regras de classificação botânica.

Algumas outras necessitam da confiança em verificações feitas por outros antes de nós: acreditamos que é verdade que Napoleão morreu em 5 de maio de 1821 porque aceitamos o que dizem os livros de história, mas devemos sempre admitir a possibilidade de que um documento inédito seja descoberto amanhã nos arquivos do almirantado britânico, atestando que ele morreu em outra data. Às vezes, por razões utilitárias, adotamos como se fosse verdadeira uma ideia que sabemos ser falsa: por exemplo, para orientar-nos no deserto, comportamo-nos como se fosse verdade que o Sol se move do leste para o oeste.

Quanto às afirmações de caráter religioso, não diremos que são irresolúveis. Quando se aceita o testemunho dos Evangelhos como histórico, as provas da divindade de Cristo bastariam para tornar consenciente até um protestante. Mas isso não acontece no que concerne ao magistério da Igreja. Já a afirmação sobre uma alma dos embriões depende apenas de uma estipulação dos significados de expressões tais como "vida", "humano" e "alma". Santo Tomás de Aquino, por exemplo (ver *infra*, "Os embriões fora do Paraíso"), considerava que eles tinham apenas uma alma sensitiva, como os animais, e, portanto, ainda não sendo seres humanos dotados de alma racional, não participariam da ressurreição da carne. Hoje seria acusado de heresia, mas naquela civilíssima época fizeram-no santo.

Trata-se, então, de decidir caso a caso como acertar os critérios de verdade que estamos usando.

É justamente sobre o reconhecimento dos diversos graus de verificabilidade ou aceitabilidade de uma verdade que se funda o nosso senso de tolerância. Posso ter o dever científico e didático de reprovar um estudante que sustente que a água ferve a noventa graus, como o ângulo reto — parece que isso foi dito num exame —, mas um cristão também deveria aceitar que para alguns não há outro deus senão Alá, e Maomé é seu profeta (e pretendemos que os muçulmanos façam o inverso).

No entanto, à luz de algumas polêmicas recentes, parece que esta distinção entre diversos critérios de verdade, típica do pensamento moderno e em particular do pensamento lógico-científico, tenha dado lugar a um relativismo entendido como doença histórica da cultura contemporânea, que nega qualquer ideia de verdade. Mas o que os antirrelativistas entendem por relativismo?

Algumas enciclopédias filosóficas dizem que existe um relativismo cognitivo, segundo o qual os objetos só podem ser conhecidos pelas faculdades humanas sob determinadas condições. Mas neste sentido Kant também teria sido relativista, pois negava efetivamente a possibilidade de enunciar leis de valor universal — e aliás, ainda que em bases morais, ele acreditava em Deus.

Em outra enciclopédia filosófica encontro, ao contrário, que se entende por relativismo "toda concepção que não admite princípios absolutos no campo do conhecer e do agir". Mas é diferente negar princípios absolutos no campo do conhecer e no campo do agir. Existem pessoas dispostas a sustentar que a afirmação "a pedofilia é um mal" é uma verdade relativa apenas a um determinado sistema de valores, visto que em certas culturas ela era ou é admitida e tolerada, mas prontas, contudo, a sustentar que o teorema de Pitágoras deve ser válido em todos os tempos e para todas as culturas.

Nenhuma pessoa séria colocaria sob a etiqueta do relativismo a teoria einsteiniana da relatividade. Dizer que uma mensuração depende das condições de movimento do observador apresenta-se como um princípio válido para qualquer ser humano em qualquer tempo ou lugar.

O relativismo como doutrina filosófica com este nome nasce com o positivismo oitocentista, que sustentava a incognoscibilidade do Absoluto, entendido no máximo como limite móvel de uma pesquisa científica contínua. Mas nenhum positivista sustentou que não existem verdades científicas alcançáveis, objetivamente testáveis e válidas para todos.

Uma posição filosófica que, numa leitura rápida dos manuais, poderia ser definida como relativista é o chamado holismo, segundo o qual todo enunciado só é verdadeiro/falso (e só adquire seu significado) no interior de um sistema orgânico de proposições, de um dado esquema conceitual ou, como disseram outros, no interior de um determinado paradigma científico. Um holista sustenta (justamente) que a noção de espaço tem sentidos diferentes no sistema aristotélico e no sistema newtoniano, de modo que os dois sistemas são incomensuráveis entre si, e que um sistema científico vale o outro na medida em que consegue explicar um conjunto de fenômenos. Mas os holistas são os primeiros a dizer que existem sistemas que não conseguem, de fato, explicar um conjunto de fenômenos e que, a longo prazo, alguns prevalecem porque conseguem fazer isso melhor que os outros. Portanto, também o holista, em sua aparente tolerância, confronta-se com algo que é preciso explicar e, mesmo quando não diz, limita-se àquilo que definirei como realismo mínimo, segundo o qual deve existir um modo como as coisas são ou estão. Talvez não possamos conhecê-lo nunca, mas, se não acreditarmos que esse modo existe, nossa pesquisa não teria sentido, nem teria sentido tentar novos sistemas de explicação do mundo.

O holista se declara, em geral, pragmatista, mas aqui também não se deve ler apressadamente os manuais filosóficos: o verdadeiro pragmatista, como era Pierce, não dizia que as ideias só são verdadeiras quando demonstram ser eficazes, mas que elas mostram sua eficácia quando são verdadeiras. E ao mesmo tempo que sustentava o falibilismo, ou seja, a concepção de que todos os nossos conhecimentos podem, a qualquer momento, se demonstrar questionáveis, afirmava que, através da contínua correção de seus conhecimentos, a comunidade humana levava adiante "a tocha da verdade".

O que coloca estas teorias sob suspeita de relativismo é o fato de que os diversos sistemas sejam mutuamente incomensuráveis. Certamente, os sistemas ptolomaico e copernicano são incomensuráveis entre si e somente no primeiro as noções de epiciclo e deferente assumem um sentido. Mas o fato de que os dois sistemas sejam incomensuráveis entre si não significa que não sejam comparáveis e é exatamente ao confrontá-los que podemos compreender quais são os fenômenos celestes que Ptolomeu explicava com as noções de epiciclo e deferente, e perceber que eram os mesmos fenômenos que os copernicanos pretendiam explicar segundo um esquema conceitual diverso.

O holismo dos filósofos é semelhante ao holismo linguístico, segundo o qual uma determinada língua impõe, através de sua estrutura semântica e sintática, uma determinada visão de mundo, da qual o falante é, por assim dizer, prisioneiro. Benjamin Lee Whorf recordava, por exemplo, que nas línguas ocidentais se tende a analisar muitos eventos como objetos e uma expressão como "três dias" é gramaticalmente equivalente a "três maçãs", ao passo que algumas línguas dos nativos americanos são orientadas para o processo e veem eventos lá onde nós vemos coisas — assim, a língua hopi seria mais equipada que o inglês para definir certos fenômenos estudados pela física moderna. E Whorf recordava também que os esquimós teriam quatro termos diversos para designar a palavra "neve", segundo sua consistência, e, portanto, veriam coisas diversas onde nós vemos uma só. A despeito de essa informação ter sido contestada, em todo caso um esquiador ocidental também saberia distinguir entre diversos tipos de neve com consistências diversas. Por outro lado, basta que um esquimó entre em contato conosco para que entenda facilmente que, quando chamamos de neve as supostas quatro coisas que ele chama de modo diverso, estamos fazendo como um francês que chama o gelo, a geada, o sorvete, o espelho e o vidro de uma vitrine de *glace* e nem por isso é tão prisioneiro de sua língua a ponto de fazer a barba de manhã olhando-se num sorvete.

Enfim, além do fato de que nem todo o pensamento contemporâneo aceita a perspectiva holística, ela se coloca na trilha daquelas teorias da perspectividade do conhecimento, segundo as quais é possível dar perspectivas diversas da realidade e cada perspectiva conforma um aspecto dela, embora não esgote sua insondável riqueza. Não há nada de relativista em sustentar que a realidade é sempre definida de um ponto de vista particular (o que não significa subjetivo e individual), nem tampouco a afirmação de que a vemos sempre e somente sob uma certa descrição nos exime de acreditar e esperar que aquilo que representamos seja sempre a mesma coisa.

As enciclopédias registram, ao lado do relativismo cognitivo, o relativismo cultural. O fato de que culturas diversas têm não apenas línguas ou mitologias diversas, mas diversas concepções morais (todas razoáveis em seu âmbito), já havia sido compreendido por Montaigne e depois por Locke, quando a Europa começou a entrar mais criticamente em contato com outras culturas. O fato de que até hoje certos nativos das florestas da Nova Guiné consideram legítimo e recomendável o canibalismo (e um inglês, não) parece uma observação incontestável, como incontestável é dizer que em certos países se reserva às adúlteras um tipo de reprovação diverso do nosso. Mas o reconhecimento da variedade das culturas, em primeiro lugar, não nega que determinados comportamentos são mais universais (o amor de uma mãe pelos próprios filhos ou o fato de usarmos, em geral, as mesmas expressões faciais para exprimir desgosto ou hilaridade, por exemplo), e, em segundo lugar, não pressupõe automaticamente o relativismo moral, segundo o qual, diante da inexistência de valores éticos iguais para todas as culturas, podemos adaptar livremente o nosso comportamento aos nossos desejos ou interesses. Reconhecer que uma outra cultura é diferente, e deve ser respeitada em sua diversidade, não significa abdicar de nossa identidade cultural.

Como, então, foi construído o fantasma do relativismo como ideologia homogênea, câncer da civilização contemporânea?

Existe uma crítica laica ao relativismo, que se coloca, na maior parte das vezes, contra os excessos do relativismo cultural. Marcello Pera, que apresenta suas teses num livro a quatro mãos com Ratzinger, *Sem raízes* (*Senza radici*. Milão: Mondadori, 2004), sabe bem que existem diferenças entre as culturas, mas sustenta que há alguns valores da cultura ocidental (como a democracia, a separação entre Estado e religião, o liberalismo) que se mostraram superiores àqueles de outras culturas. Ora, a cultura ocidental tem boas razões para considerar-se mais evoluída que outras no que diz respeito a estes temas, mas, ao sustentar que esta superioridade deveria ser universalmente evidente, Pera utiliza um argumento contestável. Ele diz: "Se membros da cultura B demonstram livremente que preferem a cultura A e não vice-versa — se, por exemplo, os fluxos migratórios vão do Islã para o Ocidente e não vice-versa —, então existe razão para acreditar que A é melhor do que B." O argumento é fraco, dado que os irlandeses não imigraram em massa para os Estados Unidos no século XIX porque preferiam este país protestante à sua amada Irlanda católica, mas porque em casa estavam morrendo de fome por causa da peronóspora da batata. A rejeição ao relativismo cultural por parte de Pera é ditada pelo temor de que a tolerância em relação a outras culturas degenere em complacência e, sob a pressão dos fluxos migratórios, o Ocidente ceda à prepotência de culturas estranhas. O problema de Pera não é a defesa do Absoluto, mas a defesa do Ocidente.

Em seu *Contra o relativismo* (*Contro il relativismo*. Roma-Bari: Laterza, 2005), Giovanni Jervis constrói um relativista a partir de um cômodo e estranho conúbio entre um tardorromântico, um pensador pós-moderno de origem nietzschiana e um seguidor da *New Age*, para quem o relativismo seria uma forma de irracionalismo que se opõe à ciência. Jervis denuncia uma natureza reacionária do relativismo cultural: quando se sustenta que qualquer forma de sociedade deve ser respeitada e justificada, quando não idealizada, encoraja-se a guetização dos povos. E mais, aqueles antropólogos culturais que, em vez de tentar identificar características biológicas e comportamentos constantes entre os povos, preferiram sublinhar a diversidade devida tão somente à cultura — ao dar demasiada importância à cultura e negligenciar os fatores biológicos — sustentaram indiretamente, mais uma vez, o primado do espírito sobre a matéria e, por conseguinte, foram solidários com as instâncias de um pensamento religioso.

Portanto, não fica claro se o relativismo é contrário ao espírito religioso ou é uma forma mascarada de pensamento religioso. Se pelo menos os antirrelativistas entrassem num acordo, mas o fato é que pessoas diversas falam de relativismo remetendo-se a fenômenos diversos.

Para alguns crentes entra em jogo um duplo temor: de que o relativismo cultural leve necessariamente ao relativismo moral e de que sustentar que existem diversos modos de verificar a verdade de uma proposição coloque em questão a possibilidade de reconhecer uma verdade absoluta.

Sobre o relativismo cultural, o então cardeal Ratzinger estabelecia, em algumas notas doutrinais da Congregação da Fé, uma estrita relação entre relativismo cultural e relativismo ético, lamentando que em várias instâncias se sustentava que o pluralismo ético é a condição da democracia.

Já mostramos que o relativismo cultural não implica relativismo ético: por causa do relativismo cultural permite-se que um papua da Nova Guiné enfie um prego no nariz e, no entanto, em virtude de uma ética que nosso grupo não põe em questão, não se permite que um adulto (nem sendo sacerdote) abuse de um menino de 7 anos.

Quanto ao desacordo entre relativismo e verdade, João Paulo II, na encíclica *Fides et ratio*, afirmava que

> a filosofia moderna, esquecendo de orientar sua pesquisa para o ser, concentrou a própria investigação no conhecimento humano. Em vez de apoiar-se na capacidade que o homem tem de conhecer a verdade, preferiu sublinhar seus limites e condicionamentos. Derivaram daí várias formas de agnosticismo e de relativismo, que levaram a pesquisa filosófica a perder-se nas areias movediças de um ceticismo generalizado.

E Ratzinger, numa homília de 2005:

> Está se constituindo uma ditadura do relativismo, que nada reconhece como definitivo ou que deixa como única medida apenas o próprio eu e suas vontades. Nós, ao contrário, temos uma outra medida: o Filho de Deus, o verdadeiro homem. (*Missa pro eligendo romano pontefice*, homília do cardeal Ratzinger, 18 de abril de 2005)

Opõem-se aqui duas noções de verdade, uma como propriedade semântica dos enunciados, e a outra como propriedade da divindade. Isto é devido ao fato de que, já nas Escrituras Sagradas (pelo menos segundo as traduções através das quais podemos conhecê-las), as duas aparecem como noções de verdade. Ora se usa a verdade como correspondência entre algo que se diz e o modo como as coisas estão ("em verdade, em verdade vos digo", no sentido de "digo deveras"), ora, ao contrário, a verdade é propriedade intrínseca da divindade ("Eu sou o caminho, a verdade e a vida"). O que levou muitos pais da Igreja a posições que Ratzinger definiria hoje como relativistas, pois diziam que não era importante saber se uma determinada afirmação sobre o mundo correspondia ao modo como as coisas estavam, desde que se atentasse para a única verdade digna deste nome, a mensagem da salvação. Quando se discutia se a Terra era redonda ou plana, Santo Agostinho parecia tender para a esfericidade, mas recordava que saber disso não serviria para salvar a alma e, portanto, julgava que, na prática, uma teoria valia tanto quanto a outra.

No entanto, é difícil encontrar nos muitos escritos do cardeal Ratzinger uma definição de verdade que não seja aquela de verdade revelada e encarnada pelo Cristo. Mas se a verdade da fé é verdade revelada, por que opô-la à verdade dos filósofos e dos cientistas, que é um conceito com outros fins e natureza? Bastaria reportar-se a Santo Tomás que, no *De aeternitate mundi*, mesmo sabendo muito bem que defender a tese averroísta da eternidade do mundo era uma terrível heresia, aceitava por fé que o mundo havia sido criado, mas, do ponto de vista cosmológico, admitia que não era possível demonstrar racionalmente nem que havia sido criado, nem que era eterno. Em sua intervenção no volume intitulado *O monoteísmo* (*Il monoteismo*, Milão: Mondadori, 2002), Ratzinger diz que a essência de todo o pensamento filosófico e científico moderno é que a verdade enquanto tal — é o que se pensa — não pode ser conhecida, porém é possível avançar aos poucos apenas com os pequenos passos da verificação e da falsificação. Reforça-se a tendência a substituir o conceito de verdade por aquele de consenso. Mas isso significa que o homem se separa da verdade e assim também da distinção entre o bem e o mal, submetendo-se completamente ao princípio da maioria... O homem projeta e "monta" o mundo sem critérios preestabelecidos e, ao fazê-lo, também supera necessariamente o conceito de dignidade humana, de modo que até mesmo os direitos humanos se tornam problemáticos. No âmbito de tal concepção da razão e da racionalidade não sobra nenhum espaço para o conceito de Deus.

Esta extrapolação, que passa de um prudente conceito de verdade científica como objeto de verificação e correção contínua para uma denúncia da destruição de qualquer dignidade humana, é insustentável, a menos que se identifique, como veremos, todo o pensamento moderno com a afirmação de que não existem fatos, mas apenas interpretações, donde a afirmação de que não existe fundamento do ser; de que, portanto, Deus está morto e, finalmente, de que, se não há Deus, então tudo é possível.

Ora, nem Ratzinger nem os antirrelativistas em geral são visionários ou conspiracionistas. Simplesmente, os antirrelativistas que definirei como moderados ou críticos identificam como inimigo apenas aquela forma específica de relativismo extremo, segundo a qual não existem fatos, mas apenas interpretações, enquanto os antirrelativistas que chamarei de radicais estendem esta pretensão de que não existem fatos, mas apenas interpretações a todo o pensamento moderno, cometendo um erro que — pelo menos na universidade dos meus tempos — não teria permitido que passassem num exame de história da filosofia.

A ideia de que não existem fatos, mas apenas interpretações, nasce com Nietzsche, que a explica com muita clareza em *Sobre verdade e mentira no sentido extramoral* (1873). Como a natureza jogou fora a chave, o intelecto trabalha com ficções conceituais que chama de verdade. Pensamos que falamos de árvores, cores, neve e flores, mas são metáforas que não correspondem às essências originais. Diante da multiplicidade das folhas individuais, não existe uma "folha" primordial "com base na qual seriam tecidas, desenhadas, circunscritas, coloridas, encrespadas, pintadas — mas por mãos inábeis — todas as folhas". O pássaro ou o inseto percebem o mundo de um modo diferente do nosso, e não tem sentido dizer qual dessas percepções seria a mais justa, pois para isso seria necessário aquele critério de "percepção exata" que não existe. A natureza "não conhece nenhuma forma e nenhum conceito, e tampouco, portanto, nenhum gênero, mas apenas um X, para nós inatingível e indefinível." A verdade torna-se então "um exército móvel de metáforas, metonímias, antropomorfismos", de invenções poéticas que posteriormente se enrijeceram em saber, "ilusões cuja natureza ilusória foi esquecida".

Contudo, Nietsche evita levar em consideração dois fenômenos. Um é que, adequando-se às limitações deste nosso discutível saber, temos conseguido de certa forma acertar as contas com a natureza: se alguém é mordido por um cão, o médico sabe que tipo de injeção deve aplicar, ainda que não tenha tido a experiência direta do cão individual que o mordeu. O outro é que, de tanto em tanto, a natureza nos obriga a denunciar o nosso saber como ilusório e a escolher uma forma alternativa (que é, aliás, o problema da revolução dos paradigmas cognitivos). Nietzsche adverte a presença de restrições naturais que para ele são "forças terríveis" que nos pressionam constantemente, opondo-se às nossas verdades "científicas", mas se recusa a conceituá-las, visto que foi para evitá-las que construímos, como defesa, a armadura conceitual. A mudança é possível, não como reestruturação, mas sim como revolução poética permanente:

> Se cada um de nós tivesse para si uma percepção sensível diferente, se nós mesmos pudéssemos nos perceber ora como pássaros, ora como vermes, ora como plantas, ou se um de nós visse um certo estímulo como vermelho enquanto outro o visse como azul, e se até mesmo um terceiro o ouvisse como som, ninguém poderia falar de uma tal regularidade da natureza.

Portanto, a arte (e com ela o mito)

> confunde constantemente as rubricas e os compartimentos dos conceitos, apresentando novas transposições, metáforas, metonímias; revela constan-

temente o desejo de dar ao mundo subsistente do homem acordado uma figura tão policromática e irregular, tão inconsequente, incoerente, excitante e eternamente nova quanto aquela do mundo do sonho.[2]

Se estas são as premissas, a primeira possibilidade seria refugiar-se no sonho como fuga da realidade. Mas o próprio Nietzsche admite que este domínio da arte sobre a vida seria um engano, ainda que supremamente deleitoso. Ou então, e é isto que a posteridade nietzschiana acolheu como verdadeira lição, a arte pode dizer aquilo que diz porque é o próprio Ser que aceita qualquer definição, pois não tem fundamento. Este desaparecer do Ser coincidia para Nietzsche com a morte de Deus. O que permite que alguns crentes extraiam desta morte anunciada a falsa consequência dostoievskiana: se não há Deus, ou não há mais, então tudo é permitido.

Mas, nesse caso, o não crente sabe que, justamente, se não há inferno e paraíso, então é indispensável salvar-se na terra estabelecendo benevolência, compreensão e lei moral. Foi publicado em 2006 um livro de Eugenio Lecaldano[3] que, com ampla documentação antológica, sustenta que só deixando Deus de lado é verdadeiramente possível ter uma vida moral. Com certeza, não pretendo estabelecer aqui se Lecaldano e os autores que antologiza têm razão; quero apenas recordar que há quem defenda que a ausência de Deus não elimina o problema ético — o que o cardeal Martini percebeu muito bem quando instituiu em Milão a cátedra dos não crentes. O fato de que Martini não tenha se tornado papa pode nos fazer duvidar da inspiração divina do conclave, mas são assuntos que fogem à minha competência. Há cerca de dez dias, Elie Wiesel também lembrou que aqueles que acreditavam que tudo era permitido não eram os que pensavam que Deus estava morto, mas sim os que acreditavam ser Deus (defeito comum aos grandes e aos pequenos ditadores).

---

2. Friedrich Nietzsche. *La filosofia nell'epoca tragica dei greci e Scritti dal 1870 al 1873*. In: _____. *Opere*, III, 2. Tradução italiana de Giorgio Colli. Milão: Adelphi, 1973.

3. Eugenio Lecaldano. *Un'etica senza Dio*. Roma-Bari: Laterza, 2006.

Em todo caso, a ideia de que não existem fatos, mas apenas interpretações, não é deveras compartilhada por todo o pensamento contemporâneo, que em grande parte levanta contra Nietzsche e seus seguidores as seguintes objeções: (i) se não existissem fatos, mas apenas interpretações, então uma interpretação seria a interpretação de quê? (ii) E se as interpretações se interpretassem entre si, deveria de todo modo existir um objeto ou um evento inicial que nos levou a interpretar. (iii) Ademais, mesmo que o ser não fosse definível, seria necessário dizer que somos nós que dele falamos metaforicamente e então o problema de dizer algo verdadeiro teria se deslocado do objeto para o sujeito do conhecimento. Deus pode estar morto, mas Nietzsche, não. Com base em qual fundamento justificamos a presença de Nietzsche? Dizendo que é apenas uma metáfora? Mas se o é, quem a enuncia? Não só isso, mas também se falamos com frequência da realidade por metáforas, para elaborá-las é necessário que existam palavras que tenham um significado literal e denotem coisas que conhecemos por experiência: não posso chamar de "perna" o sustento da mesa se não tiver uma noção não metafórica da perna humana, conhecendo sua forma e função. (iv) Por fim, ao afirmar que não existe mais um critério intersubjetivo de verificação, esquece-se que de vez em quando aquilo que está fora de nós (e que Nietzsche chamava de forças terríveis) se opõe às nossas tentativas de exprimi-lo nem que seja metaforicamente; que se aplicarmos, sei lá, a teoria do flogisto a uma inflamação não conseguiremos curá-la, mas se recorrermos aos antibióticos, sim; e que, portanto, existe uma teoria médica melhor do que uma outra.

Logo, talvez não exista um Absoluto ou, se existe, não é pensável nem alcançável, mas existem forças naturais que comprovam ou desafiam nossas interpretações. Se interpreto um *trompe-l'oeil* representando uma porta aberta como uma porta verdadeira e sigo reto para atravessá-la, aquele fato que é a parede impenetrável refutará minha interpretação.

Deve existir um modo como as coisas estão ou vão — e a prova é não somente que todos os homens são mortais, mas também que, se tento atravessar uma parede, vou quebrar o septo nasal. A morte e esta parede são a única forma de Absoluto de que não podemos duvidar.

A evidência daquela parede, que nos diz "não" quando queremos interpretá-la como se não existisse, talvez seja um critério de verdade bastante modesto para os guardiões do Absoluto, mas, parafraseando Keats, "isto é tudo o que vós sabeis na terra e tudo o que deveis saber".

[Conferência proferida no âmbito da Milanesiana em 9 de julho de 2007.]

A chama é bela

A Milanesiana deste ano é dedicada aos quatro elementos. Falar de todos os quatro ia além das minhas possibilidades e resolvi limitar-me ao fogo. Por quê? Porque de todos os elementos é aquele que, mesmo permanecendo fundamental para a nossa vida, corre mais risco de ser esquecido. O ar, nós o respiramos todos os dias, a água é do nosso uso cotidiano, na terra pisamos permanentemente, mas a nossa experiência do fogo corre o risco de diminuir cada dia mais. As funções que eram do fogo são assumidas progressivamente por formas de energia invisível; já dissociamos a ideia de luz daquela de chama e só experimentamos o fogo com o gás (que quase não dá para ver), com o fósforo ou o isqueiro, para quem ainda fuma, com a chama das velas, mas só para quem ainda vai à igreja.

Permanece, para os privilegiados, a lareira, e é dela que quero partir. Nos anos 1970, comprei uma casa no campo com uma bela lareira, e para meus filhos, entre 10 e 12 anos, a experiência do fogo, da brasa que arde, da chama, era um fenômeno absolutamente novo. E percebi que quando a lareira estava acesa eles deixavam a televisão de lado. A chama era mais bela e variada do que qualquer programa, contava histórias infinitas, renovando-se a cada instante, não seguia esquemas fixos como um programa televisivo.

Entre os contemporâneos, quem mais refletiu sobre a poesia, a mitologia, a psicologia e a psicanálise do fogo talvez tenha sido Gaston Bachelard, que não podia deixar de encontrar o fogo em sua pesquisa sobre as figuras arquetípicas que acompanharam o imaginário humano desde os primórdios.

O calor do fogo remete ao calor do Sol, visto por sua vez como bola de fogo; o fogo hipnotiza e, portanto, é ao mesmo tempo o primeiro objeto e móvel da fantasia; o fogo lembra a primeira inibição universal (não se pode tocá-lo), tornando-se assim epifania da lei; o fogo é a primeira criatura que, para nascer e crescer, devora os dois pedaços de madeira que o geraram — e este nascimento do fogo tem um forte significado sexual, pois o sêmen da chama brota de um esfregamento —, e por outro lado, se quisermos continuar numa leitura psicanalítica, podemos recordar que para Freud a condição para dominar o fogo é a renúncia ao prazer de apagá-lo com a micção e, portanto, a renúncia à vida pulsional.

E o fogo se faz metáfora de muitas pulsões, do inflamar-se de ódio ao fogo da paixão amorosa; o fogo está metaforicamente presente em qualquer discurso sobre as paixões, assim como se liga metaforicamente à vida através da cor que compartilha com o sangue. O fogo como calor rege aquela maceração da matéria nutritiva que é a digestão e tem em comum com o processo nutritivo o fato de que para viver precisa ser continuamente alimentado.

O fogo apresenta-se imediatamente como instrumento de toda transformação e quando se quer que alguma coisa mude, o fogo é convocado: para impedir que se apague, o fogo exige um cuidado semelhante ao que se deve ao recém-nascido; no fogo as contradições fundamentais de nossa vida são imediatamente evidentes, é elemento que dá vida e elemento que dá morte, destruição e sofrimento, é símbolo de pureza e purificação, mas também de imundície, pois produz cinzas, como seu excremento.

O fogo pode ser luz ofuscante que os olhos não podem fixar, como não podem encarar o Sol, mas devidamente amestrado, quando, por exemplo, se transforma em luz de vela, permite jogos de claro-escuro, vigílias noturnas nas quais uma chama solitária nos obriga, com seus brilhos fugidios que se esfumam na escuridão, a *imaginar*. E a vela é, ao mesmo tempo, apelo a uma fonte de vida e a um Sol que se extingue. O fogo nasce da matéria para transformar-se em substância cada vez mais leve e aérea, da chama rubra ou azulada da raiz à chama branca do ápice, até desmaiar em fumaça... Neste sentido, a natureza do fogo é ascensional, remete a uma transcendência e, contudo, talvez porque tenhamos aprendido que vive no coração da Terra, de onde só irrompe quando despertam os vulcões, ele é símbolo de profundidades infernais. É vida, mas é experiência de seu apagar-se e de sua contínua fragilidade.

E, para terminar com Bachelard, gostaria de citar esta página, sempre da *Psicanálise do fogo*:

> Dos dentes da cremalheira pendia o caldeirão escuro. A marmita de três pés erguia-se nas cinzas quentes. Soprando um tubo de aço a plenos pulmões, minha avó despertava as chamas adormecidas. Tudo cozinhava ao mesmo tempo: as batatas para os porcos, as batatas mais finas para a família. Para mim, um ovo fresco cozia sob as cinzas. O fogo não se mede com ampulheta: o ovo estava pronto quando uma gota de água, talvez de saliva, se evaporava ao tocar a casca. Fiquei muito surpreso ao ler recentemente que Denis Papin vigiava sua marmita usando os procedimentos de minha avó. Antes do ovo, eu estava condenado ao mingau de pão. (...) Mas nos meus dias de bom menino, traziam a chapa alveolada das *gaufres*, cujo retângulo esmagava o fogo de espinheiros, rubro como o dardo de um gladíolo. E num piscar de olhos a *gaufre* estava em meu avental, mais quente aos dedos que aos lábios. E então, sim, eu comia fogo, comia seu ouro, seu cheiro e até seu crepitar, quando a *gaufre* ardente estalava sob meus dentes. E é sempre assim, por uma espécie de prazer de luxo, como sobremesa, que o fogo prova sua humanidade.[1]

O fogo é, portanto, muitas coisas e — além de fenômeno físico — torna-se símbolo, e como todos os símbolos é ambíguo, polissêmico e evoca diversos sentidos segundo os contextos. Por isso, esta noite tentarei não uma psicanálise do fogo, mas uma rústica e desenvolta semiótica, indo em busca dos vários significados que assumiu e assume aos nossos olhos, nós que nele nos aquecemos e que nele às vezes morremos.

O fogo como elemento divino

Visto que a primeira experiência do fogo acontece indiretamente através da luz solar e diretamente através do raio e do incêndio incontrolável, era

---

1. Gaston Bachelard. *L'intuizione dell'istante. Psicanalisi del fuoco*. Tradução italiana de Antonio Pellegrino e Giovanna Silvestre. Bari: Dedalo, 1984.

evidente que o fogo seria associado desde as origens à divindade, e em todas as religiões primitivas encontra-se alguma forma de culto ao fogo, da saudação ao Sol que se levanta à conservação do fogo sagrado, que não pode apagar nunca, nos recônditos do templo.

Na Bíblia, o fogo é sempre imagem epifânica do divino: num carro de fogo Elias será raptado, no fulgor do fogo rejubilam-se os justos ("Assim perecem todos os teus inimigos, Senhor! Aqueles que te amam, sejam como o sol, quando se levanta em seu esplendor", *Juízes* 5, 31; "Os sábios resplandecerão, como o resplendor do firmamento; e os que ensinam a muitos a justiça serão como as estrelas, por toda a eternidade", *Daniel*, 12, 3; "No tempo de sua visita resplandecerão e correrão como fagulhas no meio da palha", *Sabedoria de Salomão*, 3, 7), enquanto os pais da Igreja falam de Cristo como *lampas, lucifer, lumen, lux, oriens, sol iustitiae, sol novus, stella*.

Os primeiros filósofos refletiram sobre o fogo como princípio cósmico. Segundo Aristóteles, para Heráclito a *archè*, a origem de todas as coisas, era o fogo, e em alguns fragmentos parece que, de fato, Heráclito defende esta tese. Ele teria afirmado que a cada era o universo se regenera através do fogo, que há no universo uma troca recíproca de todas as coisas com o fogo e do fogo com todas as coisas, como as mercadorias com o ouro e o ouro com as mercadorias. E, segundo Diógenes Laércio, ele teria sustentado que tudo se forma no fogo e com o fogo se resolve, que todas as coisas são, por condensação ou rarefação, mutações do fogo (o qual, condensando-se, se transforma em umidade, que, consolidando-se, se transforma em terra, que por sua vez se fluidifica em água e a água produz evaporações luminosas que alimentam novo fogo). Mas infelizmente todos sabem que Heráclito era, por definição, obscuro, que o senhor que tem seu oráculo em Delfos não diz e não esconde, mas acena, e muitos consideram que as referências ao fogo eram apenas metáforas para exprimir a extrema mutabilidade do todo. Ou seja, *panta rei*, tudo desliza, móvel e mutante, e não só (diria eu) não nos banhamos duas vezes no mesmo rio, como não nos queimamos duas vezes na mesma chama.

Talvez a mais bela identificação do fogo com o divino se encontre na obra de Plotino. O fogo é manifestação do divino justamente porque, paradoxalmente, o Uno, do qual tudo emana e do qual nada se pode dizer, não se move nem se consome num ato de criação. E só é possível pensar nesse Primeiro como se fosse uma irradiação que dele se propaga, assim como a luz que brilha em torno do Sol, que a irradia de modo sempre novo enquanto ele próprio permanece tal qual era, sem se consumir (*Enéadas*, V, 1, 6).

E se as coisas nascem de uma irradiação, nada pode ser mais belo na Terra do que aquilo que é a própria figura da irradiação divina, o fogo. A beleza de uma cor, que é uma coisa simples, nasce de uma forma que domina a escuridão da matéria e da presença na cor de uma luz incorpórea, que é sua razão formal. Por isto, mais do que qualquer outro corpo, o fogo é belo em si mesmo, pois tem a imaterialidade da forma: de todos os corpos é o mais leve, a ponto de ser quase imaterial. Permanece sempre puro, pois não acolhe em si os outros elementos que compõem a matéria, enquanto todos os outros acolhem em si mesmos o fogo: de fato, todos podem esquentar, porém o fogo não pode esfriar. Só o fogo, por sua natureza, possui as cores e é dele que recebem forma e calor todas as outras coisas, que, quando se afastam da luz do fogo, deixam de ser belas.

De cunho neoplatônico são as páginas de Pseudo-Dionísio Areopagita (século V-VI), que influenciarão toda a estética medieval. Como se vê na *Hierarquia celeste*, XV:

> Creio justamente que o fogo manifesta aquilo que de mais divino existe nas inteligências celestes; de fato, os autores sagrados muitas vezes descrevem a substância suprassubstancial e que não tem nenhuma forma usando o símbolo do fogo, pois este apresenta muitos aspectos do caráter divino, se é lícito dizê-lo, pelo que se pode descobrir nas coisas visíveis. Na verdade, o fogo sensível está, por assim dizer, em todas as coisas e passa através delas sem se misturar e é destacado de todas e, sendo todo refulgente, permanece ao mesmo tempo, estando oculto, ignoto em si e por si — quando não se lhe oferece uma matéria na direção da qual manifestar a própria ação —, não se pode aferrar nem ver, mas aferra todas as coisas.[2]

---

2. Pseudo-Dionísio Areopagita. *Gerarchia celeste*. Tradução italiana de Piero Scazzoso. In: _____. *Tutte le opere*. Milão: Bompiani, 2009.

As concepções medievais da beleza são dominadas, junto com o conceito de proporção, pelos de clareza e luminosidade. O cinema e os RPGs induzem a pensar na Idade Média como uma sequência de séculos "obscuros", não só metaforicamente, mas também em termos de cores noturnas e sombras fechadas. Nada mais falso. Os medievais certamente viviam em ambientes escuros, florestas, átrios de castelo, quartos estreitos iluminados apenas pela lareira, porém, além de ser uma gente que dormia cedo e estava mais habituada ao dia que à noite (que tanto fascinará os românticos), a Idade Média representa-se a si mesma em tons vistosos.

A Idade Média identificava a beleza com (além da proporção) a luz e a cor, uma cor que era sempre elementar, uma sinfonia de vermelhos, azuis, ouros, pratas, brancos e verdes, sem esfumaturas e claros-escuros, onde o esplendor é gerado pelo acordo de conjunto e não determinado por uma luz que envolve as coisas a partir do exterior ou faz a cor destilar além dos limites da figura. Nas miniaturas medievais, a luz parece irradiar-se dos objetos.

Nos poetas, este senso da cor brilhante está sempre presente: a relva é verde, o sangue, vermelho, o leite, cândido, uma bela mulher tem, para Guinizzelli, um "rosto de neve colorido em carmim" (sem falar, mais tarde, das "claras, frescas, doces águas").

O fogo anima as visões dos místicos, em particular as páginas de Hildegarda de Bingen. Vejamos, por exemplo, *Liber scivias* (II, 2):

> Vi uma fulgidíssima luz e nela uma forma de homem cor de safira que inflamava tudo com suavíssimo fogo rutilante, e aquela luz esplêndida difundiu-se por todo o fogo rutilante, e este fogo rutilante por aquela luz esplendente, e aquela luz fulgidíssima e aquele fogo rutilante por toda a forma do homem, produzindo um só lume de uma única virtude e potência. (...)
>
> A chama consiste numa esplêndida clareza, num ínsito vigor e num ígneo ardor, mas a esplêndida clareza a possui para que resplandeça e o ínsito vigor para que vigore e o ígneo ardor para que arda.[3]

---

3. Hildegarda de Bingen. *Liber scivias*. Tradução italiana de Elémire Zolla. In: *I mistici*. Milão: Garzanti, 1963.

Isto sem falar nas visões de luz que resplandecem no *Paraíso* dantesco e que curiosamente foram restituídas em seu máximo esplendor por um artista oitocentista como Doré, que tentou (como podia, mas não se podia) tornar visíveis aquelas fulgências, aquele vórtice de chamas, aquelas lâmpadas, aqueles sóis, aquelas clarezas que nascem "como nos arrebóis, quando se aclaram" (XIV, v. 69), aquelas cândidas rosas, aquelas flores rubicundas que refulgem no canto terceiro, onde também a visão de deus aparece como um êxtase de fogo (*Paraíso*, XXXIII, vv. 115-120):

> Na profunda e dilúcida aparência
> da luz vi três anéis, tendo três cores,
> mas uma só e igual circunferência.
> Um refletia no outro os seus fulgores,
> como dois Íris, e o terceiro, à frente,
> de ambos colhia a um tempo os esplendores.*

Uma cosmologia da luz predomina na Idade Média. Já no século IX, João Escoto Erígena (*Comentário à Hierarquia celeste*, I) diz que:

> Esta fábrica universal do mundo é um grandíssimo lume, composto de muitas partes, assim como de muitas luzes, para revelar as puras espécies das coisas inteligíveis e intuí-las com a visão da mente, coordenando no coração dos sapientes fiéis a divina graça e a ajuda da razão. Bem, o teólogo, portanto, chama Deus de pai dos Lumes, pois Dele são todas as coisas, pelas quais e nas quais Ele se manifesta, e na luz do lume de sua sabedoria Ele as unifica e faz.[4]

No século XIII, a cosmologia da luz proposta por Roberto Grossatesta elabora uma imagem do universo formada por um único fluxo de energia luminosa,

---

* Dante Alighieri. *A Divina Comédia*. 6. ed. Tradução de Cristiano Martins. Belo Horizonte: Villa Rica, 1991. (*N. da T.*)

4. João Escoto Erígena. *Commento alla Gerarchia celeste*. Tradução italiana de Rocco Montano. *L'estetica nel pensiero cristiano*. In: *Grande antologia filosofica*. vol. V. Milão: Marzorati, 1954.

simultaneamente fonte de beleza e de ser, fazendo pensar numa espécie de Big Bang. Da luz única derivam por rarefações e condensações progressivas as esferas astrais e as zonas naturais dos elementos e, consequentemente, as esfumaturas infinitas da cor e os volumes das coisas. Boaventura de Bagnoregio (*Comentário às Sentenças*, II, 12, 1; II, 13, 2) recordará que a luz é a natureza comum que se encontra em cada corpo, seja celeste ou terrestre, é a forma substancial dos corpos, que, quanto mais participam dela, mais real e dignamente possuem o ser.

Fogo infernal

Mas, uma vez que o fogo, assim como se move no céu e se irradia até nós, em igual medida irrompe das profundezas da Terra semeando a morte, eis que, desde as origens, o fogo foi associado também aos reinos infernais.

Em *Jó* (41, 1-27), da boca do Leviatã "irrompem tochas acesas e saltam centelhas de fogo. (...) Seu hálito queima como brasas, e suas fauces lançam chamas". No *Apocalipse*, quando o sétimo selo é aberto chove granizo e fogo para devastar a Terra, abre-se o poço do abismo, do qual saem fumaça e gafanhotos, e os quatro anjos, libertados do rio Eufrates onde estavam presos, atacam com exércitos inumeráveis de guerreiros com couraças de fogo. E quando ressurge o Cordeiro e, sobre uma nuvem branca, reúne-se ao juiz supremo, o Sol queima os sobreviventes. E depois do Armagedom, a Besta será lançada, junto com o falso profeta, num lago de fogo ardente de enxofre.

Nos Evangelhos, os pecadores são condenados ao fogo da Geena (*Mateus* 13, 40-42):

> Da mesma forma que se junta o joio e se queima no fogo, assim será no fim do mundo; o Filho do Homem enviará seus anjos e eles recolherão de seu Reino todos os escândalos e todos os que praticam a iniquidade e os lançarão na fornalha ardente. Ali haverá choro e ranger de dentes.

Curiosamente, no Inferno dantesco há menos fogo do que se poderia imaginar, pois o poeta usa de todo o seu engenho para inventar vários e diversos suplícios, mas podemos contentar-nos com os hereges que jazem em tumbas chamejantes, com os violentos afundados num rio de sangue fervente, com os blasfemadores, sodomitas e usurários massacrados por chuvas de fogo, com os simoníacos enterrados de cabeça para baixo com os pés em chamas, com os especuladores mergulhados em piche ardente...

Certamente, o fogo infernal será bem mais invasivo nos textos barrocos, com uma descrição dos tormentos infernais que supera a violência dantesca, mesmo porque o sopro da arte não a redime. Como nesta página de Santo Afonso de Ligório (*Aparelho da morte*, XXVI):

> A pena, aliás, que mais atormenta os sentidos do condenado é o fogo do inferno (...). E também nesta terra a pena do fogo é a maior de todas; mas existe uma diferença tão grande entre o nosso fogo e aquele do inferno que S. Agostinho diz que o nosso parece pintado (...) De modo que o miserável será cercado pelo fogo, como um pedaço de lenha na fornalha. O danado terá um abismo de fogo embaixo, um abismo de fogo em cima e um abismo de fogo ao redor. Se toca, se vê, se respira, não toca, não vê, não respira outra coisa senão fogo. Estará no fogo como o peixe na água. Mas este fogo não somente estará ao redor do condenado, mas entrará também em suas vísceras para atormentá-lo. Seu corpo todo se transformará em fogo, de modo que queimarão suas vísceras dentro do ventre, seu coração dentro do peito, seu cérebro dentro da cabeça, seu sangue dentro das veias e até a medula dentro de seus ossos: cada danado se tornará em si mesmo uma fornalha de fogo.

E Ercole Mattioli, na *Piedade ilustrada* (1694), dirá o seguinte:

> E o grande prodígio será que um único fogo conterá em si eminencialmente, segundo o juízo de gravíssimos teólogos, o frio dos gelos, a agudeza dos espinhos e do ferro, o fel das áspides, os venenos das víboras, a crueldade de todas as feras, a malignidade de todos os elementos e das estrelas (...). Maior prodígio, porém, *et supra virtutem ignis*, será que este fogo, embora de uma única espécie, saberá fazer distinção ao atormentar mais a quem mais pecou, denominando-se para Tertuliano *sapiens ignis* e para Eusébio Emisseno *ignis arbiter*, pois tendo de adequar a grandeza e diversidade dos suplícios à grandeza e diversidade das culpas (...), o fogo, quase como se fosse

dotado de razão e de plena cognição, para distinguir pecador de pecador, fará sentir mais ou menos a pungência de seus rigores.

Para chegar à revelação do último segredo de Fátima por parte de irmã Lucia, ex-pastorinha:

> O segredo consta de três partes distintas, das quais revelarei duas. A primeira foi, portanto, a visão do inferno. Nossa Senhora mostrou-nos um grande mar de fogo, que parecia se encontrar embaixo da terra. Imersos neste fogo, os demônios e as almas, como se fossem brasas transparentes e negras ou cor de bronze, de forma humana, flutuavam no incêndio transportados pelas chamas, que saíam deles mesmos, junto com nuvens de fumaça, e caíam por todo lado, semelhantes às centelhas que caem nos grandes incêndios, sem peso nem equilíbrio, entre gritos e gemidos de dor e de desespero que causavam arrepios e faziam tremer de horror. Os demônios distinguiam-se pelas formas horríveis e repugnantes de animais assustadores e desconhecidos, mas transparentes e negros.[5]

Fogo alquímico

No meio do caminho entre o fogo divino e o fogo infernal está o fogo como operador alquímico. Fogo e crisol parecem ser essenciais para a operação alquímica, que se propõe a agir sobre uma matéria-prima de modo a obter, através de uma série de manipulações, a pedra filosofal, capaz de operar a projeção, ou seja, a transformação dos metais ordinários em ouro.

As manipulações da matéria-prima passam por três fases, que se distinguem pela cor que a matéria vai assumindo no decorrer do processo: a obra em negro, a obra em branco e a obra em vermelho. A obra em negro prevê uma cocção (e, portanto, a intervenção de um fogo) e uma decomposição da matéria; a obra em branco é um processo de sublimação e destilação, e a obra em vermelho é o estágio final (o vermelho é cor solar e com frequência o Sol simboliza o ouro e vice-versa). Um instrumento fundamental da mani-

---

5. Congregação para a doutrina da fé, *A mensagem de Fátima*, 6 de junho de 2000.

pulação é o forno hermético, o atanor, mas também são usados alambiques, vasos, pilões, todos designados com nomes simbólicos, como ovo filosófico, câmara nupcial, pelicano, esfera, sepulcro etc. As substâncias fundamentais são o enxofre, o mercúrio e o sal. Mas os procedimentos nunca são muito claros, pois a linguagem dos alquimistas baseia-se em três princípios:

1. Como o objeto da arte é um segredo máximo e indizível, o segredo dos segredos, nenhuma expressão diz aquilo que parece querer dizer, nenhuma interpretação simbólica será aquela definitiva, pois o segredo estará sempre além: "Pobre tolo! Serás tão ingênuo a ponto de acreditar que te ensinam abertamente o maior e mais importante dos segredos? Garanto que quem quer que pretenda explicar segundo o sentido ordinário e literal das palavras aquilo que os Filósofos Herméticos escrevem logo se verá preso nos meandros de um labirinto do qual não conseguirá escapar e não há fio de Ariadne capaz de guiá-lo para a saída" (Artefio).

2. Quando parece que falam de substâncias comuns, ouro, prata, mercúrio, estão falando de outra coisa, o ouro ou o mercúrio dos filósofos, que nada têm a ver com os comuns.

3. Se nenhum discurso jamais diz o que parece dizer, em sentido inverso todo discurso falará sempre do mesmo segredo. Como diz a *Turba Philosophorum*: "Saibam que estamos todos de acordo, não importa o que dissermos. (...) Um esclarece o que o outro escondeu e aquele que procura de verdade pode encontrar tudo."

Quando o fogo intervém no processo alquímico? Se o fogo alquímico apresentasse uma analogia com o fogo que rege a digestão ou a gestação, isso deveria acontecer no decorrer da obra em negro, ou seja, o calor, agindo sobre e contra a radical umidade metálica, viscosa e oleosa, gera no sujeito a *nigredo*. Se tomarmos um texto como o *Dictionnaire Mytho-Hermétique* de Dom Pernety (Paris: Delalain, 1787), leremos que:

> quando o calor age sobre estas matérias, as mesmas transmutam-se primeiro em pó e água untuosa e pegajosa que evapora no topo do vaso e depois desce

para o fundo em forma de orvalho ou chuva, onde se torna quase como um caldo negro e untuoso. Por isso fala-se em sublimação e volatização, ascensão e descensão. Quando coagula, a água primeiro torna-se semelhante ao piche negro, sendo por isso chamada de terra fétida e malcheirosa, também porque emana um fedor de mofo, de sepulcro e de tumba. (*La clef de l'oeuvre*, p. 155-156)

Contudo, é possível encontrar nos textos afirmações garantindo que os termos destilação, sublimação, calcinação, ou digestão, ou ainda cocção, reverberação, dissolução, descensão e coagulação referem-se a uma única e mesma "Operação", feita num mesmo vaso, ou seja, uma cocção da matéria. E, portanto, conclui Pernety:

é necessário considerar e definir esta Operação como única, mas expressa em termos diversos; e será possível compreender que todas as seguintes expressões significam sempre a mesma coisa: destilar no alambique; separar a alma do corpo; queimar, calcinar; unir os elementos; convertê-los; transmutá-los um no outro; corromper; fundir; gerar; conceber; trazer ao mundo; atingir; umectar; lavar com fogo; bater com o martelo; enegrecer; putrefazer; rubificar; dissolver; sublimar; esmigalhar; reduzir a pó; bater no pilão; pulverizar no mármore — e tantas outras expressões semelhantes, todas querem dizer apenas cozer mediante um mesmo regime, até o vermelho escuro. Deve-se, portanto, cuidar para não remover o vaso e retirá-lo do fogo, pois, se a matéria se resfriar, tudo ficaria perdido. (*Règles générales*, p. 202-206)

Mas então de que fogo se trata, visto que os vários tratadistas falam, segundo a ocasião, em fogo da Pérsia, fogo do Egito, fogo das Índias, fogo elementar, fogo natural, fogo artificial, fogo de cinzas, fogo de areia, fogo de serragem, fogo de fusão, fogo de chamas, fogo contranaturo, fogo celeste, fogo corrosivo, fogo da matéria, fogo de leão, fogo de putrefação, fogo dragão, fogo de dejetos etc. etc.?

O fogo sempre aquece o forno, desde o início até a obra em vermelho. Mas será que o termo "fogo" também não é uma metáfora da matéria vermelha que surge no processo alquímico? E, de fato, eis, sempre segundo Pernety, alguns nomes dados à pedra em vermelho: goma vermelha, óleo vermelho, rubi, vitríolo, cinzas de Tártaro, corpo vermelho, fruto, pedra vermelha, magnésia vermelha, pedra estrelada, sal vermelho, enxofre vermelho, sangue, papoula, vinho vermelho, vitríolo vermelho, cochonilha e, justamente, "fogo, fogo de natureza". (*Signes*, p. 187-189).

Portanto, os alquimistas sempre trabalharam com o fogo e o fogo está na base da prática alquímica; mas o fogo constitui um dos mais impenetráveis mistérios da alquimia. Como jamais produzi ouro, não saberia dar uma resposta para tal problema e passo então para um outro tipo de fogo, aquele de uma outra alquimia, a alquimia artística, onde o fogo torna-se instrumento de uma nova gênese e o artista coloca-se como imitador dos deuses.

Fogo como causa da arte

No *Protágoras* (320c sgg.), Platão conta que:

> Houve um tempo em que existiam os deuses, mas não existiam as raças mortais. (...) E quando chegou o momento de trazê-las à luz, encarregaram Prometeu e Epimeteu da tarefa de organizar e distribuir a cada raça as faculdades que as distinguissem. Epimeteu pediu então a Prometeu que o deixasse fazer a distribuição sozinho: "Quando tiver terminado a distribuição — acrescentou — poderás verificar." E assim, depois de convencer Prometeu, dedicou-se à tarefa. A algumas raças, concedeu a força, mas sem velocidade, e, ao contrário, dotou as mais fracas de velocidade. A algumas conferiu armas de defesa e de ataque, mas, para aquelas a quem tinha dado uma natureza inerme, inventou meios que garantissem sua salvação. De fato, àquelas raças a quem havia reservado um porte pequeno, deu a capacidade de fugir voando ou de esconder-se sob a terra; àquelas a quem, ao contrário, tinha dado grandeza, forneceu a possibilidade de salvar-se justamente através dela. De modo igualmente equilibrado, distribuiu também as faculdades restantes. (...) Depois de dar a cada raça os meios necessários para que não se destruíssem umas às outras, inventou expedientes para defendê-las das intempéries trazidas pelas estações comandadas por Zeus, revestindo-as

com pelagem abundante e carapaças grossas, capazes de defendê-las do frio, mas também do calor escaldante, e que constituíssem um aconchego natural próprio de cada uma, quando precisavam dormir. Calçou algumas com cascos e outras com couro grosso e sem sangue. Em seguida, providenciou alimentos diversos para cada espécie: para algumas, designou os pastos da terra, para outras, os frutos das árvores, e para outras ainda, as raízes. E concedeu que algumas raças de animais devorassem outras raças como alimento; às primeiras, atribuiu ninhadas pequenas, e àquelas que lhes servem de alimento, concedeu, ao contrário, uma prole numerosa, garantindo a conservação da espécie.

Assim fazendo, Epimeteu, que não era muito esperto, não percebeu que havia esgotado todas as faculdades com os animais irracionais: ele ainda precisava atender a raça humana e não sabia como resolver a questão. Ainda estava às voltas com esta situação, quando Prometeu apareceu para verificar a distribuição e percebeu que todas as raças dos outros animais haviam sido dotadas de tudo, enquanto o homem permanecia nu, descalço, desabrigado e sem defesas. (...)

Diante desta situação embaraçosa, sem saber que meios inventar para assegurar a sobrevivência do homem, Prometeu roubou o saber técnico de Hefesto e Atena, juntamente com o fogo — pois sem o fogo era efetivamente impossível adquirir e utilizar este saber — e entregou-os ao homem.[6]

Com a conquista do fogo, nascem as artes, pelo menos no sentido grego de técnicas, e, consequentemente, o domínio do homem sobre a natureza. É pena que Platão não tenha podido ler Lévi-Strauss para dizer-nos também que, com a produção do fogo, tem início a cocção dos alimentos. Mas a bem dizer, a culinária nada mais é que uma arte e, portanto, estava incluída na noção platônica de *techne*.

Benvenuto Cellini explica muito bem, na sua *Vida*, o quanto o fogo tem a ver com as artes, narrando o modo como fundiu o seu Perseu, revestindo-o com uma túnica de terra para em seguida, em fogo lento, extrair a cera,

que saía pelos muitos escoadores que havia feito, pois quanto mais numerosos são, melhor se enchem as formas. E quando acabei de retirar a cera,

---

6. Tradução italiana de Giovanni Reale. Milão: Bompiani, 2001. p. 40-41.

fiz uma capa em torno do meu Perseu, quer dizer, em torno da dita forma, de tijolos, armando-os um sobre o outro e deixando muitos espaços, para que o fogo pudesse exalar melhor: em seguida, comecei a colocar lenha assim planamente e fiz fogo por dois dias e duas noites continuamente, tanto que, retirada toda a cera e depois que a dita forma ficou bem cozida, logo comecei a esvaziar a fossa para soterrar minha forma, usando de todos os belos modos que a bela arte exige (...). E direcionando-a muito bem, de maneira que pendesse justamente no meio de sua fossa, a fiz descer pouco a pouco até o fundo da fornalha (...). Assim que verifiquei que estava muito bem firme e imóvel e o modo de calçá-la colocando aqueles drenos bem em seus lugares (...) voltei-me para a minha fornalha, que tinha enchido com muitos blocos de cobre e outros pedaços de bronze que, acomodados uns sobre os outros daquele modo que a arte nos mostra, ou seja, elevados, fazendo a trilha para as chamas do fogo, pois assim o dito metal ganha calor mais rápido e com ele se funde, reduzindo-se a banho, assim animosamente mandei que ateassem fogo à fornalha. E usando lenha de pinho, a minha fornalhinha, pela untuosidade da resina que emana do pinho e por ser ela própria tão bem-feita, trabalhava tão bem que (...) a bodega pegou fogo e ficamos com medo de que o teto caísse em nossas cabeças; por outro lado, na direção do horto, o céu mandava tanta água e vento que já iam me esfriando a fornalha. Assim, combatendo contra estes perversos acidentes por várias horas, forcei tanto o empenho que a minha forte robustez de compleição não pôde resistir, de sorte que uma febre efêmera tomou-me de assalto, a maior que se possa imaginar no mundo, a qual me obrigou a procurar o leito (II, 75).

E assim por diante, de fogos acidentais, fogos artificiais e febres corporais, de tanto calor concepcional toma forma a estátua.

Contudo, se o fogo é elemento divino, ao aprender a fazer fogo, o homem se apropria ao mesmo tempo de um poder que até então era reservado aos deuses, e, portanto, até o fogo que se acende no templo é resultado de um ato de soberba. A civilização grega logo atribui esta conotação de soberba à conquista do fogo e é curioso que todas as celebrações de Prometeu, não apenas na tragédia clássica, mas também na arte posterior, insistam menos na doação do fogo do que na punição que provoca.

Fogo como experiência epifânica

Quando o artista aceita e reconhece com orgulho e com húbris que é semelhante aos deuses e vê a obra de arte como substituto da criação divina, abre seu caminho, com a sensibilidade decadente, à equiparação entre experiência estética e fogo e entre fogo e epifania.

O conceito (se não o termo) de epifania nasce com Walter Pater e com sua *Conclusão* ao *Ensaio sobre o Renascimento*. Não é por acaso que a célebre *Conclusão* tem início com uma citação de Heráclito. A realidade é uma soma de forças e elementos que ganham existência e se desfazem aos poucos e somente a experiência superficial faz com que pareçam encorpados e fixos numa presença importuna. "Mas quando a reflexão começa a atuar sobre tais aspectos, eles se dissolvem sob seu influxo, sua força coesiva parece suspensa como num passe de mágica." Estamos então num mundo de impressões instáveis, oscilantes, incoerentes: o hábito é rompido, a vida costumeira mostra-se vã e desta, além desta, permanecem apenas momentos singulares, apreensíveis por um instante e logo desvanecidos.

> A cada momento uma perfeição de forma surge numa mão ou num rosto; uma tonalidade sobre as colinas ou o mar é mais preciosa que o resto; um estado de paixão ou de visão ou de excitação intelectual é irresistivelmente real e atraente para nós — só por aquele momento.

Manter este êxtase será "o sucesso na vida":

> Enquanto tudo se dissolve sob nossos pés, bem podemos tentar apreender alguma paixão excelsa, alguma contribuição ao conhecimento que, ao clarear um horizonte, pareça colocar o espírito em liberdade por um instante, ou qualquer excitação dos sentidos, tintas estranhas, estranhas cores e cheiros curiosos, ou obra de artista, ou o rosto da pessoa amiga.[7]

---

7. Walter Pater. *Saggio sul Rinascimento*. In: _____. *Pater*. Seleção e tradução italiana de Mario Praz. Milão: Garzanti, 1944. p. 62 e ss.

O êxtase estético e sensual é sentido em termos de fulgor por todos os escritores decadentes. Mas talvez tenha sido D'Annunzio quem ligou pela primeira vez o êxtase estético à ideia de fogo, pois não seríamos banais a ponto de ligá-la apenas à tão desgastada ideia de que a chama é bela. A ideia do êxtase estético como experiência do fogo aparece no romance que, justamente, tem o fogo como título. Diante da beleza de Veneza, Stelio Effrena tem a experiência do fogo:

> Cada átimo, então, vibrou nas coisas como um lampejo insustentável. Das cruzes erguidas no topo das cúpulas inchadas de preces aos tênues cristais salinos pendentes sob o arco das pontes, tudo brilhou num supremo júbilo de luz. Como a sentinela lança dos precórdios o agudo grito à ânsia que abaixo freme à guisa de procela, assim o anjo de ouro da torre máxima fez enfim o anúncio chamejando. E Ele apareceu. Surgiu numa nuvem recostado como sobre um carro de fogo, arrastando atrás de si os rastros de suas púrpuras.[8]

Inspirado exatamente pelo *Fogo* dannunziano, que leu e amou, eis o teórico máximo da epifania, James Joyce.

"Por epifania, Stephen entendia uma súbita manifestação espiritual, seja na banalidade de um discurso ou gesto ou num momento memorável da mente em si" (*Stephen herói*). Ora, esta experiência sempre aparece em Joyce como experiência chamejante. A palavra "fogo" retorna 59 vezes no *Portrait*, "chama" e "chamejante" 35 vezes, sem falar em outros termos associados como "radiosidade" ou "esplendor". No *Fogo*, Foscarina ouve as palavras de Stelio e sente-se "atraída para aquela atmosfera ardente como o campo de uma fornalha". Para Stephen Dedalus, o êxtase estético se manifesta sempre como manifestação de fulgor e se exprime por metáforas solares; o mesmo acontece com Stelio Effrena. Comparemos apenas dois trechos. D'Annunzio:

> O navio virou abruptamente. Foi colhido por um milagre. Os primeiros raios do sol transpassaram a vela palpitante, fulguraram os altos anjos nos campanários de San Marco e de San Giorgio Maggiore, incendiaram a

---

8. Gabriele D'Annunzio. *Il fuoco*, I, "L'epifania del fuoco".

esfera da Fortuna, coroaram de raios as cinco mitras da Basílica. (...) Glória ao Milagre! Um sentimento sobre-humano de potência e liberdade encheu o coração do jovem, como o vento encheu a vela por ele transfigurada. No esplendor purpúreo da vela, ele pairou como no esplendor purpúreo do seu próprio sangue. (*Il fuoco*, cit., in fine).

E no *Portrait*:

> Seu raciocínio era um crepúsculo de dúvida e de autodesconfiança clareado, às vezes, pelos vislumbres da intuição, por iluminações de um tão claro esplendor que, em tais momentos, o mundo desaparecia debaixo dos seus pés como se o fogo o tivesse consumido; depois disso sua língua se tornava pesada e encontrava os olhos dos outros com os seus olhos sem resposta, pois sentia que o espírito da beleza o tinha enrolado como um manto...[9]

O fogo que regenera

Vimos que para Heráclito o universo regenerava-se a cada era através do fogo. E parece que maior intimidade com o fogo teve Empédocles, que, talvez para divinizar-se ou para convencer seus seguidores disso, jogou-se (dizem alguns apenas) no Etna. Esta purificação final, esta escolha pelo aniquilamento no fogo, seduziu os poetas de todos os tempos. Basta recordar Hölderlin:

> Não vês? O tempo do esplendor
> de minha vida retorna hoje
> ainda uma vez e ainda mais belo será aquele
> que virá; vamos, filho, devemos
> subir ao cume do Etna antigo e sacro,
> pois os deuses se fazem mais presentes nas alturas.
> Hoje mesmo, quero com estes olhos
> ver lá de cima os rios, as ilhas e o mar;

---

9. James Joyce. *Dedalus. Ritratto dell'artista da Giovane*. Tradução italiana de Cesare Pavese. Turim: Frassinelli, 1951. p. 226. [*Retrato do artista quando jovem*. 5. ed. Tradução de José Geraldo Vieira. Rio de Janeiro: Civilização Brasileira, 2001. p. 198. (*N. da T.*)]

lá, há de abençoar-me a luz do sol no ocaso,
que se demora sobre as águas douradas,
esplêndida e juvenil, e que outrora
amei primeiro. Depois brilharão silenciosas
em torno a nós as estrelas eternas, enquanto sobe
das profundezas dos montes o calor da terra,
e receberemos a doce carícia de quem tudo move,
o espírito do éter. Eis, então...[10]

Seja como for, entre Heráclito e Empédocles desenha-se outro aspecto do fogo, não apenas como elemento criador, mas também como elemento ao mesmo tempo destruidor e regenerador. Os estoicos falaram da *ecpyrosis* ou da conflagração universal (ou incêndio e fim do mundo) através da qual todas as coisas, derivando do fogo, no fogo retornarão ao fim do próprio ciclo evolutivo. De *per se*, a ideia da *ecpyrosis* realmente não sugere que a purificação pelo fogo pode ser alcançada através de um projeto e por obra do homem. Mas certamente, por trás de muitos sacrifícios baseados no fogo está uma ideia de que, ao destruir, o fogo purifica e regenera. Daí a sacralidade da fogueira.

Os séculos passados estão cheios de fogueiras e não somente as dos hereges medievais, mas também as das bruxas queimadas no mundo moderno, pelo menos até o século XVIII. E foi somente o estetismo dannunziano que fez Mila di Codro dizer que a chama era bela. São horríveis as fogueiras que puniram tantos hereges, mesmo porque o fizeram depois de outras torturas. Basta a descrição do suplício de frei Dolcino (em *História de frei Dolcino heresiarca*), quando foi entregue, junto com a mulher Margherita, ao braço secular. Enquanto os sinos da cidade tocavam a rebate, eles foram colocados num carro, cercados pelos carrascos, seguidos pela milícia, e percorreram toda a cidade, enquanto em cada esquina tenazes em brasa dilaceravam as carnes dos réus. Margherita foi queimada primeiro, diante de Dolcino, que não moveu um músculo do rosto, assim como não havia emitido um só la-

---

10. Friedrich Hölderlin. *La morte di Empedocle*. Tradução italiana de Laura Balbiani. Milão: Bompiani, 2003.

mento quando as tenazes mordiam seus membros. E o carro continuou seu caminho, com os carrascos enfiando seus ferros em vasos cheios de feixes ardentes. Dolcino sofreu outros tormentos e permaneceu sempre mudo, salvo quando lhe amputaram o nariz, pois apertou um pouco os ombros, e quando lhe arrancaram o membro viril: nesta altura ele deu um longo suspiro, como um gemido. Suas últimas palavras cheiravam a impenitência, pois avisou que ressuscitaria no terceiro dia. Só então foi queimado, e suas cinzas, dispersas ao vento.

Para os inquisidores de qualquer época, raça e religião, o fogo purifica não somente os pecados dos seres humanos, mas também os dos livros. Muitas são as histórias das fogueiras de livros, algumas, fruto de incúria, outras, de ignorância, mas outras mais, como as fogueiras nazistas de livros, para purificar e eliminar os testemunhos de uma arte degenerada. Solícitos, os amigos queimam por razões de moralidade e sanidade mental a biblioteca romanesca de Dom Quixote. Queima ainda a biblioteca de *Auto de fé* de Elias Canetti, numa fogueira que faz lembrar o sacrifício de Empédocles ("quando, finalmente, as chamas o alcançam, ele ri forte, como nunca tinha rido em sua vida"). Queimam os livros condenados ao desaparecimento em *Fahrenheit 451*, de Ray Bradbury. Queima por fatalidade, mas em virtude de uma censura original, a minha biblioteca da abadia em *O nome da rosa*.

Fernando Báez pergunta, em *Storia universale della distruzione dei libri* (Roma: Viella, 2007, p. 12), quais seriam as razões que fizeram do fogo o fator dominante na destruição dos livros. E responde:

> O fogo é um elemento salvífico e por esta razão quase todas as religiões fazem uso dele para reverenciar as respectivas divindades. É bom lembrar que este poder que protege a vida é também um poder destruidor. Destruindo com o fogo, o homem brinca de ser Deus, senhor da vida e da morte, através do fogo. Assim, identifica-se com um culto solar purificador e com o grande mito da destruição, que quase sempre acontece através de conflagração. A razão do uso do fogo é evidente: ele reduz o espírito de uma obra à mera matéria.*

---

* *História universal da destruição dos livros*. Tradução de Léo Schlafman. Rio de Janeiro: Ediouro, 2006. (*N. da T.*)

Ecpyrosis contemporâneas

O fogo é destruidor em cada episódio de guerra, do fabuloso e fabulizado fogo grego dos bizantinos (segredo militar por excelência — e gostaria de recordar o belo romance que lhe dedicou Luigi Malerba, *O fogo grego*) à descoberta casual da pólvora por parte de Berthold Schwarz, que desapareceu numa *ecpyrosis* pessoal e punitiva. O fogo é punição para quem faz jogo duplo na guerra e "fogo!" é o comando que ordena qualquer fuzilamento, como se invocasse a origem da vida para acelerar o epílogo da morte. Mas talvez o fogo de guerra que mais aterrorizou a humanidade — digo a humanidade inteira, pela primeira vez ao corrente, em todo o globo, de tudo que estava acontecendo em qualquer uma de suas partes — foi a explosão da bomba atômica.

Um dos pilotos que lançou a bomba sobre Nagasaki escreveu: "De repente, a luz de mil sóis iluminou a cabine. Fui obrigado a fechar os olhos por dois segundos, apesar dos óculos escuros." O *Bhagavad-Gita* recitava: "Se a luz de mil sóis pudesse brilhar de repente no céu seria como o esplendor do Grande (...) Tornei-me a Morte, a destruidora dos Mundos", e foram estes os versos que vieram ao espírito de Oppenheimer depois da explosão da primeira bomba atômica.

E assim, aproximamo-nos dramaticamente da conclusão de meu discurso e — num espaço de tempo mais razoável — da conclusão da aventura humana na Terra ou da aventura da Terra no cosmos, pois nunca como agora os três elementos primordiais estiveram tão ameaçados: o ar, morto pela poluição e pelo dióxido de carbono; a água, que, de um lado, se infecta, e, de outro, parece faltar cada vez mais. Só o fogo está triunfando, sob a forma de um calor que esteriliza a Terra, enlouquecendo as estações e que, derretendo os gelos, convidará os mares a invadi-la. Sem perceber, marchamos para a primeira e verdadeira *ecpyrosis*. Enquanto Bush e a China se negam a assinar o protocolo de Kyoto, caminhamos para a morte pelo fogo — e pouco importa se depois do nosso holocausto o universo se regenerar, pois já não será o nosso.

Recomendava Buda em seu *Sermão do fogo*:

Ó monges, tudo queima! E o que queima? A visão queima, ó monges, as formas e as cores queimam, a consciência visual queima e qualquer sensação que surja na dependência do contato do olho com seus objetos — seja ela percebida como agradável, desagradável ou neutra — esta também queima. E queima por meio de quê? Queima por meio do fogo do afeiçoamento (...). Queima, vos digo, por causa do nascimento, da velhice e da morte, do sofrimento, do lamento, do mal-estar, da angústia e do desalento. A audição queima, os sons queimam. (...) O olfato queima, os odores queimam. (...) O paladar, ó monges, queima, os sabores queimam. (...) O tato, ó monges, queima. (...) A mente, ó monges, queima. (...) Vendo tudo isto, ó monges, o nobre discípulo que assimilou os ensinamentos fica serenamente desencantado em relação à visão, às formas e às cores (...), em relação à audição, aos sons. Fica serenamente desencantado em relação aos odores (...), em relação a qualquer coisa que surja na dependência do contato da língua com seus objetos, seja ela percebida como agradável, desagradável ou neutra.

Mas a humanidade não foi capaz de renunciar (pelo menos em parte) ao afeiçoamento aos próprios odores, sabores, sons e prazeres do tato — nem abrir mão de produzir fogo por esfregamento. Talvez fosse melhor ter deixado esta geração aos deuses, que nos dariam o fogo só de vez em quando, sob a forma de fulgor.

[CONFERÊNCIA PRONUNCIADA NO ÂMBITO DA MILANESIANA CONSAGRADA A *OS QUATRO ELEMENTOS: FOGO, AR, TERRA E ÁGUA*, EM 7 DE JULHO DE 2008.]

Em busca de tesouros

A caça ao tesouro é uma experiência apaixonante: vale a pena fazer uma viagem que siga um percurso bem organizado através dos tesouros mais interessantes, tentando desencavá-los inclusive em abadias menores. Pode não valer mais a pena ir a Saint-Denis, às portas de Paris, onde no século XII o grande Suger, colecionador refinadíssimo, devoto das pedras preciosas, das pérolas, dos marfins, dos candelabros de ouro, dos dosséis de altar ilustrados, fez da acumulação de objetos uma espécie de religião e uma teoria filosófico-mística. Infelizmente, relicários, vasos sagrados, as roupas usadas pelos reis nas cerimônias de consagração, a coroa fúnebre de Luís XVI e de Maria Antonieta, o painel da adoração dos pastores doado pelo Rei Sol dispersaram-se, embora algumas das peças mais refinadas ainda possam ser encontradas no Louvre.

Mas não deixe, ao contrário, de fazer uma visita à imperdível Catedral de São Vito, em Praga, onde se encontram os crânios de Santo Adalberto e São Venceslau, a espada de Santo Estevão, um fragmento da Cruz, a toalha da Última Ceia, um dente de Santa Margarida, um fragmento da tíbia de São Vital, uma costela de Santa Sofia, o queixo de Santo Eubano, o bastão de Moisés, a veste de Nossa Senhora.

O anel de noivado de São José, que fazia parte do catálogo do fabuloso tesouro do duque de Berry, hoje disperso, deve estar em Notre-Dame, em Paris, enquanto no tesouro imperial de Viena é possível admirar um pedaço da manjedoura de Belém, a bolsa de Santo Estevão, a lança que atingiu

Jesus nas costelas e um prego da Santa Cruz, a espada de Carlos Magno, um dente de São João Batista, um osso do braço de Sant'Ana, as correntes dos apóstolos, um pedaço da veste de São João Evangelista, um outro fragmento da toalha da Ceia.

No entanto, por mais atento que se esteja aos tesouros, sempre haverá alguns, até muito próximos, que permanecem ignorados. Creio, por exemplo, que pouquíssimos milaneses, sem falar nos turistas, já visitaram o tesouro do Duomo de Milão. Lá é possível admirar uma capa do evangeliário de Ariberto (século XI), com deliciosas placas de esmalte *cloisonné*, filigranas de ouro, engastes com pedras preciosas.

A busca de pedras preciosas e de suas diversas qualidades é um dos divertimentos preferidos dos apaixonados por tesouros, pois não se trata só de reconhecer o diamante e o rubi ou a esmeralda, mas também aquelas pedras sempre nomeadas nos textos sagrados, como a opala, o crisoprásio, o berilo, a ágata, o diásporo, a sardônica. Para demonstrar perícia, é preciso saber distinguir as pedras boas das falsas. Ainda no tesouro do Duomo, há uma grande estátua de prata de São Carlos, de época barroca: como para os comitentes ou doadores a prata ainda não parecia suficientemente valiosa, ela exibe também um peitoral com cruz que é todo um rebrilhar de pedras. E algumas, diz o catálogo, são verdadeiras, outras são apenas cristais coloridos. Mas deixando de lado qualquer rigor merceológico, há que admirar aquilo que os construtores destes objetos pretendiam obter, ou seja, um efeito global de esplendor e riqueza. Mesmo porque os materiais preciosos dos tesouros são em sua maior parte autênticos e, comparada à pequena vitrine lateral de um tesouro qualquer, a vitrine do maior joalheiro de Paris não vale uma barraquinha do mercado das pulgas.

Minha próxima sugestão é uma olhadela na laringe de São Carlos Borromeu, detendo-se mais atentamente diante da Paz de Pio IV, que é um pequeno oratório com duas colunas de lápis-lazúli e ouro, que enquadram um despojo em seu sepulcro de ouro. Em cima, vê-se uma cruz áurea com treze diamantes sobre um disco de ônix matizado, e o pequeno frontão em arco é rebordado em ouro, ágata, lápis-lazúli e rubis.

Remontando ainda mais no tempo, encontra-se uma caixinha do período ambrosiano, com as relíquias dos apóstolos, de prata lavrada, com magníficos baixos-relevos — mas em matéria de baixos-relevos, o mais fascinante é uma HQ mística em marfim, denominado *Díptico das cinco partes*, arte ravenatense do século V, com cenas da vida de Cristo e, ao centro, um Cordeiro Místico em alvéolos de prata dourada com pastas de vidro, única imagem colorida num fundo marfim velho.

São alguns exemplos do que uma tradição histórica nos ensinou equivocadamente a chamar de artes menores. Obviamente, trata-se de arte sem adjetivo e se existe a seu redor algo de "menor" (de menor valor artístico) é exatamente o próprio Duomo. Se houvesse um dilúvio e me perguntassem se deveriam salvar o Duomo ou o *Díptico das cinco partes*, escolheria certamente o último, e não por caber mais facilmente na Arca.

Contudo, mesmo considerando a capela anexa, denominada Scurolo di san Carlo, uma cripta com o corpo do santo numa caixa de prata e cristal, que me pareceu mais milagrosa que seu conteúdo, o tesouro do Duomo não mostra tudo o que poderia. Consultando o *Inventário dos paramentos e dos mobiliários do Domo de Milão*, percebemos que o Tesouro propriamente dito é apenas uma parte mínima de uma coleção dispersa pelas várias sacristias, que contempla esplêndidos paramentos, vasos, marfins, ouros e relíquias apetitosíssimas, como alguns espinhos da coroa de Jesus, um pedaço da Cruz, fragmentos variados de santa Agnes, santa Ágata, santa Catarina, santa Praxedes e dos santos Simpliciano, Caio e Gerôncio.

Quando se visita um tesouro, não é necessário abordar as relíquias com espírito científico, do contrário, corre-se o risco de perder a fé, pois notícias lendárias narram que, no século XII, uma catedral alemã conservava o crânio de São João Batista quando tinha 12 anos. Mas certa feita, num monastério do Monte Atos, conversando com o monge bibliotecário descobri que ele havia sido aluno de Roland Barthes em Paris e participado do movimento de 68 — portanto, sabendo que era um homem de cultura, perguntei se acreditava na autenticidade das relíquias que beijava devotamente toda manhã na alvorada, durante uma interminável e soberba função religiosa. Ele sorriu com doçura e uma certa maliciosa cumplicidade e respondeu que o problema não estava na autenticidade, e sim na fé, e que, ao beijar as relíquias, podia sentir seu místico perfume. Em suma, não é a relíquia que faz a fé, mas a fé que faz a relíquia.

Mas nem mesmo um descrente pode subtrair-se ao fascínio de dois portentos. Primeiramente, o próprio objeto, estas cartilagens anônimas e amareladas, misticamente repugnantes, patéticas e misteriosas, estes farrapos de vestes sabe-se lá de que época, desbotados, descoloridos, desfiados, às vezes enrolados dentro de um frasco como um misterioso manuscrito na garrafa, matérias tantas vezes esfarinhadas, que se confundem com o tecido e o metal ou osso que lhes servem de jazigo. Em segundo lugar, os recipientes, muitas vezes de incrível riqueza, talvez construídos por um *bricoleur* devoto com pedaços de outros relicários, em forma de torre, de pequena catedral com pináculos e cúpulas, para chegar a certos relicários barrocos (os mais belos estão em Viena), que são uma floresta de esculturas diminutas e parecem relógios, carrilhões, caixas mágicas. Alguns fazem lembrar, aos apaixonados por arte contemporânea, as caixas surrealistas de Joseph Cornell e as caixas transparentes cheias de objetos serializados de Arman — relicários leigos, mas que exibem o mesmo gosto pelos materiais consumidos e poeirentos, pela acumulação desenfreada, e que impõem uma visão analítica, minuciosa, que recusa a simples olhadela.

Amar os tesouros significa também entender qual era o gosto dos antigos mecenatos medievais *e* dos colecionadores renascentistas e barrocos, até as *Wunderkammern* dos príncipes alemães: não existia uma distinção nítida entre objeto devoto, achado estranho e obra de arte. Um alto-relevo em marfim era precioso tanto pela feitura (ou como diríamos hoje, pela arte), quanto pelo valor do material. E, da mesma forma, também o objeto estranho era visto como precioso, desfrutável, maravilhoso. Assim, o tesouro do duque de Berry alinhava, junto com cálices e vasos de grande valor artístico, também um elefante empalhado, um basilisco, um ovo que um abade havia encontrado dentro de um outro ovo, maná do deserto, uma noz de coco, um chifre de unicórnio.

Tudo perdido? Não, porque um chifre de unicórnio pode ser encontrado também no Tesouro de Viena, dando-nos a certeza de que os unicórnios existiam, embora o catálogo informe com impiedade positivista que se trata do chifre de um narval.

Mas nesta altura dos acontecimentos, o visitante, já imbuído do espírito do bom amante de tesouros, olhará com o mesmo interesse para o chifre; para uma taça de ágata do século IV, que, reza a tradição, seria a copa do

Graal; para a coroa, o globo e o cetro imperiais (esplendores da ourivesaria medieval) e, como o Tesouro de Viena não conhece limites de tempo, para o leito com colunetas estilo império onde dormia o infeliz filho de Napoleão, o Rei de Roma, ou seja, *L'Aiglon* (que com isso torna-se tão lendário quanto os unicórnios e o Graal).

É preciso ser capaz de esquecer o que se leu nas histórias da arte, de perder o senso das diferenças entre curiosidade e obra-prima, para poder desfrutar acima de tudo do acúmulo de maravilhas, do desfile de prodígios, da epifania do inacreditável. E sonhar com o crânio de São João na idade de 12 anos, degustando as venaturas róseas, a cor acinzentada do fundo, o arabesco das junturas desfeitas e corroídas e a caixa que o contém, de esmaltes azuis como o altar de Verdun, com uma almofadinha interna de cetim amarelado coberta de rosinhas murchas na caixa de cristal, sem ar há 2 mil anos, tudo imobilizado no vácuo, antes que o Batista crescesse e perdesse sob a espada do carrasco o seu outro crânio, mais maduro, mas de menor valor místico e comercial, pois, se existe uma suposta cabeça preservada na Igreja de São Silvestre em Capite, Roma, uma tradição anterior a colocava na Catedral de Amiens e, seja como for, a cabeça guardada em Roma careceria de mandíbula, reivindicada pela Igreja de São Lourenço, em Viterbo.

Quanto ao resto, basta pegar o mapa e examinar os itinerários factíveis. A Vera Cruz, por exemplo, descoberta em Jerusalém por santa Helena, mãe de Constantino, foi roubada pelos persas no século VII e recuperada em seguida pelo imperador bizantino Heráclio. Em 1187, é levada pelos cruzados no campo de batalha de Hattin; já que a batalha, como todos sabem, foi perdida, com ela perderam-se para sempre os rastros da cruz. Contudo, nos séculos precedentes inúmeros fragmentos haviam sido retirados e são conservados até hoje em várias igrejas.

Os três pregos (dois para as mãos e um para os pés pregados juntos), encontrados ainda presos à cruz, teriam sido entregues a Constantino por Helena: de acordo com a lenda, um deles foi colocado em seu elmo de batalha e um outro foi usado, por sua vez, num freio para seu cavalo. O terceiro prego, segundo a tradição, está guardado na Basílica da Santa Cruz em Jerusalém, em Roma. O Sacro Freio, ao contrário, encontra-se no Domo de Milão, onde duas vezes por ano é exibido aos fiéis. Os traços do prego preso ao elmo se perderam no tempo, mas uma tradição reza que agora faz parte da Coroa Férrea, conservada no Domo de Monza.

A coroa de espinhos, conservada durante muito tempo em Constantinopla, foi entregue depois a Luís IX da França, que a colocou na Santa-Capela, construída expressamente para isso em Paris. Na origem, era formada por dezenas de espinhos, mas ao longo dos séculos eles foram sendo doados a igrejas, santuários e personagens de importância e hoje só restam os ramos trançados no formato da cabeça.

A coluna da flagelação está em Roma, em Santa Praxedes; a Santa Lança, que pertenceu a Carlos Magno e a seus sucessores, hoje se encontra em Viena; o prepúcio de Jesus era conservado e exposto no dia de Ano-Novo em Calcata, cidadezinha da região de Viterbo, até 1970, quando o pároco responsável anunciou que havia sido roubado. Mas a posse de relíquia análoga foi reivindicada também por Roma, Santiago de Compostela, a própria Chartres, Besançon, Metz, Hildesheim, Charroux, Conques, Langres, Anversa, Fécamp, Puy-en-Velay, Auvergne.

O sangue de Jesus, que jorrou da ferida nas costelas, foi, segundo a tradição, recolhido pelo soldado Longino, o mesmo que desferrou o golpe de lança e que teria levado o sangue para Mântua; a ampola que contém o suposto sangue está guardada na catedral da cidade. Outro sangue atribuído a Jesus é conservado num recipiente cilíndrico visível na Basílica do Sangue Sagrado (Heilig-Bloedbasiliek), em Bruges, na Bélgica.

O Berço Sagrado está em Santa Maria Maggiore (Roma) e, como todos sabem, o Santo Sudário está em Turim, a toalha de linho usada por Cristo para a lavagem dos pés dos apóstolos está na igreja romana de São João de Latrão, mas também em Aachen, na Alemanha. Esta última toalha conservaria até a marca do pé de Judas.

As faixas do menino Jesus estão em Aachen; a casa de Maria, onde teve lugar a Anunciação, foi transportada por via aérea de Nazaré a Loreto por alguns anjos; muitas igrejas conservam supostos fios de cabelo de Maria (um deles, por exemplo, está em Messina) ou o seu leite; o cinto sagrado (ou seja, a faixa que Nossa Senhora usava na cintura) está em Prato; o anel nupcial de São José pode ser visto na Catedral de Perúgia, e os anéis de noivado de José e Maria, em Notre-Dame de Paris; o cinto de São José (levado para a França em 1254 por Joinville) está na Igreja dos Feuillants, em Paris, e seu bastão está com os camáldulos de Florença. Fragmentos deste bastão também estão em: Santa Cecília e Sant'Anastasia, ambas em Roma, São Domingos, em Bolonha, e San Giuseppe del Mercato. Fragmentos do túmulo de São José estão em Santa Maria al Portico e em Santa Maria in Campitelli, em Roma.

Fragmentos do sagrado véu de Nossa Senhora e da veste de São José encontram-se em Santa Maria di Licodia, conservados num artístico relicário de prata, obra do século XVII. Até os anos 1970, o relicário era levado em procissão no último sábado do mês de agosto, por ocasião da festa patronal.

O corpo de São Pedro foi sepultado em Roma, em local próximo a seu martírio, junto ao circo de Nero: no local foi construída mais tarde a basílica constantiniana homônima e depois a atual Basílica de São Pedro. Em 1964, depois de uma campanha de escavações arqueológicas, anunciou-se a descoberta dos ossos do apóstolo, hoje depositados sob o altar.

O corpo de São Tiago Maior foi, segundo a lenda, transportado por uma corrente marinha até a costa atlântica da Espanha e sepultado num local chamado *campus stellae*. Nesta localidade, existe hoje o santuário de Santiago de Compostela, desde a Idade Média um dos principais destinos de peregrinação, junto com Roma e Jerusalém.

O corpo de São Tomé Apóstolo é conservado na Catedral de Ortona (Chieti), trazido em 1258 de Quio, ilha do mar Egeu, onde foi escondido a salvo pelos cristãos depois da queda de Edessa em 1146. O corpo chegou a Edessa vindo de Madras, local de seu martírio em 72, por volta do ano de 230, por ordem do imperador Alexandre Severo.

Um dos trinta dinheiros pelos quais Judas Iscariotes traiu Jesus Cristo está na sacristia da Colegiada de Visso. Um corpo de São Bartolomeu Apóstolo está em Roma (levado para a Ilha Tiberina por Pio IV) e um outro em San Bartolomeo, em Benevento. Em todo caso, ambos os corpos careceriam da calota craniana, pois uma é conservada na Catedral de Frankfurt, e a outra, no Monastério de Lune (Luneburg). Não se sabe de que corpo proviria a terceira calota, hoje na Cartuxa de Colônia. Ainda de São Bartolomeu, há um braço na Catedral de Canterbury, mas Pisa vangloriava-se da posse de uma parte de sua pele.

O corpo de São Lucas Evangelista é conservado pela Igreja de Santa Giustina, em Pádua; o de São Marcos, guardado primeiro em Antióquia, foi levado depois para Veneza.

Em Milão, repousavam antigamente os supostos restos mortais dos Reis Magos, mas no século XII, o imperador Frederico Barbarossa tomou-os como espólio de guerra, levando-os para Colônia, onde estão até hoje. Alguns restos foram restituídos a Milão nos anos 1950 e estão na Basílica de Sant'Eustorgio.

Os despojos de São Nicolau de Bari, ou seja, *Santa Klaus*, estavam em Mira, na Ásia Menor. Em 1087, alguns marinheiros de Bari roubaram os despojos e levaram para a catedral de sua cidade.

O corpo de Santo Ambrósio, padroeiro de Milão, está sepultado na cripta da basílica a ele consagrada, junto com os corpos dos Santos Gervásio e Protásio.

Na Basílica de Santo Antônio de Pádua conservam-se a língua e os dedos do santo, a mão de Santo Estevão da Hungria está em Budapeste, as ampolas com o sangue de São Januário estão, obviamente, em Nápoles, parte do corpo de Santa Judite é guardada na Catedral de Nevers, enquanto um fragmento de osso é conservado num precioso relicário de cristal de rocha, colocado na cripta das tumbas mediceias em San Lorenzo, em Florença.

O braço de Santo Antônio Abade é exposto em Misterbianco, em 17 de janeiro, e o de São Bento de Núrsia foi doado ao Monastério de Leno no século VIII, a pedido do rei Desidério.

O corpo de Santa Ágata, em Catânia, foi subdividido entre vários relicários, e os ourives de Limoges criaram os relicários para seus membros: um para cada fêmur, um para cada braço, um para cada perna. Em 1628 foi feito um outro para a mama. Mas a ulna e o rádio de um braço estão em Palermo, na Capela real. Um osso do braço de Santa Ágata está em Messina, no Monastério Santissimo Salvatore, um outro em Alì; um dedo está em Sant'Agata dei Goti (Benevento); já o corpo de São Pedro de Verona está na capela Portinari em Sant'Eustorgio, Milão (em 29 de abril é costume bater com a cabeça na urna para ficar livre da dor de cabeça).

Os restos mortais de São Gregório de Nazianzo estão na Basílica de São Pedro, em Roma, mas uma parte foi doada por João Paulo II ao patriarca de Constantinopla, em 2004. Relíquias de São Lúcido encontram-se em Aquara: roubada várias vezes, a cabeça foi finalmente encontrada pelas forças da ordem numa casa particular, em 1999. Relíquias de São Pantaleão encontram-se na igreja homônima em Lanciano (a espada que cortou a cabeça do santo, o carreto denteado com o qual martirizaram seu corpo, a tocha com que foram queimadas as feridas, um tronco de oliveira que germinou ao contato com seu corpo).

Uma costela de Santa Catarina está em Astenet, Bélgica, um dos pés, na Basílica de São João e São Paulo, em Veneza. Um dedo e a cabeça (separada do corpo em 1381 por ordem do papa Urbano VI) estão na Basílica de São Domingos, em Siena.

Um pedaço da língua de São Biagio está em Carotino, um dos braços, na Catedral de Ruvo di Puglia, o crânio, em Dubrovnik. Encontramos um dente de Santa Apolônia na Catedral do Porto, o corpo de São Ciríaco no Domo de Ancona, o coração de Santo Álfio em Lentini, o corpo de São Roque no altar-mor da igreja da Arciconfraternita Scuola Grande, em Veneza, a apófise que faz parte da escápula e um outro fragmento de osso em Scilla, parte de um osso do braço na igreja homônima em Voghera, uma outra parte de um osso do braço na igreja homônima em Roma, uma tíbia, outras pequenas partes da *massa corporis* e aquilo tido como seu cajado em seu santuário em Montpellier, uma falange na casa paroquial de Cisterna di Latina, uma parte do calcanhar na Catedral de Frigento, alguns fragmentos de osso na Basílica Mauriziana e na igreja da Confraternita di San Rocco, em Turim.

Em Constantinopla eram veneradas várias relíquias que se dispersaram depois da quarta cruzada, como o manto da Nossa Senhora (o *maphorion*); as sandálias de Cristo; a túnica de São João Batista; uma ampola com o sangue de Cristo, que foi usado para firmar certos documentos solenes; o parapeito do poço diante do qual se desenrolou o episódio evangélico de Cristo e a samaritana; a pedra sobre a qual o corpo de Cristo foi preparado depois da morte; o trono de Salomão; o cajado de Moisés; os despojos dos inocentes que Herodes mandou matar; uma porção de esterco do burro sobre o qual Jesus entrou em Jerusalém; o ícone da virgem Odigítria (que teria sido pintada pelo evangelista São Lucas); os ícones considerados milagrosos por não terem sido pintados por mão humana (*acheropite*); o *Mandylion*, pano com a imagem do rosto de Cristo impressa (que estava inicialmente em Edessa, onde adquiriu fama de tornar a cidade invencível quando ficava exposto nas muralhas).

Não gostaria de deixar a impressão de que conservar relíquias é apenas uma mania cristã, ou melhor, católica. Plínio já mencionava relíquias preciosas para o mundo greco-romano, como a lira de Orfeu, o sândalo de Helena ou os ossos do monstro que atacou Andrômeda. E no período clássico, a presença de uma relíquia constituía motivo de atração para uma cidade ou para um templo, e representava, portanto, além de um objeto sagrado, também uma preciosa "mercadoria" turística.

O culto das relíquias foi típico de todas as religiões e culturas e depende, por um lado, de uma espécie de pulsão, que eu poderia definir como mítico--materialista, de achar que é possível absorver um pouco do poder de um personagem importante ou de um santo tocando partes de seu corpo, e, por outro lado, do gosto normal pelo antiquariato (que faz um colecionador gastar um capital não só para ter a primeira cópia editada de um livro famoso, mas também aquela que pertenceu a uma pessoa importante).

Neste segundo sentido (mas talvez até mesmo no primeiro), existe também um culto relicário laico e bastaria ler regularmente os boletins dos leilões da Christie's para ver que um par de sapatos que pertenceram a uma célebre diva pode aparecer com um preço superior ao de um quadro de um pintor do Renascimento. Esta *memorabilia* pode ser tanto as luvas (verdadeiras) de Jacqueline Kennedy, quanto aquelas (falsas) que Rita Hayworth usou em *Gilda*. Por outro lado, vi muitos turistas em Nashville, Tennessee, admirando o Cadillac de Elvis Presley. E isso sem dizer que não era o único, pois ele trocava a cada seis meses.

Naturalmente, a relíquia mais famosa de todos os tempos é o Santo Graal, mas não aconselharia ninguém a dedicar-se à sua busca (ou *queste*), pois os antecedentes não militam a favor da empresa. Em todo caso, está cientificamente provado que 2 mil anos não foram suficientes.

[UMA PRIMEIRA VERSÃO, COM ESTE TÍTULO, FOI PUBLICADA EM ROBERTA COR-DANI (ORG.), *MILANO: MERAVIGLIE, MIRACOLI, MISTERI*, MILÃO: CELIP, 2001; UMA SEGUNDA VERSÃO ESTENDIDA (*IN ATTESA DI UNA SEMIOTICA DEI TESORI*) ESTÁ EM STEFANO JACOVIELLO *ET AL.*, *TESTURE. SCRITTI SERIOSI E SCHIZZI SCHERZOSI PER OMAR CALABRESE*, SIENA: PROTAGON, 2009.]

Delícias fermentadas

M inhas relações com Piero Camporesi sempre foram muito amigáveis, cordiais e marcadas por uma estima recíproca, pelo menos é o que espero, a tal ponto que saqueei saborosas citações suas para usar em meus romances, como *O nome da rosa* e *A ilha do dia anterior*, e ele me pediu que escrevesse um prefácio para a edição inglesa de seu livro sobre o sangue. Contudo, elas sempre se desenvolveram num âmbito universitário. Quero dizer que nos encontrávamos em conselhos de cursos de graduação, nos corredores do departamento ou talvez sob os pórticos, mas nunca me aconteceu de participar de sua vida particular nem de visitar sua biblioteca.

Ao que me consta, Camporesi era um *gourmet*, amava a boa cozinha, e alguém me disse que era até um bom cozinheiro — e não há motivo de espanto em se tratando de um autor que dedicou tantas páginas aos desprazeres, mas também aos prazeres do corpo, a leites, sucos e caldos, e nem poderíamos esperar nada diferente de quem declarou certa vez (numa entrevista à *Stampa* de agosto de 1985) que, depois de ter estudado Petrarca, o Barroco, Alfieri e o Romantismo, o encontro com Artusi, por volta do final dos anos 1960, foi muito traumatizante.

Logo, minhas informações sobre a glutoneria de Camporesi são apenas e tão somente livrescas: seria o mesmo que dizer que só jantei em sua companhia nas páginas de seus livros.

Só estou autorizado, portanto, a celebrar o Camporesi *gourmet* como degustador de livros. Ele nos falou de misérias, chorumes, putrescências do corpo e, ao mesmo tempo, de seus êxtases e luxúrias, mas usando seu bisturi sobretudo para explorar corpos livrescos, ou seja, livros que falavam de corpos e — como um neo-Mondino de Liuzzi — não se meteu a dissecar cadáveres roubados do cemitério, mas livros desenterrados dos recintos das bibliotecas onde jaziam muitas vezes ignorados, escondendo de quase todos as suas delícias, assim como o Des Esseintes, de *À rebours*, ia buscar em esquecidas crônicas alto-medievais "a graça balbuciante, a imperícia por vezes requintada dos monges que faziam um pio guisado dos restos poéticos da antiguidade (...) as fábricas de verbos de sucos depurados, de substantivos recendendo a incenso, de adjetivos extravagantes, grosseiramente talhados em ouro, com o gosto bárbaro e encantador das joias góticas".*

É verdade que, se Camporesi quisesse lamber os beiços escolhendo os textos por seu excessivo anacronismo e suas intemperanças léxicas, poderia recorrer aos clássicos da corrupção linguística, como o ítalo-joyciano da *Hypnerotomachia*, aos macarrões macarrônicos de Folengo ou — se quisesse devorar a modernidade — a Gadda. No entanto, foi em busca de textos desconhecidos ou conhecidos por outras razões. É verdade que, depois de ler o *corpus* de Camporesi, ficamos sabendo muito mais sobre o sangue, o pão, o vinho ou o chocolate, assim como descobrimos coisas inauditas sobre fome, verminose, bubões, escrófulas, fibras, intestinos, vômitos, voracidades, e cocanhas e carnavais, mas ouso dizer que estas explorações seriam fascinantes mesmo que os fenômenos abordados nunca tivessem se verificado e Camporesi estivesse falando de corpos e nutrições de corpos, sei lá, venusianos, diferentes demais para suscitar atração ou repugnância. Quero dizer que é fascinante saber que séculos distantes foram atravessados por bandos de vagabundos, mas é ainda mais fascinante descobrir isso como puro *flatus vocis* e ler sobre falsos monges, charlatões, pilantras, vigaristas, mendigos e miseráveis, leprosos e aleijados, ambulantes e perambulantes, troveiros, coroinhas sem pátria, estudantes itinerantes, trapaceiros, prestidigitadores, mercenários inválidos, judeus errantes, loucos, fugitivos banidos, malfeitores com as orelhas cortadas, sodomitas.

---

* J.-K. Huysmans. *Às avessas*. Tradução de José Paulo Paes. São Paulo: Companhia das Letras, 1987. p. 71. (*N. da T.*)

Não é a farmacêutica, mas a lexicografia ou a história da língua que exultam ao descobrir em suas páginas xaropes papaveratos, unções, unguentos, banhos, inalações, pós, sufumígios, *spongia somnifera* embebida em sucos de ópio, meimendro, cicuta, mandrágora...

Abramos *As oficinas dos sentidos* no primeiro capítulo sobre "O queijo maldito". Embora provenha de um líquido casto e suave como o leite, todo mundo sabe que quanto mais souber a podre e evocar mofos e emanações corporais, que em geral nos apressamos a eliminar com pedilúvios e semicúpios, mais apetitoso será o queijo, e sabe disso não somente o guloso, mas também e sobretudo o amante da boa mesa. Mas não sei se Camporesi teria conseguido escrever 28 páginas sobre as nequícias do queijo simplesmente cheirando um gorgonzola ou um *stilton*, deixando um *formaggio di fossa*, um *reblochon* ou *roquefort* ou *vacherin* deslizar pela língua. Tinha de explorar as páginas desconhecidas do *De sensu rerum et magia* de Campanella, ou, pior ainda, recuperar nos meandros mais esquecidos dos Seiscentos *O mercado das maravilhas da natureza* de Nicolò Serpetro, a *Physica subterranea* de Joachim Becher, o *De casei nequitia* de Lotichio, *Intorno ai latticini* de Paolo Boccone, para sobrepor ao cheiro do queijo esta verdadeira colagem de citações bem mais podre e fedorenta:

> Durante vários séculos e por muitos, considerou-se que a malignidade intrínseca do queijo, sua "nequícia", era denunciada e assinalada por seu cheiro, para não poucos nauseabundo e repugnante, índice seguro de matéria "mortiça", resíduo em decomposição, matéria desfeita e deletéria, substância putredinosa nociva à saúde e terrível corruptora dos humores (...) *Res foetida et foeda*, desnatamento da parte excrementícia do leite, das escórias nocivas, coágulo da parte ínfima, lodosa e terrestre do branco líquido, cópula (...) das piores substâncias, ao contrário da manteiga que é sua melhor parte, eleita, pura, verdadeira delícia divina, *Iovis medulla*, medula de Júpiter. "*Res foeda, graveolens, immunda, putidaque*", o queijo nada mais é que "*massa informis, foetida e lactis scoriis partibusque terrestribus ac recrementitiis, alimenti causa, coagulata sive combinata*"; alimento a ser deixado aos lavradores e aos desvalidos ("*ad fossores et proletarios*"), "*res agrestis atque immunda*", indigno de pessoas de bem, de cidadãos honrados: pasto, em uma palavra, de mendigos e aldeões, acostumados a comer "comida ruim" (...) Os comedores de queijo

são para Pedro Lotichio semelhantes a degenerados amantes e sórdidos degustadores das substâncias putrefatas (*"putredinem in deliciis habent"*). A lógica médica pré-científica não só lhe dava razão, mas também lhe oferecia instrumentos fáceis para demonstrar a iniquidade do queijo, pois a corrupção de alimentos fétidos e pútridos só podia deixar os humores desconcertados e corrompidos. Ingerindo-o coloca-se em movimento um mecanismo incontrolável de multiplicação daqueles vermes que, mesmo normalmente, *"in viscerium latibulis pullulant"*. Esta era a horrível verdade: o queijo gerava nos obscuros meandros das vísceras, nas profundezas das entranhas humanas, ao incrementar a podridão preexistente, pequenos e repugnantes monstros. (...) Se da podridão formavam-se espontaneamente, casualmente (o nascimento *ex putri*), vermes e lesmas; se do esterco bovino brotavam escaravelhos-bosteiros, larvas, vespas, varejeiras; se do orvalho saíam borboletas, formigas, gafanhotos, cigarras, como seria possível — perguntava-se o médico alemão — que, nos intestinos humanos, visguentos de pituíta, de resíduos de decomposição, não se verificasse o mesmo processo que dava vida incontrolada e surpreendente (além da cópula e da inseminação do ovo) a miríades de hórridos *animalcula*? Por que não considerar que também no baixo-ventre, estrumeira do homem, fermentava a mesma imundície, a mesma borbulhante, equívoca fauna de "pequenos animais", de "animalejos", praga cruel do homem? (...) Por que não podia acontecer a mesma coisa se de *"pituitosa, crassa, crudaque materia vermes atque lumbrici omnes trahunt originem"*?[1]

E da mesma forma, a exploração de textos caídos em desuso não se detinha em *De spiritu ardente ex lacte bubulo*, do setecentista Nicolaus Oseretskowsky, que revela que os tártaros se embriagavam com leite fermentado, mas somente Camporesi, entre os não muitos devotos que leram a *Vida da venerável Madre Maria Margarida Alacoque*, de 1784, isto é, a santa que teve a primeira visão do Sagrado Coração de Jesus, podia pescar nessa biografia a notícia alucinante de que a mística, disposta a qualquer mortificação dos sentidos, não conseguia vencer a própria repugnância por queijo, a ponto de ficar tentada a renunciar à vida monástica para não ser obrigada pela obediência a comer aquele alimento horrível, embora humilíssimo — e

---

1. Piero Camporesi. *Le officine dei sensi*. Milão: Garzanti. 1985, p. 53-55.

conseguindo mais tarde cumprir o supremo sacrifício. Eis o comentário de Camporesi: "incríveis conflitos à beira do desespero e do suicídio. Alucinantes batalhas combatidas por uma alma atormentada diante de um pedaço de queijo".

Ora, digo eu, o episódio existia e existe naquela biografia da santa, mas como a ideia de ir procurar em tão virtuosíssimas páginas um texto lacticinal podia ocorrer a um ser humano, só Deus sabe. Talvez Camporesi (é uma hipótese que levanto apenas por amor ao paradoxo) nunca tenha comido queijo, mas certamente, como o apóstolo, comeu páginas e páginas intermináveis de livros que foram terminar sabe-se lá onde — e este foi o seu divino e culpado *camembert.*

Se tal hipótese pode parecer excessiva, basta ver com quanta e igual voluptuosidade Camporesi discorre sobre um alimento condenável ou pelo menos condenado como o queijo, sobre divagações culinárias capazes de dar água na boca a qualquer um, sobre práticas penitenciais que levariam ao vômito qualquer espírito delicado, e como, sobre o príncipe Raimondo di Sangro, não se limita, como todo mundo, a revelar os malfeitos mumificatórios e os gélidos teatros de nervos, músculos e veias postos a nu, mas antes a fantasia arcimboldesca da contrafação de alimentos, tal como

> exorbitantemente luxuriante em cada detalhe, num dia mandava preparar o jantar todo de verduras, em outro, de frutas: aqui, todo de alimentos doces e melados; ali, de pratos feitos com leite. Por isso, tinha despenseiros tão peritos e adestrados na arte de manipular as coisas doces e os laticínios que todas as iguarias que os cozinheiros faziam de carne e de peixe e de tantas e muito diversas espécies de animais eram na verdade maravilhosas imitações feitas com leite e mel, e ademais todos os frutos de mil maneiras imitavam.[2]

Mas igualmente e com volúpia idêntica, ei-lo entregue à leitura de Sebastiano Pauli e seus *Sermões quaresmais* capazes de nos deixar de cabelos em pé, enquanto ele estala a língua de satisfação ao trazer à luz algumas pias recomendações para uma boa morte:

---

2. Cit. em Piero Camporesi. *Il brodo indiano.* Milão: Garzanti, 1990. p. 132.

Assim que este corpo, ainda bem composto e bem organizado, for fechado na sepultura, mudará de cor, tornando-se amarelado e mortiço, mas de um tipo de palidez e de amortecimento que causam náusea e medo. Escurece em seguida da cabeça aos pés; e um calor tetro e fosco, como de carvão apagado, o reveste e recobre. Então, o rosto e o peito e o ventre começam a inchar estranhamente: sobre este inchaço repugnante nasce um mofo fétido e untuoso, pesado argumento da corrupção próxima. Não passa muito tempo e o ventre assim escuro e inchado começa a rasgar-se e a produzir aqui uma erupção, ali uma ruptura, das quais escorre uma lenta lava de podridão e de imundície, nas quais, em pedaços e em bocados, aquela carne negra e infecta flutua e nada. E nela passam a ondular um meio olho verminoso, um pedaço de lábio pútrido e decomposto e, mais adiante, um grupo de vísceras laceradas e lívidas. Nesta lama gordurenta gera-se depois uma quantidade de pequenas moscas, de vermes e outros animalejos nojentos que fervilham e se acotovelam naquele sangue corrupto e, agarrando-se à carne podre, comem-na, devoram-na. Uma parte destes vermes surge do peito, outra com um não sei quê de sujo e mucoso escorre das narinas, outros ainda, enviscados naquela podridão, entram e saem pela boca, e os mais fartos vão e vêm, gorgolejam e regorgolejam goela a dentro. (*Le officine dei sensi*, cit., p. 124-125.)

Tem diferença entre descrever uma ceia trimalciônica num país da Cocanha, que traz à memória o Dario Fo que baba de volúpia por um alimento apenas sonhado em *Mistério bufo*, deliciar-se diante do espetáculo horripilante dos condenados dos quaresmais de Romolo Marchelli ou extrair dos sermões de padre Segneri o espetáculo digno de baixo-império dos condenados cuja maior penitência é ver Deus rir de suas penas?

E mesmo quando alçam os olhos para dirigir-se àquele grande Deus que acendeu, veem que ele (devo dizê-lo?), veem que ele (devo dizê-lo?), veem que ele, tornando-se para eles (...) um Nero, não por injustiça, mas por severidade, não somente não quer consolá-los ou socorrê-los ou comiserar-se, mas ainda por cima *plaudit manu ad manum* e, com um deleite incrível, ri. Imaginem, então, em que angústia eles devem mergulhar e em que furores!

Nós queimamos e Deus ri? Nós queimamos e Deus ri? Ó Deus crudelíssimo! (...) Muito se enganou quem disse que o maior de nossos tormentos seria encarar a face de um Deus indiferente. De um Deus ridente, deveria ter dito, de um Deus ridente.[3]

Não vejo diferença entre o tom guloso com que Camporesi saboreia, nas páginas de *As delícias e os frutos da agricultura e do campo*, de Giovanni Battista Barpo, listas de carnes salgadas de boi e de ovelha, cabrito, porco e vitela e depois cordeiros, capões, galinhas velhas e patos, e ainda raízes de ervas e salsinha que, cozidas, enfarinhadas e fritas no óleo, parecem um monte de lampreias ou as panquequinhas feitas de farinha, água de rosas, açafrão e açúcar com um pouco de malvasia, cortadas redondas como um pires e recheadas de pão ralado, mel, flor de cravo e nozes trituradas, enquanto se espera que a Páscoa traga cabritos, vitelas, aspargos, pombos e os meses sucessivos, coalhadas, ricotas, cremes de leite, queijo fresco, ervilhas, repolhos, vagens cozidas, enfarinhadas e fritas (*As oficinas dos sentidos*) — entre estas listas de coisas dedicadas ao paladar e as listas que parecem voltadas (embora façam referência a personagens reais) apenas para o ouvido, mas um ouvido com trompas de Eustáquio ávidas de gula, como naqueles inventários de vagabundos encontrados no *Speculum cerretanorum* e em outros textos de malandragem, com pilantras, pivetes, trapaceiros, espertalhões, pândegos, embusteiros, vigaristas, calcantes, protoviantes, sacomanos, lazarones, lodosos, protomédicos, *pauperes verecundi*, morgueiros, olheiros, cruzários, alacoados, relicários, afarinhados, sorrabadores, iucos, espectantes, valdevinos, admirados, despedaçados e atarantados, *acconi* e *admiracti*, mutuadores, trementes, trapeiros, falsibordões, cadentes, lacrimantes, labeirões e assim por diante (*O livro dos vagabundos*).

Ou as listas, pouquíssimo politicamente corretas, de defeitos femininos que, recuperadas das páginas de *Poéticos ditos ou vaguíssimas descrições*, de Caraffa, parecem apontar as virtudes comestíveis de algum raríssimo animal selvagem:

---

3. Cit. em Piero Camporesi. *La casa dell'eternità*. Milão: Garzanti, 1987. p. 131.

Não sabeis que a mulher foi denominada o retrato da inconstância, o tipo da fragilidade, a mãe das astúcias, o símbolo da variedade, a mestra das malícias, a ministra das fraudes, a inventora dos enganos, a amiga da simulação como aquela que é a própria imperfeição; como é débil na voz, é volúvel na língua, é tarda nos passos, é célere na ira, é tenaz nos ódios, é ágil na inveja, é fraca na faina, é douta no mal, é fácil nas mentiras, como aquela que é um vago campo onde a víbora mordente se aninha; uma cinza morta, em que se esconde, aceso, o carvão; um falso rochedo escondido entre pequenas ondas; um espinho pungente coberto de lírios e rosas; uma serpente venenosa enrolada entre relvas e flores; uma luz que definha; chama que desfalece; glória que tomba; sol que se eclipsa; lua que se altera; estrela que esmorece; céu que escurece; sombra que foge e mar que se revolta.[4]

E se ainda não estiver convencido de que Camporesi era um *gourmet* de listas, basta ver a despudorada glutoneria com que descreve deliciado a mesa miserável e miseranda dos santos penitentes. Como Giuseppe da Copertino, descoberto numa *Vida* setecentista, cuja mesa consistia em ervas e frutos secos e favas cozidas, temperadas apenas como um amaríssimo pó, e que às sextas se alimentava apenas de uma erva tão amarga e repugnante que bastava lambê-la com a ponta da língua para ficar com o estômago mareado por vários dias. Ou, segundo conta a *Vida* do servo de Deus Carlo Girolamo Severoli de Faenza, aspergia o pão amolecido com cinzas que trazia escondidas consigo para este fim, e embebia na água da lavagem dos pratos e às vezes amolecia em água verminosa. De modo que, justamente,

> depois de tais e tantas mortificações e abstinências, ocorreu que ele realmente perdeu a sua primeira aparência, descarnado e com os ossos cobertos apenas e tão somente pela pele tingida de palidez, deveras consumido, com poucos e curtos pelos na barba, transfigurado e encurvado em sua compleição, que nada mais era que um descarnado esqueleto, imagem viva da penitência. E, então, manifestaram-se nele aquelas excessivas prostrações, fraquezas, desfalecimentos e uma lividez de morte, de tal forma que era obrigado, nas viagens, a abandonar-se, deixando-se cair no chão para

---

4. Piero Camporesi. *I balsami di Venere*. Milão: Garzanti, 1989. p. 115.

buscar algum reconforto para seus membros abatidos: sem falar de suas outras dolorosíssimas indisposições de fraturas e hérnias, às quais nunca quis dar remédio.[5]

Às vezes, ao ler Camporesi todo de enfiada, todos os seus livros (que, ao contrário, devem ser degustados aos poucos), tentando representar com a imaginação as coisas de que fala, alguém poderia se sentir tomado pela saciedade e pela suspeita de que entre querer nadar no creme e querer nadar nas fezes não existe tanta diferença, de modo que sua obra poderia servir de evangelho ou de corão para os personagens de *La grande bouffe* de Ferreri, para quem, no final do filme, engolir e evacuar seguem no mesmo passo. Mas isso só aconteceria se assumíssemos que Camporesi fala apenas de coisas, sem perceber que ele fala sobretudo de palavras, e, em se tratando de palavras, Inferno e Paraíso são partes de um mesmo poema.

Claro, Camporesi queria ser antropólogo cultural ou historiador da vida material, embora desempenhasse esta sua atividade de minerador de obras literárias já esquecidas e, ao fazê-lo, narrasse os percursos seculares do corpo e do alimento, não raro trazendo à luz alguns paralelos entre aqueles tempos e o nosso — e refletindo sobre os antigos ritos e mitos do sangue não deixava de recordar que nunca foram tão disseminados quanto neste nosso civilíssimo tempo, entre Holocausto, Intifada, genocídios, decapitações e massacres tribais, nem nunca deixava de comentar as perversões contemporâneas, da paranoia dietética ao hedonismo de massa, da decadência do olfato às sofisticações alimentares e ao desaparecimento do inferno tradicional, quase saudoso de épocas menos cavilosas e mais honestas, nas quais o sangue derramado exalava um cheiro, as feridas dos leprosos eram beijadas por místicos masoquistas, os excrementos, cheirados como elementos do panorama odorífero cotidiano (fico me perguntando o que ele teria escrito hoje sobre o lixo napolitano).

Mas esta vontade de entender o passado e o presente passava, repito, por aquela forma de libido que já foi chamada de "librido", e assim Camporesi só podia sentir o perfume de uma torta bem-feita ou o bodum de um

---

5. Cit. em Piero Camporesi. *La carne impassibile*. Milão: Il Saggiatore, 1983. p. 52.

corpo desfeito através do cheiro de papel nascido de farrapos macerados, devidamente filigranado, adornado de manchas de umidade e florescente de cupins, desde que fosse, como diriam os bibliógrafos de outrora, *de la plus insigne rareté.*

[Conferência proferida no encontro internacional de estudos sobre Piero Camporesi, em março de 2008, em Forli. Mais tarde, em E. Casali. M. Soffritti (org.), *Camporesi nel mondo*, Bolonha: Bononia University Press, 2009.]

Os embriões fora do Paraíso

Esta minha intervenção não pretende sustentar posições filosóficas, teológicas e bioéticas sobre os problemas do aborto, das células-tronco, dos embriões e da assim chamada defesa da vida. Minha intervenção tem caráter puramente histórico e pretende reportar o que pensava Santo Tomás de Aquino sobre a questão. O fato de que pensava diversamente da Igreja atual torna a minha reconstrução no mínimo curiosa.

O debate é antiquíssimo, nasce com Orígenes, que considerava que Deus havia criado as almas humanas desde as origens. Sua opinião foi imediatamente confutada, também à luz da expressão do *Gênesis* (2, 7), que diz que "O Senhor modelou o homem com o barro do chão, insuflou em suas narinas um hálito de vida e o homem se tornou alma vivente". Na Bíblia, portanto, Deus cria primeiro o corpo, insuflando-lhe depois a alma, e esta doutrina, que se tornou doutrina oficial da Igreja, chama-se *criacionismo*. Mas esta posição criava problemas a propósito da transmissão do pecado original. Se a alma não é transmitida pelos pais, por que as crianças não estão livres do pecado original, tanto que precisam ser batizadas? Assim Tertuliano (*De anima*) defendeu que a alma do genitor se "traduz" de pai para filho através do sêmen. Mas o traducianismo logo foi considerado herético, pois presumia uma origem material da alma.

Quem se viu em palpos de aranha foi Santo Agostinho, que precisava acertar as contas com os pelagianos, os quais negavam a transmissão do pecado original. Diante disso, ele sustentou, por um lado, a doutrina criacionista (contra o traducianismo corporal) e, por outro, admitiu uma espécie de traducianismo espiritual. Mas todos os comentaristas consideram esta sua posição bastante forçada. Agostinho havia sido tentado a aceitar o traducianismo, mas por fim, na Epístola 190, confessa a própria incerteza a este respeito e observa que as Sagradas Escrituras não sustentam nem o criacionismo, nem o traducianismo. Ver também a sua oscilação entre as duas teses em *De genesi ad litteram*.

Santo Tomás de Aquino será decididamente criacionista e resolverá a questão da culpa original de modo muito elegante. O pecado original se traduz com o sêmen como uma infecção natural (*Summa Theologiae*, I-II, 81, 1, *ad* 1, *ad* 2), mas isto não tem nada a ver com a tradução da alma racional:

> Diz-se que o filho não carregará a iniquidade do pai visto que, se não é partícipe da culpa, não será punido pelo pecado do pai. No nosso caso, ao contrário, acontece assim: de fato, o pecado original transmite-se de pai para filho por geração, como se transmite por imitação o pecado atual. (...) Embora a alma não se transmita, não podendo a virtude do sêmen produzir uma alma racional, ainda assim, o sêmen coopera como disposição. Por isso, mediante a virtude do sêmen transmite-se a natureza humana dos pais aos filhos e, com a natureza, a sua corrupção. De fato, o indivíduo que nasce torna-se partícipe da culpa de seu progenitor, pois, por força da geração, dele recebe a natureza.

Se a alma não é transmitida com o sêmen, quando ela é inserida no feto? Recordemos que, para Tomás, os vegetais têm uma alma vegetativa, que nos animais é absorvida pela alma sensitiva, enquanto nos seres humanos estas duas funções são absorvidas pela alma racional, que é aquela que dota o homem de inteligência — e, acrescento eu, faz dele uma pessoa, dado que a pessoa era, por antiga tradição, "substância indivídua de uma natureza racional". Ora, a alma que sobreviverá à corrupção do corpo e que será chamada à danação ou à glória eterna, aquela que faz com que o homem seja tal e não um animal ou vegetal, não é outra senão a alma racional.

Tomás tem uma visão muito biológica da formação do feto: Deus só introduz a alma quando o feto adquire, gradualmente, primeiro vida vegetativa e depois alma sensitiva. Somente neste ponto, num corpo já formado, é criada a alma racional (*Summa Th.*, I, 90).

Portanto, o embrião tem apenas a alma sensitiva (*Summa Th.*, I, 76, 3):

O Filósofo ensina que o embrião é animal antes de ser homem. Mas isto não seria possível se fossem idênticas as essências da alma sensitiva e da alma intelectiva, posto que ele é constituído animal pela alma sensitiva e o homem, ao contrário, pela alma intelectiva. Portanto, no homem não é única a essência da alma sensitiva e daquela intelectiva (...) É preciso, portanto, afirmar que no homem existe uma única alma, que é sensitiva, intelectiva e vegetativa. Demonstra-se facilmente como isto ocorre, se considerarmos as diferenças das espécies e das formas. De fato, existem coisas cuja espécie e forma se distinguem umas das outras segundo vários graus de perfeição: assim, na ordem da natureza, os seres animados são mais perfeitos do que os inanimados; os animais mais do que as plantas; os homens mais do que os animais; e, ademais, existem diversas gradações no interior de cada um dos gêneros. Eis porque Aristóteles (...) compara as diferentes almas às figuras [geométricas], cada uma das quais contém as outras, como o pentágono, por exemplo, contém o quadrado, mas o transcende. Analogamente, a alma intelectiva contém em sua potencialidade tudo aquilo que possuem a alma sensitiva dos animais e a alma vegetativa das plantas. Assim como, portanto, uma superfície de cinco lados não tem duas figuras, a de um pentágono e a de um quadrado, pois a figura de quatro lados seria inútil, dado que está contida naquela de cinco, assim também Sócrates não é homem em virtude de uma alma e animal em virtude de outra, mas em virtude de uma única e idêntica alma. (...) No início, o embrião possui apenas uma alma sensitiva, a qual desaparece e é sucedida por uma alma mais perfeita, ao mesmo tempo sensitiva e intelectiva.

A *Summa Th.* (I, 118, 1, *ad* 4) diz que a alma sensitiva se transmite com o sêmen:

Nos animais perfeitos, que são engendrados pelo coito, a potência ativa reside, segundo ensina o Filósofo, no sêmen do homem, enquanto a matéria do feto é fornecida pela mulher. Ora, há nesta matéria, desde o princípio, uma alma vegetativa, não em ato segundo, mas em ato primeiro, assim como a alma sensitiva está em quem dorme. Mas quando esta alma começa a atrair alimento, então ela opera em ato. Esta matéria fornecida pela fêmea é transformada pela virtude que está no sêmen do macho, até conseguir se tornar alma sensitiva em ato: não no sentido de que a força contida no sêmen passe a ser alma sensitiva, pois, neste caso, o engendrante e o engendrado seriam uma mesma coisa e o processo teria antes o caráter de nutrição e de crescimento do que de geração, como observa o Filósofo. Mas quando, por virtude do princípio ativo do sêmen, a alma sensitiva tiver se produzido no engendrado em sua estrutura principal, então esta alma sensitiva do filho começa a agir de forma a completar seu próprio corpo através dos atos da nutrição e do crescimento. Nesse momento, a virtude ativa do sêmen deixa de existir, uma vez que este se dispersa e que se desvanece o espírito nele contido. E não há nisso nada de estranho, pois esta força não é um agente principal, mas apenas instrumental, e o movimento do instrumento cessa quando seu efeito já se produziu no ser.

Na *Summa Th.* (I, 118, 2, *Resp.*), Tomás nega que a virtude do sêmen possa produzir o princípio intelectivo e que, portanto, já exista uma alma no momento da concepção. Como a alma intelectiva é uma substância imaterial, ela não pode ser causada por geração, mas somente por criação de Deus. Quem admitir que a alma intelectiva é transmitida por meio do sêmen teria de admitir também que ela não é autossubsistente e que, consequentemente, se corrompe com a corrupção do corpo.

Sempre na mesma questão (*ad secundum*), Tomás nega também que, depois da alma vegetativa presente desde o início, sobrevenha uma outra alma, ou seja, a sensitiva; e depois desta, uma outra ainda, a intelectiva. Assim, haveria no homem três almas e cada uma das quais estaria em potência na outra. E nega que a mesma alma, que no início era apenas vegetativa, seja conduzida depois, pela ação da virtude do sêmen, a tornar-se também sensitiva e, por fim, levada a tornar-se alma intelectiva, não mais pela virtude do sêmen, mas pela virtude de um agente superior, ou seja, de Deus, que viria de fora para iluminá-la:

> Mas nada disto se sustenta. Primeiro, porque nenhuma forma substancial é suscetível de aumento e diminuição: a adição de uma perfeição maior cria uma outra espécie, assim como a adição de uma unidade altera a espécie do número; ora, não é possível que uma mesma e única forma pertença a duas espécies diferentes. Segundo, porque daí se concluiria que a geração do animal seria um movimento contínuo procedendo daquilo que é imperfeito para aquilo que é perfeito, como acontece no caso de uma alteração. Terceiro, porque, sendo assim, a geração do homem ou do

animal deixaria de ser uma geração propriamente dita, pois seu sujeito já seria um ser em ato. De fato, admitindo-se que desde o início exista na matéria do feto uma alma vegetativa que pouco a pouco chegaria a um estado perfeito, haveria sempre adição de uma perfeição seguinte sem a destruição da anterior. E isso é contrário à noção de geração propriamente dita. Quarto, porque aquilo que é produzido pela ação de Deus é algo de subsistente e, então, deve ser essencialmente diverso da forma preexistente, que não possui subsistência; assim, recairíamos na opinião dos que admitem uma pluralidade de almas num só corpo, ou seja, não existiria algo de subsistente, mas apenas um aperfeiçoamento da alma preexistente; e, sendo assim, a alma intelectiva também se corromperia com a corrupção do corpo, o que é inadmissível. (...)

Devemos concluir, portanto, que, com o advento de uma forma mais perfeita, opera-se a corrupção da forma precedente, pois a geração de um ser implica sempre a corrupção de um outro, tanto no homem, quanto nos outros animais. E isto acontece de maneira que a forma subsequente possui todas as perfeições da anterior, e algo a mais. Assim, através de várias gerações e corrupções sucessivas, chega-se à última forma substancial, tanto nos homens quanto nos outros animais. E isto se revela aos nossos sentidos no caso dos animais engendrados da podridão. Deve-se, portanto, afirmar que a alma intelectiva é criada por Deus no término da geração humana e que, com o desaparecimento das formas preexistentes, ela é também sensitiva e nutritiva.

Portanto, no momento em que é criada, a alma racional *formata*, por assim dizer, as duas almas, vegetativa e sensitiva, *recarregando-as* como inerentes à alma racional.

A *Summa contra Gentiles* (II, 89, 11) repete que existe uma ordem, uma gradação na geração "por causa das formas intermediárias de que o embrião é dotado desde o início até sua forma final".[1]

---

1. "*In generatione animalis et hominis in quibus est forma perfectissima, sunt plurimae formae et generationes intermediae, et per consequens corruptiones, quia generatio unius est corruptio alterius. Anima igitur vegetabilis, quae primo inest, cum embryo vivit vita plantae, corrumpitur, et succedit anima perfectior, quae est nutritiva et sensitiva simul, et tunc embryo vivit vita animalis; hac autem corrupta, succedit anima rationalis ab extrinseco immissa, licet praecedentes fuerint virtute seminis.*"

Em que momento da formação do embrião é insuflada aquela alma intelectiva que faz dele uma pessoa humana para todos os efeitos? A doutrina tradicional era muito cautelosa a esse respeito, mas em geral se falava em quarenta dias. Tomás diz apenas que a alma é criada quando o corpo do feto está pronto para acolhê-la.

Na *Summa Th.* (III, 33, 2), Tomás se pergunta se a alma de Cristo foi criada junto com o corpo. Note-se que, como a concepção de Cristo não ocorreu mediante transferência de sêmen, mas por graça do Espírito Santo, não haveria nada de espantoso se Deus, num caso assim, tivesse criado ao mesmo tempo o embrião *e* a alma racional. Mas Cristo, enquanto homem-Deus, também deve seguir as leis humanas: "O momento da infusão da alma pode ser considerado sob dois aspectos. Primeiro, em relação às disposições do corpo. Neste sentido, a alma de Cristo, como a alma dos outros homens, foi insuflada quando o corpo estava formado. Segundo, em relação apenas ao tempo. E assim como o corpo de Cristo foi formado de modo perfeito num tempo mais breve que o dos outros homens, também recebeu a alma antes deles."

Mas o que está em questão aqui não é tanto o problema do momento em que o feto se torna um ser humano, mas se já é humano o embrião. E sobre isso, Tomás, como se viu, é claríssimo. E mesmo que o Suplemento à *Summa Theologiae* não seja de sua lavra, mas provavelmente do discípulo Reginaldo de Piperno, é interessante ler a questão 80, 4. O problema é definir se, com a ressurreição dos corpos, tudo o que contribuiu para o crescimento destes corpos também ressurgirá, dando origem a algumas questões aparentemente grotescas: o alimento se transforma em substância de natureza humana e nós nos alimentamos eventualmente de carne de boi: portanto, se tudo aquilo que foi substância de natureza humana deve ressurgir, ressurgirá também a carne de boi? É impossível que uma mesma coisa ressurja em homens diversos. E, no entanto, é possível existir algo que tenha pertencido substancialmente a diversos homens, como no caso do canibal que se alimenta de carne humana, transformando-a em substância própria. E então, o que ressurgirá? O comedor ou o comido?

A questão 80 responde de modo complexo e tortuoso e parece não tomar partido entre as diversas opiniões. Mas o que nos interessa é a afirmação, no final da discussão, de que os seres naturais são aquilo que são não por força da matéria, mas sim de sua forma. Portanto, embora a matéria que teve primeiro a forma de carne bovina ressurja depois no homem sob a forma de carne humana, não será efetivamente a carne de um boi, mas de um homem. Do contrário, seria preciso dizer que há de ressurgir até o barro do qual foi feito o corpo de Adão. Quanto à hipótese do canibalismo, conforme uma opinião, as carnes ingeridas não participam jamais da verdadeira natureza humana de quem as come, mas daquela de quem foi comido. Por conseguinte, as ditas carnes ressurgirão neste último e não no primeiro.

Mas o ponto essencial que nos interessa é que, segundo esta questão, os embriões não participarão da ressurreição da carne, se antes não foram animados pela alma racional.

Ora, seria infantil pedir a Tomás a absolvição de quem faz um aborto dentro de um determinado período de tempo e provavelmente ele nem sequer pensava nas implicações morais de seu discurso, que hoje chamaríamos de requintadamente científico. De todo modo, é curioso que a Igreja, que sempre se remete ao magistério do doutor de Aquino, tenha decidido, a respeito deste ponto, afastar-se tacitamente de suas posições.

Aconteceu um pouco o mesmo que aconteceu com o evolucionismo, com o qual a Igreja chegou a um acordo há muito tempo, pois basta interpretar em sentido metafórico os seis dias da criação, como sempre fazem os pais da Igreja, para verificar que não há contraindicações bíblicas a uma visão evolucionista. Ao contrário, o *Gênesis* é um texto sutilmente darwinista, pois diz que a criação aconteceu por fases, do menos complexo ao mais complexo, do mineral ao vegetal ao animal ao humano.

No princípio, Deus criou o céu e a terra. (...) Deus disse: "Haja luz", e houve luz. Deus viu que a luz era boa e Deus separou a luz e as trevas. Deus chamou à luz "dia" e às trevas "noite". (...) Deus fez o firmamento e separou as águas que estão sob o firmamento das águas que estão acima do firmamento (...) Deus disse: "Que as águas que estão sob o céu se reúnam num só lugar e que apareça o continente", e assim se fez. Deus chamou ao continente "terra" e à massa das águas "mares" (...) Deus disse: "Que a terra verdeje de verdura: ervas que deem semente e árvores frutíferas que deem sobre a terra, segundo sua espécie, frutos contendo sua semente" (...) Deus fez os dois luzeiros maiores: o grande luzeiro como poder do dia e o pequeno luzeiro como poder da noite, e as estrelas. (...) Deus disse: "Fervilhem as águas num fervilhar de seres vivos e que as aves voem acima da terra, sob o firmamento do céu" (...) Deus criou as grandes serpentes do mar e todos os seres vivos que rastejam e que fervilham nas águas (...) Deus disse: "Que a terra produza seres vivos segundo sua espécie: animais domésticos, répteis e feras segundo sua espécie" (...) E Deus disse: "Façamos o homem à nossa imagem, como nossa semelhança" (...) Então Iahweh Deus modelou o homem com a argila do solo e insuflou em suas narinas um hálito de vida e o homem se tornou um ser vivente.[2]

A escolha de uma batalha antievolucionista e de uma defesa da vida que chega até o embrião parece antes um alinhamento com as posições do protestantismo fundamentalista.

Contudo, afirmei que esta minha intervenção não pretendia tomar parte nas disputas atuais, mas apenas dar ciência do pensamento de Tomás de Aquino, do qual a Igreja pode fazer o uso que desejar. E, portanto, paro por aqui, entregando estes documentos à consideração dos meus ouvintes.

[CONFERÊNCIA PROFERIDA EM 25 DE NOVEMBRO DE 2008, EM BOLONHA, NA SCUOLA SUPERIORE DI STUDI UMANISTICI, NUM ENCONTRO SOBRE A ÉTICA DA PESQUISA MÉDICA, PUBLICADA POSTERIORMENTE NAS ATAS DO ENCONTRO (FRANCESCO GALOFARO, ORG., *ETICA DELLA RICERCA MEDICA E IDENTITÀ CULTURALE EUROPEA*, BOLONHA: CLUEB, 2009).]

---

2. *La Bibbia di Gerusalemme*. Bolonha: Edizioni Dehoniane, 1974 [*Bíblia de Jerusalém*. Tradução do *Gênesis* de Domingos Zamagna. São Paulo: Paulus, 2002. (*N. da T.*)].

O Grupo 63, quarenta anos depois

Reencontrar-se, não vinte anos, mas quarenta anos depois pode ter duas funções ou perfis. Uma é a reunião dos nostálgicos de uma monarquia, que se reencontram porque gostariam que o tempo voltasse atrás. Outra é a reunião dos velhos companheiros da terceira A, na qual é gostoso recordar o tempo perdido justamente porque todos sabem que não volta mais: ninguém quer voltar aos velhos tempos, simplesmente cada um está recitando o seu *longtemps je me suis couché de bonne heure* e saboreia nos discursos dos outros a própria *madeleine* molhada na infusão de tília.

Espero que nosso encontro tenha mais a ver com um colóquio entre velhos colegas de turma do que com um complô de regressistas nostálgicos, com uma única ressalva: que nos reunamos também para refletir sobre aquele momento da cultura italiana, relendo-o a distância, para entender melhor o que aconteceu e por que, e para ajudar os mais jovens, que não estavam lá, a compreendê-lo. Nesta circunstância, dado que não pude saber com antecedência o que encontraria nesta sala, pensei em algumas anotações sobre o ambiente cultural de quarenta anos atrás, voltadas principalmente para quem não viveu este período e não para os sobreviventes, que reencontro com grande prazer, mas que diriam, como se usava então, que estava equivocado em tudo o que teria dito.

Remontemos então às origens e, como estamos aqui em Bolonha, na lembrança ainda inesquecível de Luciano Anceschi, recordemos que no princípio era o *Verri*.

O *Verri*

Lembro-me muito bem daquele maio de 1956 em que Anceschi me telefonou. Só o conhecia de fama. O que alguém como ele poderia saber de mim? Que era formado em Estética, em Turim, há menos de um ano e meio, que vivia agora em Milão e frequentava jovens poetas como Luciano Erba e Bartolo Cattafi, que encontrava Paci e Formaggio, que tinha publicado umas poucas coisas em revistas quase clandestinas. Marcou encontro num bar do centro. Só queria trocar ideias. Estava para lançar uma revista e não buscava nomes famosos (que já tinha), mas queria reunir alguns jovens, não necessariamente alunos seus, gente diferente, para conversarem entre si. Tinham lhe falado de um rapazola de 24 anos com interesses que podiam despertar sua curiosidade e resolveu recrutá-lo.

Recordando o episódio há alguns anos, durante a celebração fúnebre de Anceschi, aqui no Archiginnasio, com Fausto Curi, perguntei-lhe: "E se dissessem a algum de nós hoje, com a posição que alcançamos, que há na cidade um jovem que se formou numa outra universidade, iríamos procurá-lo para fazer alguma coisa?" Curi respondeu: "Íamos nos entrincheirar dentro de casa e desligar o telefone!" Talvez não nos entrincheirássemos sempre, pelo menos espero. Mas é verdade que Anceschi não se entrincheirava nunca.

Anceschi apresentou-me aos mistérios do Blu Bar da piazza Meda. Era um bar do centro, bastante anônimo, mas tinha uma saleta nos fundos e todos os sábados, por volta das seis, chegavam uns senhores e sentavam-se para conversar sobre literatura, tomando um chá ou um aperitivo: eram Montale, Gatto, Sereni, Ferrata, Dorfles, Paci, algum escritor de passagem por Milão, e Carlo Bo, que dominava a cena com seus silêncios homéricos. Algumas vezes aquela salinha fazia pensar no Giubbe Rosse.*

Contrabandeados por Anceschi, nós, os jovens, começamos a chegar. Lembro-me daquelas noites como ocasiões épicas, e o diálogo entre gerações não se mostrou infrutífero, pelo menos para nós. De certo modo, contribuímos para uma lenta transformação do clima; intercambiávamos as poesias

---

* Célebre café de Florença, ponto de encontro de artistas italianos e estrangeiros no início do século XX. (*N. da T.*)

dos futuros Novíssimos; Glauco Cambon nos passava cópias datilografadas de seus primeiros ensaios joycianos para *Aut-Aut*, Giuseppe Guglielmi lia os versos que publicaria mais tarde no primeiro *Verri*, que evocavam uma "ela" que trazia num prato de Sèvres *"anifructus brunito per la cena"* [anifructus castanho para a ceia]. O *Verri* estava para publicar uma poesia que falava de merda, embora com inflexões arcaicas.

Anceschi me puxava pelo braço e dizia: "Eco, veja o que pode fazer por este rapaz, Balestrini. Tem talento, mas é preguiçoso. Tente empurrá-lo para alguma atividade, talvez uma editora." Alguns anos depois, deflagrada a grande balbúrdia do Grupo 63, Anceschi me puxava pelo braço e dizia: "Eco, veja o que pode fazer com o Balestrini. Acho que talvez precise freá-lo um pouco..." Mas dava para ver que apreciava os frutos de sua semeadura e viajava, dissimulado, entre as gerações.

Revisito o sumário do primeiro número do *Verri*, de 1956 (junto com a filiforme e austera ilustração de Michele Provinciali): poesias de Giuseppe Guglielmi e Luciano Erba, antologia de poetas americanos traduzidos por Rizzardi, ensaios de Gorlier, Cambon, Giuliani, Bàrberi Squarotti, Pestalozza, e os juveníssimos, como Barilli. Os colaboradores se moviam entre os interesses da Linea Lombarda (Linha Lombarda) e aqueles dos futuros Novíssimos. Os poetas resenhados eram Dylan Thomas, Pound, Montale (mas Sanguineti, extrema vanguarda pós-poundiana, tratava de Dante, *Inferno*, I-III). Mas, também, atenção respeitosa às *Storie ferraresi* de Bassani, uma homenagem de Anceschi a Gargiulo, um texto de Fausto Curi sobre Govoni...

O segundo número tem um ensaio de Montale sobre Gozzano, um René Wellek sobre o realismo (a tradução de *Teoria da literatura* de Wellek e Warren tinha acabado de sair pela Mulino), um ensaio de Cambon sobre o teatro de Wallace Stevens. Poemas de Cattafi e Giuliani, um conto de Lalla Romano. Luciano Erba organiza uma antologia de novos poetas franceses, entre os quais figura o jovem Yves Bonnefoy. Enquanto isso, era publicado em Varese, para uma editora de Magenta (ou talvez em Magenta para uma editora de Varese), o livro de um outro jovem, *Laborintus*, ao qual Giuliani faz uma apresentação crítica. Bàrberi Squarotti faz a resenha de Leonetti e Zolla narradores, um jovem Melandri escreve sobre um livro de Borrello

106

acerca da estética do existencialismo, Enzo Pace resenha Perinetti, e descubro que eu mesmo fiz a resenha do primeiro número de *Le surréalisme, même*, editada por Breton.

No número 4, além de um ensaio estético de Holthusen, poesias de Sereni e de Balestrini (e, portanto, duas gerações lado a lado) e uma antologia dos novos (ou quase) poetas alemães, Paul Celan, Höllerer, Ingeborg Bachmann. Giuliani resenha Luzi e *As cinzas de Gramsci*, de Pasolini; Curi resenha Bo e Bo resenha Ranuccio Bianchi Bandinelli; *O olho do cinema* de Pietro Bianchi é apresentado por um misterioso A. A. e, visto que a pequena resenha começa com uma menção às teorias daqueles anos, "esdrúxulas, às vezes repelentes, que na maioria acabaram mal", e termina em forma de lista, bastante esnobe, de diretores definidos como "encantadoras predileções", já podemos adivinhar o dedo do estreante e ainda contido Arbasino Alberto.

Entre 1958 e 1959, são antologizados os jovens poetas russos e espanhóis, contos de Pontiggia, Buzzi, Calvino, poesias de Vollaro, Risi, Cacciatore, Pasolini e Antonio Porta, que ainda se assinava Leo Paolazzi. A revista da urgente neovanguarda recebe com respeito, pela pena de Bàrberi Squarotti, *O gattopardo* e *Uma vida violenta*, mas em 1959 abre a discussão sobre o Nouveau Roman com Barilli e com textos de Robbe-Grillet.

Ao lado desta girândola de descobertas e — dessa vez é o caso de dizê-lo — de antecipações sobre o "novo que avança", o *Verri* lança olhares pacatos à história e não desdenha de manter um pé na academia, com um ensaio de Teodorico Moretti Costanzi sobre Plotino, no número 2, enquanto o segundo número de 1958 é dedicado ao Barroco (com ensaios de Bottari, Getto, Raimondi — mas o tema é muito vasto e será retomado no número 6 de 1959). Também os poetas, que aparecem como novíssimos, chamam-se Théodore Agrippa d'Aubigné ou Jean de Sponde, e as prosas são de Giordano Bruno.

Portanto, leituras clássicas sobre os últimos contemporâneos e leituras contemporâneas dos clássicos, sem dar muita atenção às distinções de gênero; um olhar equilibrado seja para os frêmitos da nascente neovanguarda, seja para as provas de escritores já estabelecidos; um olhar sobre a cultura mundial que faz do *Verri*, cuja linha lombarda se estende para além dos vales suíços, um alegre e contínuo passeio à Chiasso de arbasiana memória. E, sobretudo, em suas páginas os jovens resenhavam seus coetâneos, os mais velhos resenhavam os mais jovens ou vice-versa, unicamente sob o signo da curiosidade, sem distinções de nível acadêmico — e este era um fenômeno importante para aqueles tempos.

A releitura dos índices poderia continuar, mas vou parar no primeiro e sintomático número 1 de 1960, um ano antes da publicação, na biblioteca do *Verri*, da antologia dos Novíssimos. Em seu texto de abertura, Anceschi saúda o quarto ano, deixa entender que chegou o momento de levar adiante a pesquisa e abre um debate de vozes discordantes. Mas hospeda com relevo bem diverso um *cahier de doléances* de Barilli, que acerta as contas com Cassola, Pasolini e Testori, e um ensaio de Guglielmi, que, naturalmente, se abre para Gadda, salva Calvino, mas conclui que Moravia e Pratolini teimam em desempenhar o papel de homens de qualidade. E para marcar a decisão de, no futuro, evitar a falta de respeito, um ensaio de Arbasino ostenta o título de *Os sobrinhos do engenheiro e o gato da casa De Feo.*

Uma nova polêmica bate à porta. O *Verri* parece desequilibrar-se alegremente e Anceschi derrubou as pontes, evidentemente disposto a pagar para ver. Mas permitam-me uma nota pessoal. Alguns números antes, eu havia começado a publicar no *Verri* alguns pastiches na rubrica intitulada "Diário mínimo": textos meus e de outros, alternados por pequenas citações, trechos curiosos. Olhando o primeiro número de 1960, descubro que a ideia de uma ilha localizada no 180º paralelo (que 25 anos depois se tornou tema de meu terceiro romance) já devia rondar minha mente, pois cito os então novíssimos versos de uma canção de San Remo ("É meia-noite, para quase todos...") e intitulo: *Fusos horários.* Transcrevo então dois trechos. O primeiro é da *Crítica do juízo* de Kant (I, § 53):

> Além disso, falta à música uma certa urbanidade, principalmente pela propriedade que têm os seus instrumentos de estender sua ação (sobre a vizinhança) além do que se deseja (...) Coisa que as artes que falam aos olhos não fazem, na medida em que basta desviar o olhar quando não se deseja dar guarida à sua impressão. É mais ou menos como o prazer provocado por um cheiro que se espalha para longe: aquele que tira do bolso o seu

lenço perfumado serve a todos ao redor contra a vontade dos mesmos e, se quiserem respirar, os obriga ao mesmo tempo a fruir.

Logo depois, quase para avisar que não eram apenas os antigos a dizer asneiras, eis um trecho de uma carta de Joyce a Frank Budgen: "Percebo uma obscura tentativa de contrapor um certo sr. Marcel Proust daqui ao signatário da presente. Li algumas páginas dele. Não consigo ver nenhum talento particular." Decididamente, o *Verri* estava resolvido a não respeitar mais ninguém.

O clima

Mas não podemos esquecer o que estava acontecendo nas outras artes. Não falarei dos pintores, que encontrei mais tarde, nas primeiras reuniões do Grupo 63, de Perilli a Novelli, de Franco Angeli a Fabio Mauri. Queria recordar aqui o que se passava nos ambientes musicais.

Em Milão, ainda em 1956, Schönberg foi vaiado no Scala. Na estreia de *Passaggio*, com música de Berio e texto de Edoardo Sanguineti, em 1962, o público ficou tão furioso que, para condenar aquela coisa nova e atroz, gritou: "Centro-esquerda!" Roberto Leydi, que nunca fez parte do Grupo 63, mas vivia os acontecimentos da nova música junto com a redescoberta daquela dos tempos passados, recordava que certa vez, não sei em que ocasião, ele e Berio foram recebidos aos gritos de: "Vão pra Rússia!" Ainda bem que não foram, pois com os ventos que então sopravam por lá teriam acabado num *gulag*. Mas, para o público daqueles anos, o novo era comunista. Dá para ver que as coisas não mudaram tanto assim nos últimos quarenta anos ou que no reino da má-fé vigora uma lei do eterno retorno.

A RAI de Milão apresentava o *Studio di fonologia musicale*, dirigido por Luciano Berio e Bruno Maderna, em que Pierre Boulez, Karlheinz Stockhausen, Henri Pousseur e outros manobravam os novos instrumentos eletrônicos. No final dos anos 1950, Luciano Berio publicou os poucos números de *Incontri Musicali*, em que ocorreu o primeiro confronto entre teoria da *Neue Musik* e linguística estruturalista, com uma polêmica entre Pousseur e Nicolas Ruwet — e dos artigos ali publicados nasceu, em 1962, o meu *Obra aberta*. Por outro lado, foi justamente em algumas noitadas musicais organizadas por Boulez em Paris, sempre no final dos anos 1950, que encontrei Roland Barthes.

O *Studio di fonologia* apresentou também John Cage, cujas partituras haviam sido publicadas no *Almanaque literário Bompiani* 1962, dedicado às aplicações das calculadoras eletrônicas às artes — e surgia a primeira poesia composta por um computador, o *Tape Mark I*, de Nanni Balestrini. Cage havia composto em Milão o seu *Fontana Mix*, mas ninguém se lembra por que tinha esse nome. Cage estava hospedado na pensão de uma certa sra. Fontana: era um homem belíssimo, e a sra. Fontana, muito mais madura que ele, inventava pretextos para tentar possuí-lo no fundo do corredor. Cage, cujas tendências eram notoriamente outras, resistia estoicamente. No final, resolveu dedicar sua composição à sra. Fontana. Depois, sem um tostão, foi parar, via Berio e Roberto Leydi, no *Lascia o raddoppia?*,* como especialista em fungos, executando no palco os mais improváveis concertos para liquidificador, rádio e outros eletrodomésticos, enquanto o apresentador Mike Bongiorno perguntava se aquilo era o futurismo. Criavam-se misteriosas conexões entre vanguarda e comunicação de massa — e muito antes da Pop Art.

Para continuar com os eventos daqueles anos, lembro que, em 1960, foi finalmente publicado na Itália o *Ulisses*, de Joyce, mas antes ainda, justamente com Berio, Leydi e Roberto Sanesi, realizou-se um evento musical — *Homenagem a Joyce* — baseado nas onomatopeias do capítulo 11 da obra. Se tivéssemos de defini-lo hoje, era uma tentativa de entender os significados trabalhando com os significantes, ou seja, uma homenagem à linguagem como chave para entender o mundo.

Em 1962, Bruno Munari organiza, na Galleria del Duomo, em Milão, a primeira exposição de arte cinética e programada e de obras multiplicadas, com contribuições de Giovanni Anceschi, Davide Boriani, Gianni

---

* *Passa ou dobra*, em tradução livre. Trata-se de um programa de perguntas e respostas com prêmios, de grande sucesso na TV italiana de 1955 a 1959, com algumas reedições nos anos 1970 e 1980. (*N. da T.*)

Colombo, Gabriele Devecchi e Grazia Varisco, do Grupo N, de Enzo Mari e do próprio Munari.

Quero dizer, portanto, que o Grupo 63 não nasce no vazio, assim como não surgiu no vazio a antologia dos Novíssimos com textos de Sanguineti, Pagliarani, Giuliani, Porta e Balestrini.

Em outra ocasião, tentei mostrar que muitos daqueles fermentos eram expressão de um "iluminismo padano", e não é por acaso que Anceschi escolheu o nome *Verri* para a sua revista. O *Verri* nascia naquela Milão onde, durante a guerra, os editores Rosa e Ballo publicaram os textos de Brecht, Yeats, os expressionistas alemães e o primeiro Joyce, enquanto, em Turim, Frassinelli nos dava a conhecer seja Melville, seja o *Portrait* de Joyce, seja Kafka. Naturalmente, termos como "padano" ou "lombardo" têm valor simbólico, pois a este ambiente pertenceram primeiramente o sardo Gramsci e depois o siciliano Vittorini: não é por acaso que a primeira reunião do Grupo 63 aconteceu em Palermo, no curso de um festival de música e teatro, de ampla abertura europeia. Falo, porém, de iluminismo padano porque o ambiente cultural onde estava nascendo o Grupo 63 caracterizava-se pela rejeição da cultura crociana e, portanto, meridional: era o ambiente dos Banfi, do napolitano agora turinês Abbagnano, dos Geymonat e dos Paci. Era o ambiente onde se descobria o neopositivismo, se lia Pound e Eliot, onde Bompiani publicava, na coleção "Idee Nuove", tudo aquilo que não tinha aparecido nas capas florais da Gius. Laterza e figli nas décadas anteriores, onde il Mulino nos oferecia teorias críticas até então ignoradas, dos formalistas russos ao New Criticism através de Wellek e Warren, o ambiente da Einaudi, da Feltrinelli e depois do Saggiatore, que traduziam Husserl, Merleau-Ponty ou Wittgenstein, o ambiente onde se lia Gadda e se começava a descobrir um Svevo, de quem até então se dizia que escrevia mal, o ambiente onde Giovanni Getto lia o *Paraíso* dantesco aproximando-nos de uma poesia da inteligência, que não havia sido plenamente compreendida por De Sanctis, ainda ligado à poesia das paixões humanas.

No triângulo Turim–Milão–Bolonha floresciam as primeiras abordagens das teorias estruturalistas. É bom notar que, embora alguns tenham falado depois de um casamento entre vanguarda e estruturalismo, a informação é falsa. Quase ninguém no ambiente do Grupo 63 tratava do estruturalismo, que no máximo era praticado pelos filólogos paveses e turineses, como Maria Corti, Cesare Segre, D'Arco Silvio Avalle, e os dois filões marchavam, por assim dizer, independentemente (a única exceção, com um pé lá, um pé cá, era, talvez, eu). Mas estes cruzamentos criavam um clima.

Lembro que Eugenio Scalfari, que tinha me convidado para colaborar com o *Espresso* em 1965, dizia no início, quando eu resenhava Lévi-Strauss, que não devia esquecer que estava escrevendo para um público de advogados crocianos meridionais. Este era o clima até do pensamento mais laicamente aberto à novidade, mas respondi a Scalfari, que aliás me dava toda a liberdade, que naquela altura os leitores do *Espresso* eram os netos daqueles advogados crocianos, liam Barthes ou Pound e constituíam a chamada escola de Palermo.

E não devemos esquecer como era, na época, a ossatura da cultura marxista. Para os grandes debates "oficiais" sobre as artes, alinhava-se aos ditames do realismo socialista soviético — e vem daí a excomunhão de vários autores, mesmo próximos do PC, que pareciam cometer o pecado do romantismo, do retornismo, quiçá de outras perversões. E não estou falando de autores de vanguarda, mas do Pratolini de *Metello* ou do Visconti de *Senso*, sem falar, obviamente, do gelo diante do filme de Antonioni, parcialmente absolvido pois sugeriram que ele encenava, ainda que sob a forma de dramas privados, a alienação do mundo capitalista. Mas a formação cultural dos marxistas italianos ainda era, de fato, fundamentalmente crociana e idealista.

Para entender o clima é preciso pensar nos esforços de Vittorini, herege, aliás, desde os tempos do *Politecnico* (título que, mais uma vez, remetia ao iluminismo lombardo de Cattaneo), quando, em 1962, operou a reviravolta histórica do *Menabò 5*. Em 1961, Vittorini havia dedicado o *Menabò 4* à literatura industrial, referindo-se com o termo aos escritores que tratavam da nova realidade da indústria (dois anos antes, Ottieri havia publicado, nos "Gettoni" Einaudi, o seu belíssimo *Donnarumma all'assalto* e, no *Manabò 4*, um "Caderno industrial"). No *Menabò 2*, de 1960, Vittorini já havia publicado "A garota Carla" de Pagliarani, que mais tarde foi destaque na antologia dos Novíssimos.

Com seu faro costumeiro, ele resolveu dedicar o *Menabò 5* a uma nova maneira de entender a expressão "literatura e indústria", focando sua atenção crítica não mais no tema industrial, mas nas novas tendências estilísticas de um mundo dominado pela tecnologia. Era uma corajosa passagem do neorrealismo (onde os conteúdos predominavam sobre os estilos) para uma pesquisa sobre o estilo dos novos tempos. E eis que, depois de um longo ensaio meu "Do modo de formar como compromisso com a realidade", surgiram experimentações narrativas ultrajosíssimas de Edoardo Sanguineti, Nani Filippini e Furio Colombo. Havia também um ensaio, aparentemente polêmico, mas substancialmente cúmplice, "O desafio ao labirinto", de Italo Calvino (que me disse na ocasião: "Desculpe, mas Vittorini [e por trás de Vittorini, a cultura marxista da época, da qual ele já havia se libertado, mas à qual, no fim das contas, ainda prestava contas] pediu que formasse um cordão sanitário" — caro e amável Calvino, que no futuro cruzaria seu destino com o dos caminhos que se bifurcam e com os experimentalismos do Oulipo).

Em suma, os novos escritores, que consideravam que o empenho se dava na linguagem e não na temática politizada, eram vistos como moscas cocheiras do neocapitalismo* pelo mundo da cultura marxista, que não contava que entre eles houvesse alguns, como Sanguineti, por exemplo, explicitamente alinhados à esquerda.

As contestações

Entender este ambiente — e o choque que se criava entre o Grupo 63 e outros setores da cultura italiana — serve para decifrar também uma série de reações frequentemente furiosas e de contestações apaixonadas. Para ficar

---

* A expressão "mosca cocheira" tem origem numa fábula de Fedro: uma mula arrasta um coche num terreno escarpado e a mosca que esvoaça em torno tem a presunção de estar conduzindo o trabalho. A expressão foi usada por Antonio Gramsci em *Literatura e vida nacional* (Civilização Brasileira, 1968, tradução de Carlos Nelson Coutinho). "A literatura existente, salvo raras exceções, não está ligada à vida popular nacional, mas a grupos restritos que da vida nacional não são senão a mosca cocheira". (*N. da T.*)

apenas nas lembranças pessoais, em 1962, *Obra aberta* (que, devo recordar, falava de Joyce e Mallarmé e até de Brecht, e não da merda de artista de Piero Manzoni) e depois o número 6 de *Menabò* suscitaram consensos ou fecunda polêmica "de dentro", por parte de Eugenio Battisti, Elio Pagliarani, Filiberto Menna, Walter Mauro, Emilio Garroni, Bruno Zevi, Glauco Cambon, Angelo Guglielmi, Renato Barilli e — inteligente e vigorosamente polêmico — Gianni Scalia, mas receberam ataques raivosos vindos "de fora". Aldo Rossi escrevia no *Paese Sera*: "Digam ao jovem ensaísta que abre e fecha as obras como se fossem portas, jogos de cartas ou governos de esquerda, que ele vai acabar na cátedra e que seus alunos, aprendendo a se informar em dezenas de revistas, hão de se tornar hábeis a ponto de querer tomar seu lugar" (o que, felizmente, foi uma admirável profecia, e nunca entendi por que meus alunos não deveriam ler dezenas de revistas). O *Unità*, sob a pena de Velso Mucci, falava de retorno ao decadentismo; o *Osservatore Romano*, pela voz de Fortunato Pasqualino, perguntava-se por que cargas d'água os escritores tinham resolvido se esconder no sub-bosque da crítica científica e filosófica, dedicando-se a absurdos dilemas extraestéticos. Em *Filmcritica*, então de inspiração paleomarxista (e a prova está em que seu nume tutelar era o futuro membro do MSI, Armando Plebe), falava-se de "obra aberta como obra absurda". No *Espresso*, então dirigido pelos últimos crocianos aferrados à intuição lírica como os últimos japoneses nas ilhas do Pacífico depois do fim da guerra, Vittorio Saltini perguntava-se, com Machado (inocente), como "as mais poderosas perversões do gosto sempre encontram advogados de plantão para defender suas maiores extravagâncias". *Rinascita* intitulava, embora às escondidas de seu bem mais prudente autor, Luigi Pestalozza, sua resenha "A obra aberta musical e os sofismas de Umberto Eco". *Paese Sera Libri* condenava as improváveis experimentações de linguagem, Walter Pedullà, no *Avanti!*, destacava que "Eco dá apoio a poucos, inexpertos e modestíssimos narradores de vanguarda".

Isso sem falar dos dois artigos que publiquei no *Rinascita*, em 1962, a convite do inesquecível e abertíssimo Mario Spinella, conclamando a cultura então de esquerda a uma consideração mais atenta das novas literaturas, dos estudos sobre as comunicações de massa. Pasmem. Apenas Alberto Asor Rosa, no *Mondo Nuovo* de novembro de 1962, deu ouvidos ao apelo. A resposta mais virulenta chegou do *Rinascita*, e paciência se era de Rossana Rossanda, que nunca em sua vida conseguiu mudar uma única ideia (o que para muitos, às vezes até para mim, é um mérito), mas é curioso que entre os mais severos críticos da parte marxista apareceram Massimo Pini, hoje homem da Aliança Nacional, e um ensaio em duas partes de um jovem marxista francês, segundo o qual reunir estruturalismo e márxismo era uma empresa desesperada e exageradamente neocapitalista. Chamava-se Louis Althusser e publicou tais coisas no *Rinascita* em 1963, dois anos antes de escrever *Pour Marx* e *Lire le Capital*. Bons tempos.

Enquanto isso tudo ocorria, Montale seguia os acontecimentos em tom de preocupação e, embora não conseguisse aceitá-los, a eles dedicava numerosos artigos no *Corriere*, como alguém que se questiona — caso admirável, considerando-se sua idade e sua história.

A sociedade literária italiana

Depois disso, quase por força dos acontecimentos, Balestrini (e não sei se era o primeiro com quem discutia o assunto, mas estávamos num pequeno restaurante perto de Brera) me disse certo dia que tinha chegado a hora de reunir, como tinha feito o Grupo 47 alemão, aquelas tantas pessoas que viviam numa atmosfera comum para ler os próprios textos, falando mal sobretudo um do outro — e depois, se sobrasse tempo, também os textos daqueles que, a nosso ver, entendiam a literatura como "consolação" e não como provocação. Lembro que Balestrini comentou o seguinte: "Vamos fazer um monte de gente espumar de raiva." Parecia uma fanfarronada, mas funcionou.

Por que o Grupo 63, que se reunia em Palermo sem, no início, alardear demais a iniciativa, e — pensando bem — tratando da própria vida, deixaria tanta gente furiosa?

Para entender essa história, é preciso dar um passo atrás e recordar como era a sociedade literária italiana (independentemente das posições ideológicas) por volta do final dos anos 1950. Tratava-se de uma sociedade que tinha vivido até então na defesa e no apoio mútuo, isolada do contexto social, e por razões óbvias. Havia uma ditadura e os escritores que não se alinhavam com o regime — isto é, que não se alinhavam quanto a escolhas estilísticas, a despeito das convicções e até das covardias políticas de muitos — eram no máximo tolerados. Reuniam-se em cafés sombrios, discutiam entre si e escreviam para um público de tiragem limitada. Viviam mal e ajudavam-se uns aos outros para encontrar uma tradução, uma colaboração editorial mal paga. Talvez Arbasino tenha sido injusto ao perguntar-se por que não foram fazer um passeio em Chiasso, onde poderiam encontrar toda a literatura europeia. Embora de contrabando, Pavese tinha lido *Moby Dick*, Montale, *Billy Budd*, e Vittorini, os autores que publicou na *Americana*. Mas se ali dentro conseguiam receber tudo, ou muito, dali não podiam sair.

Vou contar um episódio pessoal. Peço desculpas, mas trata-se de um caso que me proporcionou quase uma revelação. Em 1963, o *Times Literary Supplement* resolveu dedicar uma série de números, em setembro, a "The critical moment", ou seja, a um panorama das novas tendências da crítica. Fui convidado a participar, e comigo foram convidados Roland Barthes, Raymond Picard (que mais tarde se tornaria seu arqui-inimigo), George Steiner, René Wellek, Harry Levin, Emil Steiger, Damaso Alonso, Jan Kott e outros. Imaginem meu orgulho, com 30 anos de idade, ao me ver em tão insigne companhia, quando nenhum de meus textos havia sido traduzido para o inglês. Creio que contei à minha mulher, para mostrar que não tinha se casado com o último dos imbecis, e depois calei.

O fato é que o outro italiano convidado era Emilio Cecchi, digo, Emilio Cecchi, um dos mais ilustres estudiosos de literatura anglo-americana. Ninguém era mais digno de ser incluído naquela lista. Pois bem, Emilio Cecchi, coberto de louros acadêmicos, considerado na época o único que podia competir com Mario Praz pelo título de maior anglicista italiano, escreveu, por ocasião do evento, dois artigos no *Corriere della Sera*, um para informar que aquela coletânea estava sendo organizada, e outro, para resenhá-la.

O que isso significa? Significa que um homem como Emilio Cecchi, depois de anos de ditadura e guerra, finalmente encontrava eco no mundo anglo-saxão e estava justamente orgulhoso. No que me dizia respeito, eu considerava perfeitamente normal que, em 1962, os ingleses tivessem lido meus textos em italiano e que tivessem me convidado para falar em 1963. Para a minha geração o mundo havia se ampliado. Não íamos a Chiasso, mas a Paris e Londres de avião.

Um afastamento dramático tinha se verificado entre nós e a geração precedente, que teve de sobreviver sob o fascismo e perder seus mais belos anos na Resistência ou nos esquadrões de Salò. Nós, que nascemos por volta dos anos 1930, éramos uma geração de sorte. Nossos irmãos mais velhos foram destruídos pela guerra, se não morreram, diplomaram-se com dez anos de atraso, alguns deles não conseguiram entender o que era o fascismo, outros aprenderam às próprias custas, dificultosamente, nos Grupos Universitários Fascistas. Chegamos à libertação e ao renascimento do país com 10, quem sabe 14, 15 anos. Virgens. Suficientemente conscientes para entender o que havia ocorrido, inocentes o suficiente para não ter tido tempo de comprometer-nos. Fomos uma geração que começou a entrar na idade adulta quando todas as oportunidades estavam à disposição e estávamos prontos para assumir qualquer risco, enquanto nossos veteranos ainda estavam habituados a proteger uns aos outros.

Nos primórdios, alguém se referiu ao Grupo 63 como um movimento de jovens radicais que, com ações provocatórias, tentavam escalar os contrafortes do poder cultural. Mas se alguma coisa distinguia a neovanguarda daquela do início do século, era justamente o fato de não sermos boêmios que viviam num sótão e tentavam desesperadamente publicar suas poesias no jornalzinho local. Todos nós, aos 30 anos, já tínhamos publicado um ou dois livros, estávamos inseridos naquilo que então se chamava indústria cultural, e com funções de direção — uns em editoras, outros em jornais, outros ainda na RAI. Neste sentido, o Grupo 63 foi a expressão de uma geração que não se rebelava de fora, mas de dentro.

Não se tratava de uma polêmica contra o establishment, mas de uma revolta no interior do establishment, um fenômeno certamente novo em relação às vanguardas históricas. Se é verdade que os vanguardistas históricos eram incendiários que acabaram morrendo bombeiros, o Grupo 63 foi um movimento nascido na caserna dos bombeiros, no qual alguns acabaram se tornando incendiários. O grupo exprimia uma forma de alegria, e isso fazia sofrer aquele escritor que, por definição, se queria sofredor.

Revolução nas formas

A chamada neovanguarda do Grupo 63 irritava a cultura dita então engajada — baseada, como vimos, num conúbio entre a poética do realismo socialista e o marx-crocianismo que, pensando bem, hoje, é um hircocervo bastante curioso, uma espécie de Casa das Liberdades cultural, onde podiam conviver reacionários orgulhosos (pelo menos do ponto de vista literário) e engajados socialistas, paleoidealistas e materialistas, tanto históricos quanto dialéticos. O Grupo 63 não parecia acreditar no gesto revolucionário, nem mesmo o dos futuristas que escandalizavam os bons burgueses no Salão Margherita, pois já havia entendido que, na nova sociedade de consumo, os gestos revolucionários atingiam um conservacionismo tão maleável e ingênuo que era capaz de assimilar todo e qualquer elemento de perturbação e de fagocitar qualquer proposta de eversão, mergulhando-a num círculo de aceitação e mercantilização. A eversão artística não podia mais ser assimilada à eversão política.

E, portanto, a neovanguarda, tendo como projeto a eversão de dentro para fora, tentava acertar a mira, deslocar a polêmica para objetivos mais radicais, dificilmente imunizáveis, tentava mudar os tempos e as técnicas de guerra e, sobretudo, antecipar ou provocar, através das soluções da arte, uma visão diferente da sociedade na qual se movia.

A vocação profunda da chamada neovanguarda foi muito bem identificada por Angelo Guglielmi, em 1964, em seu *Vanguarda e experimentalismo*. Se a vanguarda sempre foi um movimento de ruptura violenta, diverso era o experimentalismo — e assim, os futuristas, os dadaístas, os surrealistas foram vanguarda, e Proust, Eliot ou Joyce foram, por sua vez, escritores experimentais. Certamente, a maioria dos participantes do congresso de Palermo de 1963 tendia antes para o experimentalismo do que para a vanguarda.

Por isso, a respeito da primeira reunião de Palermo, falei de uma Geração de Netuno, oposta à Geração de Vulcano, e cunhei a expressão "vanguarda de vagão-leito" (pensando malignamente em Mussolini, que não participou da marcha sobre Roma e veio no dia seguinte, justamente de vagão-leito, juntar-se a seus pelotões, sabendo muito bem que a marcha não contava quase nada, visto que o rei era concorde e que um parlamento democrático deve ser minado pouco a pouco, de dentro para fora, e não tomando uma Bastilha já deserta).

O paralelo era sarcástico, mas servia para polemizar com quem ainda imaginava os neovanguardistas como tropa de assalto ao palácio de inverno do poder literário. Queria dizer que sabíamos muito bem que não iam querer nos prender e que, portanto, não valia a pena alimentar heroicas ilusões. No lugar do gesto revolucionário, a lenta experimentação; no lugar da revolta, a filologia. E escrevi então:

O gesto que esclarece tudo de um só golpe (minha posição e a dos outros) é sucedido pela proposta que, no momento, ainda não esclarece nada (...) Só sabemos que a direção é boa e, a longo prazo, as sementes que plantamos darão um fruto insuspeito. Por enquanto, no curso da fase intermediária, também o trabalho que realizamos fará parte do jogo (nada sai dele): mas nesse ínterim, graças a este trabalho, vai se configurando um novo modo de ver as coisas, de falar das coisas, de identificar as coisas para agir sobre elas. Não há nenhum álibi heroico que, no momento, forneça qualquer espécie de justificação. Estamos como Jenny dos Piratas na caverna: um dia um navio virá, e com um estalar de dedos Jenny fará rolarem as cabeças. Mas, por enquanto, Jenny lava os pratos e arruma as camas. Por enquanto, examina o rosto dos clientes, imita seus gestos, seu jeito de beber vinho... Com a mão, aperta os travesseiros para refazer as formas das cabeças que lá repousaram. E cada gesto seu (...) esconde um projeto, um experimento de gestos diversos. E não é garantido que Jenny faça só isso: poderá desde agora manter uma correspondência secreta com a Tartaruga, movendo o lampião, no meio da noite, atrás das vidraças de seu quarto para assinalar os movimentos dos clientes; poderá esconder embaixo de sua cama os companheiros perseguidos. Mas fará tudo isso como uma outra Jenny, que não é a Jenny da pousada, com sua função técnica precisa, lavar os partos e fazer as camas. Como são feitos os pratos? De que madeira, os leitos? Existe uma relação entre a madeira e a forma dos leitos, e a natureza dos clientes? De tudo isso, o que poderá ser recuperado no dia do desembarque? Por isso, Jenny não faz revolução em seu ofício. Faz filologia. Mas o gesto experimental não poderá se demorar em si mesmo — na sequência das buscas sucessivas, não se perderá de vista o fim? Nada mais fácil. Donde a necessidade de um controle recíproco, de uma discussão, não com a obra acabada, mas enquanto a obra se faz. Os gestos de cada um são tão diversos que só confrontando-os, fase a fase, será possível identificar suas direções comuns ou complementares. A geração entendeu que, visto que a verificação não é mais dada pelo escândalo efetivo de cada proposta singular, resta apenas a verificação comum, o encontro e o controle das triangulações. É certo que nada foge mais a qualquer triangulação do que a efusão lírica individual: sinal de que a geração já não acredita na efusão lírica. E se a poesia com ela se identifica, pois bem, que fique claro que a geração não acredita mais nem na poesia. Evidentemente crê em outra coisa. Talvez ainda nem conheça seu nome.[1]

Imaginem se a estética do realismo socialista podia ver com bons olhos semelhantes afirmações. Mas o que mais irritou a sociedade literária não foi a posição por assim dizer "política" do Grupo. Foi uma disposição diversa para o diálogo e o confronto. Falei de uma sociedade literária confinada a seus lugares marcados e empenhada, por razões históricas de sobrevivência, em proteger seus próprios membros e manter intacto seu único capital, a ideia sacra do poeta e do homem de cultura. Era uma geração que podia conhecer o dissenso, mas que o consumava mediante um ignorar-se mútuo das várias igrejinhas, e preferia a malignidade sussurrada no bar à espinafração pública num jornal. Era, por assim dizer, uma geração habituada a lavar a roupa suja em casa (com exceção apenas dos marxistas, inclinados por tradição à polêmica e ao ataque, mas mesmo nestes casos, a não ser que fossem colocados em questão os cânones de uma estética de partido, a tentativa era antes de engajar companheiros de estrada, não de afastá-los).

O que, ao contrário, entrou em cena em Palermo? Ao redor de uma mesa, um grupo de poetas, romancistas, críticos (e pintores e músicos na função de ouvintes) ouvia alguns dos presentes lerem suas obras mais recentes. Capítulos, páginas, fragmentos, exemplos, *excerpta*. Se os presentes constituíam um grupo, tinha-se à primeira vista a impressão de que o eram pela mesma razão que fez do punhado de vítimas da ponte de San Luis Rey um "grupo". Juntos no time do *Verri* havia quem, como Pignotti, viesse de diversas experiências

---

1. Umberto Eco. "La generazione Nettuno". In: AA.VV., *Gruppo 63*. Milão: Feltrinelli, 1964. p. 413-414.

florentinas; ou como Leonetti, de uma linha *Officina-Menabò*; e *vagantes*, como Ferretti, como Marmori, isolado em Paris, ou Amelia Rosselli, que mais tarde teria padrinhos que não estavam em Palermo.

E mesmo entre os colaboradores do *Verri* já existiam divergências de opiniões que vieram à baila naqueles dias, prefiguradas há tempos, agudizadas em seguida. A avaliação que Sanguineti e Barilli faziam do marxismo era, por exemplo, díspar. A posição de Guglielmi sobre a questão da obra aberta era distante da minha. Seria difícil encontrar analogias de poética entre o rio verbal de Rosselli e a precisão brechtiana de Pagliarani. Sobre o comportamento emocional frente aos dados da realidade tecnológica contemporânea, Balestrini e Pignotti, mesmo tão diversos entre si, viram-se diante da oposição radical de Sanguineti. Ademais, basta confrontar uma página de Balestrini com uma de Manganelli para perguntar, com bons motivos, o que podiam ter em comum aqueles dois curiosos indivíduos.

Contudo, as pessoas reunidas em Palermo tinham em comum seja a vontade de experimentação, seja uma exigência de diálogo desabrido, sem piedade e sem fingimentos. Os escritores liam seus textos uns para os outros, mas, dada a existência de fraturas originais, nenhuma das leituras obtinha o consenso geral. Ninguém se dizia perplexo: as pessoas declaravam que eram contra. E diziam o porquê. Quais eram os porquês não importa, importa que, nesta sociedade literária, a unidade estava se realizando pouco a pouco através de duas implícitas assunções de método: (i) cada autor considerava necessário controlar sua pesquisa submetendo-a às reações dos outros; (ii) a colaboração se manifestava como ausência de piedade e de indulgência.

Corriam definições de arrepiar os cabelos das almas mais sensíveis. Expressas publicamente no âmbito de uma sociedade literária apolínea, qualquer uma daquelas avaliações teria marcado o fim de uma bela amizade. Em Palermo, o dissenso, pelo contrário, gerava amizade.

Só me dei conta de que o grupo existia alguns dias depois, conversando com um literato de outra geração. Tentava demonstrar que Palermo não tinha dado origem à constituição de um movimento homogêneo. Às três acusações — "Critico vocês por terem criado um grupo. Por tê-lo criado com base geracional. Por tê-lo criado em oposição a alguém e a alguma coisa"

—, respondia que era típica de cada época a constituição de correntes, que muitas vezes o denominador comum tinha bases geracionais (*si licet*, Sturm und Drang, Scapigliatura, Die Brücke ou Ronda), e opunha um argumento conciliante e definitivo: ele mesmo, se quisesse, poderia ter ido a Palermo, sentar à mesa, ler seu texto mais recente, e seria ouvido com o respeito e a estima devida ao autor e com a franqueza devida a estes objetos de exercício crítico que são as obras. Resposta: "Jamais iria a Palermo. Não aceito submeter a outrem um trabalho *in fieri*. O escritor só se realiza a si mesmo diante da página em branco e nela se conclui, realizando-a." O que responder?

Aquela era a mensagem ofensiva lançada pelo grupo e, relendo as reações da época, causam perplexidade as repulsas, os protestos, as barricadas defensivas. Ousaria dizer, aliás, que o sucesso do Grupo, sua visibilidade midiática, deveu-se a seus adversários.

É típica a história das Lialas 63.*

Creio que foi Sanguineti quem disse que Cassola e Bassani eram as Lialas 1963. Piada que hoje considero injusta, pelo menos em relação a Bassani, sem esquecer que, na época, quem difamava encarniçadamente *O Jardim dos Finzi-Contini* era justamente Vittorini. Mas, em suma, se a piada tivesse sido abandonada ou se tivesse circulado como uma das muitas *boutades* que giravam pela piazza del Popolo ou pela via Veneto, espalhadas por Flaiano ou Mazzacurati, teríamos ficado na anedota de circulação oral. Mas foi justamente Bassani, evidentemente despreparado para o jogo provocador da invectiva e acostumado a práticas bem diferentes, quem deflagrou uma polêmica inflamada no *Paese Sera*, fazendo o escândalo se espalhar como uma mancha de óleo.

Por outro lado, alguns anos depois os amigos florentinos, com minha cumplicidade e de Camilla Cederna, organizaram um Prêmio Fata, em oposição ao Prêmio Strega, a ser conferido ao pior livro do ano. Nada mais que uma brincadeira irreverente, e o júri fez questão de dar o prêmio justamente a Pasolini. Polemista combativo que era, e atento sob muitos aspectos às novas provocações culturais, Pasolini não resistiu e — sabendo

---

* Liala era o pseudônimo da escritora Amalia Liana. C. N. Odescalchi, que produziu uma extensa obra de romances água com açúcar, figura de ponta da chamada "literatura cor-de-rosa" na Itália. (*N. da T.*)

que ganharia o prêmio — enviou especialmente para a noite da premiação uma carta na qual explicava por que o veredicto era injusto.

Como se vê, não se pode negar um componente de galhofa a muitas dessas provocações, mas o Grupo acabava nas páginas dos jornais não por suas brincadeiras de estudante irreverente, mas graças às reações escandalizadas dos notáveis atingidos por elas.

Depois, passados os primeiros e pouco heroicos furores, as oposições à neovanguarda tomaram outro caminho: não se falava mais de molecagens insolentes, mas acusava-se o Grupo de expressar uma quantidade de lindas teorias e nenhuma obra válida. Tal contestação dura até hoje, mas faz uso de um delicioso argumento que chamarei de argumento *da alcachofra*. Quando o tempo fez justiça e a crítica oficial descobriu que Porta era um grande poeta, Germano Lombardo ou Emilio Tadini, grandes romancistas, Manganelli, um altíssimo prosador e, para falar de quem foi absolvido ainda em vida, não pôde mais negar (e dou apenas dois exemplos, sem pretender exaurir a lista) o talento de Arbasino ou de Malerba, começaram a dizer: "Está bem, mas nenhum desses pertence de fato ao Grupo, eles estavam apenas de passagem." Ora, é óbvio: se critico o cinema americano e, quando alguém cita Orson Welles ou John Ford, Humphrey Bogart ou Bette Davis e assim por diante, elimino cada nome argumentando que não eram verdadeiramente americanos, no sentido mais profundo do termo, no final, arrancadas todas as pétalas da alcachofra, o cinema americano acaba reduzido a Abbott e Costello e eu ganho a parada. No entanto, é o que muitos fizeram e continuam fazendo em várias gazetas.

Recolocar-se em causa

Certamente, como em todos os cenáculos de vanguarda, às vezes a polêmica e a experimentação foram levadas ao excesso, basta pensar no gosto pela ilegibilidade. Mas considero que foi uma estação produtiva, na qual, em qualquer caso, se semeou bastante. E, sobretudo, não foi uma estação dogmática, no sentido de que, no correr dos anos (o que com certeza desconcertava ainda mais os adversários), através de suas várias reuniões, o Grupo sabia recolocar em questão as ideias do início.

A este respeito, gostaria de recordar a reunião do Grupo em 1965, dois anos depois. Gostaria de recordar o discurso inicial de Barilli, já teórico de todos os experimentalismos do Nouveau Roman, que naquela altura fazia as contas com Robbe-Grillet, com Grass e com Pynchon, e citava o redescoberto Roussel, que amava Verne. Barilli dizia que até então privilegiava o final do enredo e o bloqueio da ação na epifania e no êxtase materialista, mas que estava começando uma nova fase da narrativa que reavaliava a ação, mesmo que fosse uma ação *autre*. Naqueles dias, havia sido apresentada uma curiosa colagem cinematográfica de Baruchello e Grifi, *Verifica incerta*, uma história feita com pedaços de histórias, ou melhor, de situações *standard*, de *topoi* do cinema comercial. E o que se viu foi que o público reagia com maior prazer justamente nos pontos em que, até poucos anos atrás, teria dado sinais de escândalo, ou seja, onde as consequências lógicas e temporais da ação tradicional eram ocultas e as esperas eram violentamente frustradas. A vanguarda estava se transformando em tradição, o que alguns anos antes parecia dissonante, agora era mel para os ouvidos (ou para os olhos). A inaceitabilidade da mensagem não era mais o critério príncipe para uma narrativa (e para qualquer arte) experimental, dado que o inaceitável já estava codificado como agradável. Mas o que atraía no trabalho de Baruchello e Grifi era a revisitação irônica e crítica de uma aprazível cinematografia sendo avaliada no instante mesmo em que era colocada em crise.

Naqueles dias de 1965, em Palermo, discutia-se, ainda sem saber, a insurgente poética do pós-moderno, só que o termo ainda não circulava naquela época.

Desde 1962, um músico severamente serial como Henri Pousseur dizia-me, falando dos Beatles: "Esses aí trabalham para nós", e eu respondia que ele também estava trabalhando para eles (naqueles anos, Cathy Berberian mostrava que os Beatles podiam ser reproduzidos num estilo purcelliano).

No interior do Grupo, percebíamos que, se a precedente experimentação havia conduzido à tela branca ou à cena vazia, tínhamos chegado a uma reviravolta. O *non ultra citraque* com certeza havia sido expresso na merda de artista de Manzoni, mas o produto extremo do primeiro Grupo 63 surgiu quando, em 1968, Gian Pio Torricelli publicou, na Lerici, *Coação a contar,* em que cinquenta páginas exibiam impressos em ordem alfabética, um depois do outro e sem vírgulas, os números de 1 a 5.132. Se havíamos chegado a isso, então uma época chegava ao fim e era hora de começar uma outra.

Uma época em que Balestrini passava da colagem de palavras para uma colagem de situações sociopolíticas, Sanguineti abandonava totalmente a *Palus Putredinis* do início dos anos 1950, para aventurar-se, em 1963, com *Capricho italiano* e, em 1967, com *O jogo do ganso*, em territórios de narrativa mais afável. E poderia continuar com outras citações.

A contradição e o suicídio

Qual foi a contradição fundamental do Grupo 63? Disse antes que, sem poder refazer a escolha inocente das vanguardas históricas, a maior parte dos participantes do Grupo praticava um experimentalismo literário mais subterrâneo, e não é por acaso que seu nume tutelar não eram os dadaístas ou futuristas, mas Gadda. E, contudo, na própria definição de neovanguarda — que não lembro mais se veio do interior ou foi atirada do exterior (e aceita com hilária serenidade) — ainda jogava o apelo às vanguardas históricas.

Ora, existe uma diferença substancial entre movimentos de vanguarda e literatura experimental, pelo menos tão grande quanto a que podia existir entre Boccioni e Joyce.

Renato Poggioli, em sua *Teoria da arte de vanguarda*, estabeleceu muito bem as características desses movimentos. Eram: *ativismo* (fascínio pela aventura, gratuidade do fim), *antagonismo* (agir contra algo ou alguém), *niilismo* (fazer tábula rasa dos valores tradicionais), *culto da juventude* (a *querelle des anciens et des modernes*), *ludicidade* (arte como jogo), *prevalência da poética sobre a obra*, *autopropaganda* (violenta imposição do próprio modelo e exclusão de todos os outros), *revolucionarismo e terrorismo* (no sentido cultural) e, enfim, *agonismo*, como sentido agônico do holocausto, capacidade de suicídio na hora certa e gosto pela própria catástrofe.

O experimentalismo, ao contrário, é devoção à obra singular. A vanguarda agita uma poética, renunciando por amor a ela às obras e produzindo antes manifestos, enquanto o experimentalismo produz a obra e só a partir dela extrai ou permite que se extraia uma poética. O experimentalismo tende a uma provocação interna ao circuito da intertextualidade; a vanguarda, a uma provocação externa, no corpo social. Quando Piero Manzoni produzia uma tela branca, ele estava fazendo experimentalismo; quando vendia aos museus uma caixinha contendo merda de artista, ele estava fazendo provocação vanguardista.

Ora, no Grupo 63 conviveram as duas almas, e é óbvio que a alma vanguardista prevaleceu no que dizia respeito à criação de uma imagem midiática. Se os testes experimentais, a despeito de tantas contestações, permanecem ainda hoje, os gestos vanguardistas não podiam viver mais que uma breve estação.

O momento em que o Grupo 63 escolheu definitivamente o caminho da vanguarda foi, paradoxalmente, aquele em que retornava da experimentação sobre a linguagem para o engajamento público e político. Foi a estação de *Quindici*, que assistiu a dramáticas conversões ou sofridas resistências à utopia de maio de 1968, e que, afinal, levou a revista (e com ela, indiretamente, o Grupo) a um suicídio deliberado — exatamente no sentido do agonismo de Poggioli.

Na catástrofe estoicamente proposital de *Quindici*, vieram obviamente à tona as divisões que existiam desde o início, mas que haviam sido superadas graças à escolha do diálogo recíproco. Confrontando-se com as tensões imediatas de um período histórico dos mais contraditórios e animados, o Grupo decidiu que não podia continuar a fingir uma unidade que não existia no início. Mas esta ausência de unidade que tinha feito sua força interna, e sua energia de provocação no exterior, agora sancionava seu justo suicídio. O Grupo se entregava, se não à história, pelo menos às ocasiões celebrativas de um quarentenário depois.

> Foi glória verdadeira? Todos podem responder, exceto nós. Que o trabalho tenha rendido fruto: creio que sim. E é possível criar tradição e exemplo também através dos próprios erros. Sinto apenas que esta reunião esteja incompleta e que ao longo do caminho tenham caído, entre os mais conhecidos, Antonio Porta, Giorgio Manganelli, Enrico Filippini, Emilio Tadini,

Adriano Spatola, Corrado Costa, Germano Lombardi, Giancarlo Marmori e, entre aqueles que eram então ativos companheiros de estrada, Amelia Rosselli, Pietro Buttitta, Andrea Barbato, Angelo Maria Ripellino, Franco Lucentini, Giuseppe e Guido Guglielmi, sem falar de Vittorini e Calvino. Que a lembrança deles acompanhe este nosso simpósio e dê a ele a única e razoável nota de nostalgia.

[Conferência proferida em Bolonha por ocasião dos quarenta anos do Grupo 63, em maio de 2003, e mais tarde como *Prolusione*, in AA.VV., *Il Gruppo 63 quarant'anni dopo. Atas do encontro* (Bolonha, 8-11 de maio de 2003), Bolonha: Pendragon, 2005.]

Hugo, hélas!
A poética do excesso

Todo discurso sobre Victor Hugo costuma ter como introito uma afirmação de Gide, quando lhe perguntaram quem era o maior poeta francês: *Hugo, hélas!* (Hugo, ai de mim!).[1] E se a intenção for jogar lenha na fogueira, cita-se então a frase de Cocteau: "Victor Hugo é um louco que pensa que é Victor Hugo."[2]

A desalentada exclamação de Gide significava muitas coisas, mas a tendência hoje é interpretá-la no seguinte sentido: Hugo (também, e talvez especialmente, o Hugo narrador) é um grande escritor apesar de seus inumeráveis defeitos, sua grandiloquência, sua retórica às vezes insuportável. O dito de Cocteau, ao contrário, é inexato: Victor Hugo não era um louco pensando que era Victor Hugo; Victor Hugo só pensava que era Deus ou pelo menos um seu intérprete autorizado.

Em Hugo, prevalece sempre o excesso na descrição dos acontecimentos terrestres e a indômita vontade de vê-los sempre do ponto de vista de Deus. O gosto pelo excesso leva a descrições que, através de listas intermináveis, vão criando personagens cuja psicologia é sempre considerada insustentável,

---

1. Sobre a história desta resposta e as explicações que se seguiram, ver André Gide. *Hugo, hélas!* Editado por Claude Martin. Paris: Editions Fata Morgana, 2002.

2. Jean Cocteau. *Le Mystère laïc*. In: Id. *Oeuvres Complètes*. Lausanne: Marguerat, 1946. vol. X, p. 21.

de construção tosca, mas cujas paixões são levadas a tais níveis de paroxismo que se tornam signos memoráveis das forças que movem a história. A vontade de substituir Deus permite que ele veja sempre, abaixo e acima dos acontecimentos que arrastam seus heróis, as grandes forças que movem a aventura humana e, se não Deus, o Fado, um Destino que às vezes se apresenta como providência, às vezes como uma espécie de projeto quase hegeliano que domina e dirige as vontades individuais.

O gosto do excesso explica por que Cocteau podia permutar Hugo pelo Senhor Deus, personagem excessivo por definição, que move o Abismo para criar o céu e a terra, desencadeia dilúvios universais, afunda pecadores nas vísceras ardentes da Geena e assim por diante (um pouco de moderação, por favor!) e, por outro lado, justifica o melancólico Gide, que evidentemente identificava a arte com o equilíbrio apolíneo e não com o furor dionisíaco.

Tenho plena consciência de meu amor por Hugo, pois já celebrei, em outra ocasião, o sublime por excesso: o excesso pode até transformar o mal escrito e a banalidade em tempestade wagneriana e, para explicar o magnetismo de um filme como *Casablanca*, comentei que um único clichê é *kitsch*, cem clichês disparados sem pudor tornam-se épicos; e afirmei que *O conde de Montecristo* é mal escrito (ao contrário de outros romances de Dumas, como *Os três mosqueteiros*) e redundante e verboso, mas que, justamente em virtude dessas más qualidades levadas além dos limites do razoável, ele toca o sublime dinâmico de kantiana memória e justifica o fascínio que exerceu e ainda exerce sobre milhares de leitores.[3]

Mas voltemos a Hugo e vejamos um território típico do excesso romântico: a representação do feio e do mau.

Do Peleio Aquiles até o limiar do Romantismo, o herói sempre foi belo, ao passo que, desde Térsites até mais ou menos o mesmo período, o malévolo sempre foi feio, horrível, grotesco ou risível. E quando se faz do mau um herói, é preciso fazê-lo belo: basta ver o Satanás de Milton.

---

3. Cf. Umberto Eco. "Casablanca o la rinascita degli dei". In: Id. *Dalla periferia dell'impero*. Milão: Bompiani, 1977. p. 138-146. Id. "Elogio di *Montecristo*". In: Id. *Sugli specchi e altri saggi*. Milão: Bompiani, 1985. p. 147-158.

Mas já com a *gothic novel* a perspectiva se desloca: não só o herói é inquietante e tremendo, mas também o anti-herói, mesmo sombrio, se torna pelo menos interessante, se não fascinante.

Byron dirá de seu Giaur que "turva e não desta terra" era a cara que se deixava entrever sob seu tenebroso capuz, e que seu olhar e seu sorriso amargo suscitavam terror e sentimento de culpa. E, de outro espírito tenebroso, Ann Radcliffe dirá, no *Confessionário dos penitentes negros*, que sua figura causava impressão, seus membros eram grandes e desajeitados e, como andava a passos largos, envolto nas negras vestes de sua ordem, sua aparência manifestava algo de terrível e quase sobre-humano, enquanto o capuz, lançando uma sombra sobre o rosto lívido, conferia um lampejo de horror a seus grandes olhos melancólicos...

O Vathek de Beckford tinha aspecto distinto e majestoso, mas, quando se enfurecia, um de seus olhos tornava-se tão terrível que era impossível sustentar seu olhar, e o infeliz sobre quem aquele olho pousava desmoronava no chão, quando não morria na hora. Para Stevenson, Mr. Hyde tinha carnação pálida e estatura de anão, dava uma impressão de deformidade sem, no entanto, apresentar nenhuma malformação definida, tinha um sorriso desagradável, comportava-se com um misto desconcertante de timidez e descaramento e expressava-se com uma voz rouca, sussurrante, incerta, que inspirava desgosto, repugnância e medo.

Emily Brönte dirá de Heathcliff que de sua fronte pendia uma nuvem carregada, que tinha olhos de basilisco e que seus lábios pareciam apertados numa expressão de tristeza indizível. E o mestre-escola de Eugene Sue tinha o rosto sulcado em todas as direções por cicatrizes lívidas e profundas, os lábios tumefatos pela ação corrosiva do vitríolo, as cartilagens do nariz talhadas, as narinas substituídas por dois furos disformes, a cabeça desmesuradamente grande, braços longos, mãos curtas, grossas e peludas até nos dedos, pernas arqueadas, olhos inquietos, ardentes como os olhos de uma fera.

Mas Hugo excede até na representação do feio, e pelas razões expostas no célebre prefácio ao *Cromwell*, em que teoriza do modo mais completo a revolução do belo que, no período romântico, se transforma em seu oposto, o feio e o disforme e, em qualquer caso, o grotesco.

O gênio moderno — dirá ele — transmuta gigantes em anões, dos ciclopes extrai gnomos. O contato com o disforme conferiu ao sublime moderno algo de maior, de mais sublime que o belo antigo.

O grotesco é a outra face do sublime, a sombra da luz, o grotesco é a fonte mais rica que a natureza pode oferecer à arte. A beleza universal, que a antiguidade espalhava solenemente sobre todas as coisas, não era desprovida de monotonia, e a mesma impressão pode transformar-se em tédio à força de repetir-se. O belo não tem mais que um tipo, o feio tem mil. O sublime seguido do sublime dificilmente contrasta e tudo precisa de uma pausa, inclusive o belo. A salamandra ressalta a sereia; o gnomo torna mais belo o escaravelho.

Mas, quando cria, Hugo é mais radical do que quando teoriza. O disforme não é apenas uma forma de mal que se opõe ao belo e ao bem, é, ele mesmo, a estratégia de uma atroz e involuntária modéstia, como se Deus quisesse esconder dos outros, sob as vestes de uma feiura exterior, uma beleza interior, destinada, contudo, ao fracasso. Hugo se enternece com a feiura irredimível da aranha e da urtiga ("Amo a aranha e amo a urtiga/ porque são odiadas (...) Ergam loas à planta obscura/ e ao pobre animal,/ Tenham piedade da feiura/ Oh, pranteiem o mal!"

O Quasímodo de *O corcunda de Notre-Dame* tem um nariz tetraédrico, a boca em forma de ferradura, o olho esquerdo obstruído por uma sobrancelha ruiva e arrepiada, enquanto o direito some debaixo de uma verruga enorme; a dentadura tem buracos cá e lá, como as ameias de um castelo, e do lábio carnoso desponta um dente como a presa de um elefante... Tem a cabeça desproporcional, arrepiada de cabelos ruivos; entre um ombro e outro, uma corcunda enorme; pés largos, mãos monstruosas, as pernas tão estranhamente tortas que só se tocam nos joelhos e que, vistas de frente, parecem duas lâminas de foice que se juntam no cabo...

Como contrapartida para esta aparência repugnante, Hugo dá a Quasímodo uma alma sensível e uma grande capacidade de amar. Mas ele chega ao auge com a figura de Gwynplaine, o homem que ri.

Gwynplaine não é apenas o mais feio e o mais infeliz por sua feiura; é, de todos eles, o de espírito mais puro, capaz de amor infinito. E, paradoxo da feiura romântica, monstruoso como é, e justamente por sê-lo, suscita o desejo da mais bela mulher de Londres.

Eis um resumo, caso alguém tenha esquecido. Filho de uma família nobre, raptado ainda menino por causa de uma rixa política, o rosto de Gwynplaine é transformado numa máscara grotesca pelos *comprachicos*, que desfiguram cirurgicamente as suas feições, condenando-o à risada eterna.[4]

> A natureza havia sido pródiga em benesses com Gwynplaine. Deu-lhe uma boca que se abria até as orelhas, orelhas que se dobravam até os olhos, um nariz informe feito para a oscilação dos óculos de um careteiro profissional e um rosto que era impossível olhar sem rir. (...)
>
> Mas teria sido mesmo a natureza? Não teria recebido uma ajuda? Dois olhos como vigias numa masmorra, um buraco como boca, uma protuberância rombuda com dois furos que eram narinas, uma cara empastelada; tudo isso tendo como resultado o riso: a natureza não é capaz de produzir sozinha tais obras-primas. (...)
>
> Um rosto assim não é fortuito, mas intencional. (...)
>
> Gwynplaine menino teria sido tão digno de atenção a ponto de alguém resolver modificar seu rosto? Por que não? Se mais não fosse, para exibição e especulação. Tudo levava a crer que industriosos manipuladores de crianças tinham trabalhado aquele rosto. Parecia evidente que uma ciência misteriosa, provavelmente oculta, que está para a cirurgia assim como a alquimia está para a química, havia burilado aquela carne, com certeza em tenra idade, e criado, com premeditação, aquele rosto. Esta ciência, hábil em incisões, obturações e ligaduras, havia talhado a boca, desfreado os lábios, descoberto as gengivas, alongado as orelhas, desconectado as cartilagens, desemparelhado as sobrancelhas e faces, alargado o músculo zigomático, dissimulado costuras e cicatrizes, recoberto as lesões com pele, tendo o cuidado de manter a boca sempre aberta, e desta escultura potente e profunda havia surgido uma máscara: Gwynplaine. (II, 1)

Como máscara, Gwynplaine se exibe como saltimbanco, adorado pelos espectadores. Desde a infância, ama com o mais puro amor uma menina

---

4. Todos os trechos citados foram traduzidos da versão italiana. Ver Victor Hugo. *L'uomo che ride*. Tradução italiana de Donata Feroldi. Milão: Mondadori, 1999.

cega, Dea, que se apresenta com ele. Gwynplaine só via uma mulher nesta Terra, aquela criatura cega. Dea idolatrava Gwynplaine, tocava seu rosto e dizia: "És tão bonito."

Mas eis que acontecem duas coisas. Lady Josiane, irmã da rainha, desejada por todos os fidalgos da corte por sua beleza, vê Gwynplaine num teatro, toma-se de amores e envia-lhe um bilhete: "És horrível, eu sou bela. És um bufão, eu uma duquesa. Sou a primeira, tu és o último. Quero-te. Amo-te. Vem."

Gwynplaine ainda se debate entre a excitação, o desejo e o amor por Dea, quando um fato novo acontece. Pensa que está sendo preso, é submetido a interrogatório e a uma acareação com um bandido moribundo; em resumo, de repente, vê-se reconhecido como lorde Fermain Clancharlie, barão de Clancharlie e Hunkerville, marquês de Corleone, na Sicília, e par da Inglaterra — raptado e mutilado na mais tenra infância por causa de uma rixa familiar.

A ação prossegue a passos largos, e até mesmo o próprio Gwynplaine é catapultado da lama às estrelas sem conseguir entender o que está acontecendo, e a certa altura, suntuosamente vestido, se vê nas salas de um palácio que, conforme dizem, é seu.

Para ele é um palácio encantado, e realmente a série de maravilhas que descobre (sozinho naquele deserto resplandecente) e a fuga de salas e gabinetes fazem girar a cabeça, não só a dele, como a do leitor. Não por acaso, o capítulo se intitula "Semelhança entre um palácio e um bosque", e a descrição daquele Louvre, ou daquele Hermitage, toma cinco ou seis páginas, conforme as edições. Gwynplaine vaga enleado de cômodo em cômodo e chega a uma alcova, em cujo leito, ao lado de uma banheira pronta para um banho virginal, vê uma mulher nua.

Não literalmente nua, como adverte Hugo. Estava vestida. Mas a descrição dessa mulher vestida, sobretudo vista pelos olhos de Gwynplaine, que não conhecia a nudez feminina, representa certamente um ponto alto da literatura erótica.

No centro da teia, onde costuma ficar a aranha, Gwynplaine descobriu uma coisa formidável, uma mulher nua.

Nua propriamente, não. A mulher estava vestida. E vestida da cabeça aos pés. Usava uma camisa, muito longa, como as vestes dos anjos nos quadros de santos, mas tão fina que parecia molhada. Daí, uma ilusão de mulher nua, mais traiçoeira e perigosa que a nudez aberta e franca. (...) A teia de prata, diáfana como uma vitrine, era uma cortina. Só estava presa no alto e podia ser erguida. (...) No leito, de prata como a banheira e o canapé, estava deitada a mulher. Dormia. (...)

Entre sua nudez e o olhar havia dois obstáculos, a camisa e a cortina de gaze de prata, duas transparências. O quarto, mais alcova que quarto, era iluminado com uma espécie de recato pelo reflexo da sala de banho. A mulher talvez não tivesse pudor, mas a luz tinha. O leito não tinha colunas, nem baldaquino, nem dossel, de modo que a mulher, quando abria os olhos, podia se ver mil vezes nua nos espelhos acima dela. Gwynplaine não percebia nenhum desses detalhes. A mulher, eis o que via. (...) Aquela mulher, ele a reconhecia. (...) Era a duquesa. (...) Enfim a reencontrava! E a reencontrava terrível. A mulher nua é a mulher armada. (...) Aquele despudor se resolvia em resplandecência. Aquela criatura estava nua com a calma de quem tem direito ao cinismo divino, tinha a segurança de uma olimpiana que se faz filha do abismo e pode dizer ao oceano: Pai! E oferecia-se, inabordável e soberba, a tudo que passa, aos olhares, aos desejos, às demências, aos sonhos, tão orgulhosamente deitada naquele leito de alcova quanto Vênus na imensidade da espuma. (VII, 3)

E eis que Josiane desperta, reconhece Gwynplaine e dá início a uma furibunda obra de sedução, à qual o infeliz não sabe como resistir. Só que a mulher o leva ao cúmulo do desejo, mas não se entrega. Lança-se apenas numa série de fantasias, mais erotizantes do que sua própria nudez, na qual se declara virgem (ainda o é) e prostituta, ansiosa por gozar não somente os prazeres da teratologia que Gwynplaine lhe promete, mas também o frenesi de desafiar o mundo e a corte, perspectiva na qual se inebria: Vênus que espera um duplo orgasmo — o da posse privada e o da exibição pública de seu Vulcano:

> "Perto de ti, sinto-me degradada, que felicidade! Como é insípido ser alteza! Sou augusta, nada mais fatigante. Decair repousa. Estou tão saturada de respeito que preciso de desprezo. (...)

Amo-te não só porque és disforme, mas porque és infame. Amo o monstro e amo o bufão. Um amante humilhado, escarnecido, grotesco, horrível, exposto ao riso naquele pelourinho que chamamos de teatro, isso tem um sabor extraordinário. É como morder o fruto do abismo. Um amante infamante é delicioso. Ter entre os dentes não a maçã do paraíso, mas a do inferno, eis o que me tenta, esta é a minha fome e a minha sede, é esta a Eva que sou. A Eva do abismo. Tu, sem sabê-lo, és provavelmente um demônio. Guardei-me para uma máscara de sonho. És um títere cujos fios são controlados por um espectro. És a visão do grande riso infernal. És o senhor que eu esperava. (...) Gwynplaine, eu sou o trono, tu és o picadeiro. Coloquemo-nos no mesmo pé. Ah! Estou feliz, eis-me enfim decaída. Queria que todos pudessem saber a que ponto sou abjeta. Iriam se prosternar mais ainda, pois quanto mais execrados, mais se arrastam. Assim é o gênero humano. Hostil, mas réptil. Dragão, mas verme. Oh, sou depravada como os deuses! (...) Tu não és feio, és disforme. O feio é pequeno, o disforme é grande. O feio é o esgar do diabo por trás do belo. O disforme é o avesso do sublime." (...)

"Amo-te", gritou ela. E mordeu-o com um beijo. (III, 4)

Quando Gwynplaine está prestes a ceder, chega uma mensagem da rainha, que comunica à irmã que o homem que ri foi reconhecido como o legítimo lorde Clancharlie e lhe foi destinado como marido. "Seja", responde Josiane. Levanta-se, estende a mão e (passando do tu ao vós) diz àquele com quem desejava tão furiosamente se unir: "Peço-vos que saia." E comenta: "Posto que sois meu marido, deveis sair... Não tendes o direito de estar aqui. Este lugar é de meu amante."

Excessivo Gwynplaine em sua deformidade, excessiva Josiane em seu sadomasoquismo inicial, excessiva em sua reação. A situação, já agitada por uma reviravolta através do mecanismo normal da agnição (não és um saltimbanco, mas um lorde), enriquecida por uma dupla mudança da sorte (eras um miserável, agora não és apenas um senhor, mas és também desejado pela mulher mais bela do reino, que agora também desejas com toda a tua alma perturbada e comovida) — e isto já bastaria, se não para a tragédia, pelo menos para a comédia —, ainda sofre outra guinada. Não para a tragédia (pelo menos por enquanto: Gwynplaine só se mata no final), mas certamente para a farsa grotesca. O leitor está exausto, pois, num só golpe, defronta-se com as intrigas do Destino e com as tramas da sociedade galante daquela época. Hugo não tem nenhum pudor, faz questão de que sua Josiane seja pudibunda como uma santa.

Mas vamos à outra reviravolta do destino. Gwynplaine — que aprendeu com o episódio de Josiane a entender as leis do poder e dos costumes que representam seu aspecto exterior — entra na Câmara dos Lordes, recebido com desconfiança e curiosidade. Não faz nenhum esforço para ser aceito, ao contrário, na primeira votação, levanta e pronuncia um discurso apaixonado a favor do povo e contra a aristocracia que o explora. Um trecho que parece extraído do *Capital* de Marx, mas que — pronunciado com o rosto que, no desprezo e na paixão, na dor e no amor da verdade, ri — não suscita indignação, e sim hilaridade. A sessão termina em chacota e riso, Gwynplaine compreende que aquele não pode ser o seu mundo e, depois de uma busca desesperada, reencontra Dea, que, *hélas*, consumida antes pelo desaparecimento do amado do que pela doença que mina suas forças há tempos, morre, feliz afinal, em seus braços.

Gwynplaine não resiste: dividido entre dois mundos, um que o ignora e outro que lhe escapa, dá cabo da própria vida.

Assim, encontramos sintetizados em Gwynplaine, herói romântico por excelência, todos os elementos do romanesco: a paixão puríssima, a tentação e o fascínio do pecado, a reviravolta repentina do destino, passando do abismo da miséria aos faustos da corte, a rebelião titânica contra o mundo da injustiça, o testemunho heroico da verdade mesmo com risco de perder tudo, a morte da amada por consumpção, o destino coroado pelo suicídio. Mas sempre um tom acima.

Mesmo sendo uma obra juvenil, *O corcunda de Notre-Dame* já mostra os sinais de uma poética do excesso. Nos capítulos iniciais, para passar a ideia de uma festa pública e da participação tanto da aristocracia, quanto dos burgueses e dos populares, para transmitir (e emprego um termo de Hugo) esta impressão de "burburinho", o leitor tem de absorver uma série desmesurada de nomes de personagens, certamente históricos, mas dos quais nunca ouviu falar e que, portanto, não lhe dizem nada. Inútil tentar identificá-los, inútil perguntar-se quem são. Trata-se de assistir a um cortejo — poderia ser o desfile de 14 de julho em Paris ou o *Trooping the Colour* em Londres —, onde não é possível reconhecer pelos uniformes os vários regimentos, nem se conhece sua história, mas é possível captar a imensidão da parada — e nem pensar em ver só a metade, pois o fascínio e a majestade do evento se perderiam. Hugo nunca diz "havia uma multidão", mas nos coloca, com autoridade, no meio daquela multidão e é como se nos apresentasse aos componentes, um a um. Só nos resta apertar algumas mãos, fingir que reconhecemos uma figura que deveria ser conhecida e assim por diante, até a hora de voltar para casa com a sensação de ter vivido o imenso.

O mesmo pode ser dito sobre a dantesca visita de Gringoire à Corte dos Milagres, entre degenerados, vagabundos, mendigos, padres que largaram a batina, estudantes desordeiros, mundanas, ciganos, *narquois, coquillarts, hubins, sabouilleux*, falsos paralíticos, sacomanos, larápios e assim por diante. Não é preciso reconhecer todos eles, é o léxico que faz volume. Deve-se sentir o fervilhar de malfeitores e desventurados, entender que tipo de povo do pântano, turbulento e purulento, é aquele que, muitos capítulos depois, tomará de assalto a catedral como uma imensa colônia de cupins, de ratos de esgoto, escaravelhos, gafanhotos, onde o protagonista não é o indivíduo, mas a massa. Em suma, é preciso aprender a percorrer as enumerações, listas, catálogos como um fluxo musical. E então se entra no livro.

E chegamos ao ponto em que a poética do excesso se manifesta através da técnica do catálogo e da lista, técnica que Hugo explora em inúmeras ocasiões, mas que talvez encontre seu uso mais contínuo, amplo e consistente em *Noventa e três*.

Por mais que listem e analisem os defeitos deste livro, sendo o primeiro entre todos a sua incontinência oratória, à medida que enfiamos o dedo na ferida, eles começam a parecer magníficos. Seria como um devoto de Bach e de suas desencarnadas arquiteturas quase mentais dizendo que Beethoven sobe demais o tom em relação a tantos cravos bem mais temperados: e daí? Conseguimos por acaso escapar ao poder da Quinta ou da Nona?

Ninguém é obrigado a comparecer a um festim pantagruélico, mas, uma vez aceito o jogo, é inútil ficar remoendo os conselhos do nutricionista ou começar a fantasiar algumas delicadas experiências de *nouvelle cuisine*. Quem tiver estômago para participar da orgia viverá experiências memoráveis, do contrário, é melhor sair logo e dormir lendo uns poucos aforismos de algum fidalgo setecentista. Hugo não é para estômagos fracos. Por outro lado, embora a batalha do Hernani estivesse atrasada em relação ao Sturm und Drang, a sombra daquela tempestade e daquele assalto ilumina também o último dos românticos, ainda em 1874 — data da publicação, se não da gestação, do romance.

Para entender a que ponto o *Noventa e três* se nutre de excesso, recordemos a história que, enxuga daqui, enxuga dali, é elementar, melodramática até dizer chega, e na mão de um libretista à italiana poderia render o equivalente, digamos, da *Tosca* ou do *Trovador* (quer dizer, tomados à parte, sem o comentário musical que torna possível levar os versos a sério).

Estamos no *annus horribilis* da Revolução, a Vendeia insurgiu-se e um velho aristocrata de grandes virtudes guerreiras chega para organizar militarmente a revolta das massas camponesas, que brotam como demônios das florestas misteriosas e atiram recitando o rosário: é o marquês de Lantenac. A revolução, que se exprime na Convenção, envia seus homens contra ele. Primeiro, um jovem aristocrata agora republicano, Gauvain (que é sobrinho de Lantenac), de beleza feminil, mas um ás na batalha e um utopista angelical que ainda espera que o confronto se resolva sob o signo da piedade e do respeito ao adversário. Em seguida, Cimourdain, que hoje seria chamado de comissário político: um padre que largou a batina, tão impiedoso quanto Lantenac, convencido de que a regeneração social e política só terá lugar com um banho de sangue, de que cada herói poupado hoje será o inimigo que nos matará amanhã. De quebra (o melodrama tem suas exigências), Cimourdain foi preceptor do adolescente Gauvain e ama o jovem como um filho. Hugo não permite que pensemos numa paixão que não seja a total identificação de um homem, casto primeiro por fé e depois por vocação revolucionária, com a paternidade espiritual — mas quem pode saber? A paixão de Cimourdain é feroz, total, carnalmente mística.

Nesta luta entre Revolução e Reação, Lantenac e Gauvain tentam matar um ao outro, enfrentando-se num turbilhão de massacres sem-nome. Mas esta história de muitos horrores começa com a descoberta de uma viúva faminta com seus três filhos por parte de um batalhão republicano, que resolve adotar as crianças num maio radiante em que "*les oiseaux gazouillaient au-dessus des baïonnettes*". Os quatro serão capturados por Lantenac, que fuzila a mãe e mantém os pequenos (agora mascotes republicanos) como reféns. A mãe sobrevive à execução e vaga desesperada à procura dos filhos — enquanto os republicanos combatem para libertar os três inocentes, prisioneiros da torre escura e medieval onde, quase no final, Lantenac será cercado por Gauvain. Depois de uma resistência feroz, Lantenac consegue escapar do cerco por uma passagem secreta, mas seus asseclas ateiam fogo à torre. As crianças vão morrer, a mãe desesperada reaparece e Lantenac (que sofre uma espécie de transfiguração e de Satanás se transforma em Lúcifer salvador) retorna à torre para libertar as crianças e colocá-las a salvo, sendo capturado por seus inimigos.

À espera do julgamento, que Cimourdain organizou ali mesmo, mandando trazer uma guilhotina, Gauvain se pergunta se deve mandar para a morte um homem que soube redimir os próprios erros com um gesto de generosidade: entra na cela do prisioneiro, onde num longo monólogo Lantenac reafirma os direitos do trono e do altar, e resolve deixá-lo fugir, tomando seu lugar na cela. Quando seu gesto é descoberto, Cimourdain não terá outra escolha senão processá-lo e decidir, com seu voto de Minerva, condená-lo à morte — a morte da única pessoa que ele amou.

O motivo recorrente das três crianças acompanha de certo modo toda a história atormentada de Gauvain, que, sob o signo da gentileza e da piedade, enfrentará a punição que reivindica, e ambos os motivos lançam uma luz de esperança sobre aquele futuro que só o sacrifício humano pode preparar. De nada adianta a tropa inteira reclamar em altos brados a graça para seu comandante. Cimourdain conhece a agonia dos afetos mais profundos, mas dedicou sua vida ao dever, à lei, e é o guardião daquela pureza revolucionária que agora se identifica com o terror, ou melhor, com o Terror. Porém, no momento em que a cabeça de Gauvain cai no cesto, Cimourdain dispara um tiro de pistola no coração: "E aquelas duas almas, trágicas irmãs, voaram juntas, a sombra de uma unida à luz da outra."[5]

Isto é tudo, Hugo só queria nos fazer chorar? Nada disso, e a primeira observação a ser feita deve ser expressa, antes mesmo que em termos políticos, em termos narratológicos. Já faz parte da *koiné* de todo estudioso de estruturas narrativas (e evito qualquer remissão erudita a variações teóricas secundárias) o fato de que numa história se movimentam atores, mas atores que encarnam Actantes, ou seja, papéis narrativos pelos quais um ator pode passar, podendo mudar a sua função na estrutura da fábula. Num romance como *Os noivos*, por exemplo, forças do mal e da fraqueza humana podem agir contra as forças de uma providência que move os destinos de todos, e um mesmo ator, como o Inominado, pode passar inesperadamente do papel do Oponente ao de Adjuvante. E assim — diante dos atores acorrentados a um papel actancial imodificável, como dom Rodrigo, de um lado, e frei Cristoforo, do outro — se explica a ambiguidade de dom Abbondio que, vaso de barro entre vasos de ferro, oscila continuamente de um papel a outro e, justamente em virtude de sua hesitação, parece, afinal, perdoável.

Pois bem, quando Hugo, já em idade avançada, escrevia este romance, no qual vinha pensando há tempos (ao qual acenava no prefácio a *O homem que ri*, alguns anos antes), já tinha mudado profundamente as posições políticas e ideológicas de sua juventude. Quando jovem, Hugo defendeu ideias legitimistas e simpatizou com a Vendeia, vendo 1793 como ponto escuro no céu azul de 1789, mas depois caminhou na direção de princípios liberais, em seguida socialistas e, após o golpe de Estado de Luís Napoleão, socialistas democráticos e republicanos. Em 1841, no discurso de posse na Academia Francesa, rendeu homenagem à Convenção "que despedaçou o trono e salvou o país (...) que cometeu atentados e exorbitâncias que podemos detestar e maldizer, mas que devemos admirar". Mesmo sem compreender a Comuna, depois da Restauração irá lutar pela anistia aos *communards*. Em suma, a gestação e a publicação de *Noventa e três* coincidem com uma

---

5. Aqui, como nas páginas seguintes, a tradução para o português baseia-se na edição italiana (*Novantatré*. Milão: Oscar Classici Mondadori, 1995), traduzida por Francesco Saba Sardi.

evolução para posições cada vez mais radicais. Para entender a Comuna, Hugo precisa justificar também o Terror. Já lutava há tempos contra a pena de morte, mas — sem esquecer a grande lição reacionária de um autor que conhecia bem, Joseph de Maistre — sabia que resgate e purificação também passam através dos horrores do sacrifício humano.

A remissão a De Maistre aparece justamente naquele quarto capítulo do primeiro livro de *Os miseráveis*, no qual monsenhor Myriel contempla a guilhotina:

> Quem a vê estremece do mais misterioso dos estremecimentos (...) O patíbulo é uma visão (...) Parece uma espécie de ser dotado de não sei que sombria iniciativa; parece que aquela estrutura vê, que aquela máquina ouve, que aquela mecânica compreende, que aquela madeira, aquele ferro, aquelas cordas querem. (...) O patíbulo é o cúmplice do carrasco; ele devora; ele come carne, ele bebe sangue. (...) Um espectro que parece viver um tipo de vida pavorosa feita de toda a morte que infligiu.[6]

Mas em *Noventa e três*, a guilhotina, ainda que no fim mate o mais puro herói da Revolução, passa do lado da morte para o lado da vida e, seja como for, surge como símbolo do futuro contra o mais sombrio dos símbolos do passado. Ela agora está plantada diante da Tourgue, a torre onde Lantenac foi cercado. Nesta torre estão condensados 1.500 anos de pecados feudais, ela representa um nó intrincado que precisa ser desatado; a guilhotina está diante dela com a pureza da lâmina que vai cortar esse nó. Ela não nasceu do nada, foi fecundada pelo sangue que jorrou sobre aquela mesma terra por quinze séculos; ela brota das profundezas da terra, desconhecida vingadora, e diz à torre: "Sou tua filha." E a torre sente que seu fim está próximo. Este confronto não é novo para Hugo: lembra o de Frollo em *O corcunda de Notre-Dame*, quando compara o livro impresso às torres e às *gargouilles* da catedral: "Isto matará aquilo." Embora sempre e ainda monstro, em *Noventa e três* a guilhotina está do lado do futuro.

---

6. Victor Hugo, *I miserabili*. Tradução italiana de Mario Picchi. Turim: Einaudi, 1983. vol. I, p. 20.

E o que é um monstro feroz que espalha a morte e que promete uma vida melhor? Um oxímoro. Victor Brombert[7] observou a quantidade de oxímoros que povoam esse romance: anjo de rapina, íntimo desacordo, doçura colossal, odiosamente solidário, terrível serenidade, inocentes venerandos, miseráveis tremendos, o inferno no ápice da aurora, e Lantenac, que a certa altura passa de Satanás infernal a Lúcifer celestial. O oxímoro é "um microcosmos retórico que afirma a natureza substancialmente antitética do mundo", mas sublinha que no final as antíteses se resolvem numa ordem superior. O que *Noventa e três* conta é a história de um delito virtuoso, de uma violência propiciatória cujas finalidades profundas precisam ser entendidas para que seus episódios possam ser justificados. *Noventa e três* não quer ser a história daquilo que alguns homens fizeram, e sim a história daquilo que a História obrigou aqueles homens a fazer, independentemente de sua vontade, muitas vezes minada pela contradição. E a ideia de uma finalidade da história justifica até a força que aparentemente pretendia se opor a ela: a Vendeia.

E mais uma vez, voltamos a definir a relação entre pequenos atores e Actantes que o livro estabelece. Cada indivíduo e cada objeto, de Marat à guilhotina, não representam a si mesmos, mas as grandes forças que são as protagonistas efetivas do romance. E aqui Hugo realmente se apresenta como o intérprete autorizado da vontade divina e tenta justificar, do ponto de vista de Deus, cada história que conta.

Qualquer que seja o Deus de Hugo, ele está sempre presente em sua narrativa para explicar os enigmas sangrentos da história. Talvez Hugo jamais dissesse que tudo que é real é racional, mas teria concordado que tudo que é racional é ideal. Em todo caso, há sempre um tom hegeliano no reconhecimento de que a história marcha para os próprios objetivos acima da cabeça dos atores condenados a encarnar seus intentos. Basta apenas a beethoveniana descrição da batalha de Waterloo em *Os miseráveis*. À diferença de Stendhal, que descreve a batalha com os olhos de Fabrice del Dongo, que está dentro dela e não entende o que está acontecendo, Hugo a descreve com os olhos de Deus, que a vê do alto: ele sabe que, se Napoleão

---

7. Victor Brombert. *Victor Hugo, il romanzo visionario.* Bolonha: Il Mulino, 1987. p. 261 e sgg.

tivesse sido informado de que além da crista do planalto de Mont-Saint-Jean havia um despenhadeiro (o que o guia não disse), os couraceiros de Milhaud não teriam caído aos pés do exército inglês; ele sabe que, se o pastor que servia de guia a Bülow tivesse sugerido um percurso diferente, o exército prussiano não chegaria a tempo para decidir a sorte da batalha. Mas de que importam e de que servem os cálculos equivocados de Napoleão (ator) e a insipiência de Grouchy (ator), que poderia ter voltado e não o fez, ou as astúcias, que de fato existiram, do ator Wellington, visto que Hugo define Waterloo como uma batalha de primeira ordem vencida por um capitão de segunda ordem?

> Esta vertigem, este terror, esta queda em ruínas da mais alta bravura que jamais assombrou a história ocorreram, então, sem uma causa? Não. A sombra de uma enorme mão direita se projeta sobre Waterloo. (...) O desaparecimento do grande homem era necessário para o advento do grande século. Alguém, que não admite réplica, encarregou-se disso. O pânico dos heróis se explica. Há, na batalha de Waterloo, algo mais que uma nuvem, há um meteoro. Deus passou por lá. (*Os miseráveis*, cit., vol. I, p. 322.)

E Deus passou também pela Vendeia e pela Convenção, assumindo a cada vez as vestes atoriais de camponeses selvagens e ferozes, de aristocratas convertidos a *l'égalité*, de heróis turvos e noturnos como Cimourdain ou solares como Gauvain. Racionalmente, Hugo vê a Vendeia como um erro, mas, como este erro é desejado e mantido sob controle por um desígnio providencial (ou fatal), fica fascinado pela Vendeia e narra sua epopeia. É cético, sarcástico, maledicente com os homens comuns que povoam a Convenção, mas, todos juntos, ele os vê como gigantes, ou melhor, nos passa uma imagem gigantesca da Convenção.

Por isso, não se importa se seus atores são psicologicamente rígidos e enredados pelo destino, não se importa se os furores frios de Lantenac, a dureza de Cimourdain ou a cálida e apaixonada doçura de seu homérico Gauvain (Aquiles, Heitor?) soam improváveis. Hugo quer nos apresentar, através deles, às Grandes Forças que estão em jogo.

Pretende contar uma história de excessos, e de excessos tão inexplicáveis que só podem ser nomeados através do oxímoro. Que estilo adotar para falar de um, de muitos excessos? Um estilo excessivo. Exatamente aquilo que estava nas cordas estilísticas de Hugo.

Vimos, em *O homem que ri*, que uma das manifestações do excesso é a sucessão vertiginosa dos golpes de cena e das perspectivas. É difícil explicar esta técnica, na qual Hugo é mestre. Ele sabe que o cânone da tragédia exige justamente aquilo que os franceses chamam de *coup de thêatre* e sabe também que, em geral, na tragédia clássica, um único deles é mais que suficiente — Édipo descobre que matou o pai e dormiu com a mãe, o que querem mais? Fim da ação trágica, e catarse —, e já é difícil de digerir.

Mas Hugo não se contenta (afinal, ele não pensa que é Victor Hugo?). Vejamos o que acontece em *Noventa e três*. A corveta Claymore está tentando romper o bloqueio naval republicano nas costas bretãs para desembarcar aquele que será o chefe da revolta vendeana, Lantenac. Tem a aparência exterior de um navio da carga, mas está aparelhada com trinta peças de artilharia. E dá-se o drama — mas Hugo, temeroso de que sua dimensão passe despercebida, anuncia: "Havia acontecido algo terrível." Um canhão de 24 polegadas se solta. Num navio que se inclina a todo instante segundo os caprichos de um mar agitado, um canhão que dança de um lado para o outro é pior que uma salva inimiga. Precipita-se à direita e à esquerda e, ainda mais do que qualquer de suas balas, arrebenta as muradas, abre fendas, ninguém consegue detê-lo. E condena o navio ao naufrágio. Uma besta sobrenatural, adverte Hugo, para o caso de não termos entendido ainda e, para tirar qualquer dúvida, descreve a ruinosa cena durante cinco páginas. Até que um corajoso canhoneiro, jogando com a besta de ferro como um toureiro com o touro, finta a fera, atira-se à sua frente com risco da própria vida, esquiva-se, provoca, assalta de novo e está prestes a ser atropelado quando Lantenac joga um pacote de *assignats* falsos entre as rodas do canhão e consegue deter seu curso por um instante, suficiente para que o marinheiro pudesse enfiar uma barra de ferro entre os raios das rodas posteriores, soerguer o monstro, derrubá-lo e devolvê-lo à sua imobilidade mineral. A tripulação exulta. O marinheiro agradece a Lantenac por ter-lhe salvado a vida. Logo depois, Lantenac elogia sua coragem diante de toda a tripulação e, arrancando-a de um oficial, coloca em seu peito a cruz de São Luís.

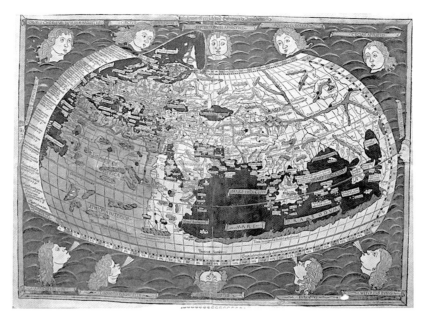

1. Atlas ptolomaico: representação do mundo conhecido à época.

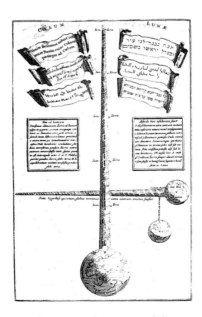

2. Athanasius Kircher. *Turris Babel*, 1679.

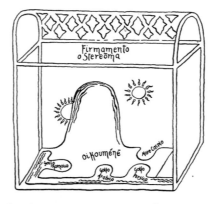

3. Para Cosme Indicopleustes, o cosmos era retangular, com um arco que recobria o pavimento plano da Terra. *Topografia cristiana*, século IV.

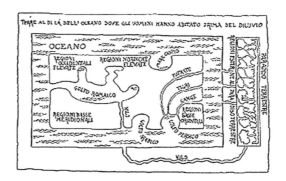

4. A Terra vista de cima. *Topografia cristiana*, século IV.

5. Mapa em T: diagrama de Isidoro que inspirou muitas representações da Terra. A parte superior representa a Ásia; a barra horizontal simboliza, de um lado, o mar Negro e, do outro, o Nilo; a barra vertical identifica o Mediterrâneo, e, portanto, o quarto de círculo à esquerda representa a Europa e o da direita, a África. Circundando tudo, tem-se o oceano.

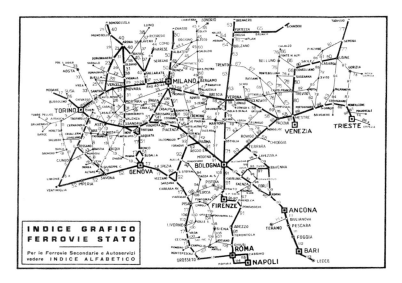

6. Mapa ferroviário da Itália contemporânea.

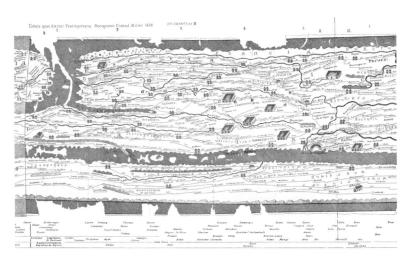

7. Mapa descoberto por Konrad Peutinger, no século XV, com as estradas que, abertas pelos romanos, conectavam todas as cidades do mundo conhecido.

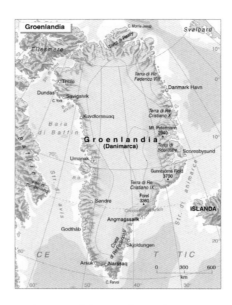

8. Groenlândia: bons navegadores com drácares poderiam chegar ao extremo norte do continente americano e, talvez, às costas do Labrador.

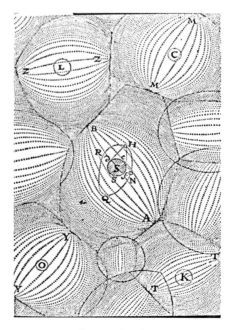

9. Representação da teoria dos vórtices, de Descartes.

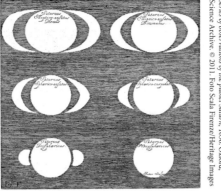

10. Os anéis de Saturno nas observações de Galileu.

11. O Saturno "Mickey Mouse" de Galileu.

12. A *Terra Australis*, uma imensa calota que envolveria a parte antártica do planeta.

13. A ilha Taprobana (atual Sri Lanka).

14. A "ilha" onde repousa o barco de Simbad, na verdade o monstro marinho Jasconius.

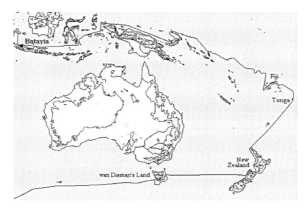

15. Trajeto de Abel Tasman: em seu trajeto pelas ilhas do Pacífico no século XVII, Tasman não percebeu que tinha passado tão perto da Austrália.

16. *A balada do mar salgado,* de Hugo Pratt, quadrinho sobre o navegador fictício Corto Maltese.

Ilustração 1. Você só pensa em si mesmo e não se importa se, por culpa sua, acontecer alguma coisa com os outros.

Ilustração 2. Aqueles homens todos, homens tão belos, jaziam ali mortos! E milhares e milhares de criaturas repugnantes continuam a viver, como eu.

Ilustração 4. Capitão, embarcaram dois náufragos lá em cima.

Bougainville, Louis-Antoine de (1729-1811), *Développement de la route faite autour du monde par les vaisseaux du roy La Boudeuse et L'Etoile*, © BnF

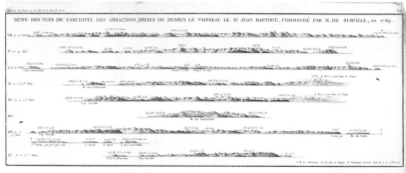

17. "E justamente o fascínio das ilhas é perder-se. Assim como se podia entrever entre os reflexos do mar uma ilha que não havia, também se podiam confundir duas ilhas que existiam e não encontrar jamais aquela que se queria alcançar."

Depois ordena que seja fuzilado.

Foi corajoso, mas era o responsável pela peça e deveria ter verificado se estava bem presa. O homem, com a condecoração no peito, se oferece ao pelotão de fuzilamento.

E então, basta como reviravolta? Não. Com o barco comprometido, Lantenac resolve chegar à costa num bote conduzido por um marinheiro. No meio do caminho, o marinheiro revela que é irmão do fuzilado e anuncia que pretende matar Lantenac. Lantenac se ergue diante do vingador e faz um discurso que se prolonga por cinco páginas. Explica o que é o dever e recorda que a missão de todos eles é salvar a França, salvar Deus. Consegue convencê-lo de que ele, Lantenac, agiu com justiça, enquanto ele, o marinheiro, se sucumbisse ao desejo de vingança, cometeria a maior das injustiças ("Tu tiras do rei a minha vida e entregas a tua eternidade ao demônio!"). Vencido, o marinheiro pede perdão, Lantenac perdoa, e daquele momento em diante, Halmalo, o vingador malogrado, será o homem de confiança do carrasco de seu irmão, em nome da Vendeia.

Já basta quanto ao excesso de reviravoltas em cadeia. Vamos agora a outro e principal motor de excesso, a Lista Imane. Definido o chefe, é preciso dar a ideia do exército que espera por ele. Hugo quer transmitir a imagem da insurreição monarquista em toda a sua extensão, aldeia por aldeia, castelo por castelo, lugar por lugar. Poderia, singelamente, reproduzir um mapa das regiões, assinalando com um ponto os focos de revolta. Mas teria reduzido um evento que queria cósmico a dimensões regionais. Então, com prodigiosa invenção narrativa, pressupõe um mensageiro com a memória de um Pico della Mirandola. Halmalo não sabe ler e Lantenac aprecia o fato — um homem que lê é um estorvo. Basta que saiba recordar. E passa suas instruções, que reporto apenas por *excerpta*, pois dessa vez a lista cobre oito páginas.

> — Ótimo. Escuta bem, Halmalo. Tu pegas a direita, eu, a esquerda. Vou para os lados de Fougères, tu, para Bazouges. Podes ficar com a sacola, que ela te dá uma aparência camponesa. Deves esconder as armas. E usar um galho como bastão. Vai pelos campos de centeio, que são altos. Trata de deslizar por trás das cercas. (...) Deves te afastar dos transeuntes. Evitar estradas e pontes. Não entrar em Pontorson. (...) Conheces os bosques?

— Todos.

— De toda a região?

— De Noirmoutiers a Laval.

— Os nomes também?

— Conheço os bosques, conheço os nomes, conheço tudo.

— Não esquecerás nada?

— Nada.

— Está bem. Mas agora presta bem atenção. Quantas léguas podes fazer num dia?

— Dez, quinze, dezoito. Vinte, se for preciso.

— Será. Não perca uma sílaba do que vou dizer. Deves ir para o bosque de Saint-Aubin.

— Perto de Lamballe?

— Isso. Na beira do barranco que fica entre Saint-Rieul e Plédéliac há um grande castanheiro. É lá, mas não verás ninguém. (...) Sabes assoviar o sinal? (...)

Estendeu o laço de seda verde a Halmalo.

— Esta é minha insígnia de comando. Fica com ela. Por enquanto é importante que ninguém saiba meu nome e esta fita será suficiente. A flor de lis foi bordada por Madame, a rainha, na prisão do Templo. (...) Presta muita atenção. Esta é a ordem: Rebelião. Sem quartel. Então, na entrada do bosque de Saint-Aubin deves fazer o sinal. Três vezes. Na terceira, verás um homem sair do chão. (...) Este homem é Lanchenault, também chamado Coração de Rei. Mostra o laço. Ele entenderá. Em seguida, deves ir para o bosque de Astillé pelo caminho que achares melhor. Lá encontrarás um homem capenga, de apelido Mosquetão, que não tem piedade de ninguém. Dirás que lhe tenho grande apreço e que deve mobilizar suas paróquias. Em seguida, irás para o bosque de Couesbon, a uma légua de Ploërmel. Basta imitar o pio da coruja e um homem sairá de um buraco. É o sr. Thualt, senescal de Ploërmel, que participou do que chamamos de Assembleia Constituinte, mas do lado bom. Dirás que deve armar o castelo de Couesbon, do marquês de Guer, que emigrou. (...) Partirás em seguida para Saint-Ouen-les-Toits, onde falarás com Jean Chouan, que a meu ver é o verdadeiro chefe. Depois, no bosque de Ville-Anglaise, encontrarás Guitter, dito Saint-Martin, e dirás que fique de olho em Courmesil, genro do velho Goupil de Préfeln, que comanda os jacobinos de Argentan. Precisas decorar tudo isso muito bem.

Não escrevi nada porque não devemos escrever nada. (...) Irás em seguida para o bosque de Rougefeu, onde está Miélette, que é capaz de saltar um barranco apenas com a ajuda de uma vara comprida.

Pulo três páginas inteiras:

— Irás para Saint-Mhervé, onde encontrarás Gaulier, vulgo Grand-Pierre. Em seguida, para o acampamento de Parné, onde estão os homens de cara preta. (...) Depois irás para o acampamento da Vache-Noire, que fica numa elevação, no meio do bosque da Charnie, depois ao da Avoine, depois ao Champ Vert e depois ao Champ des Fourmis. Irás então para o Grand--Bordage, também conhecido como Haut-du-Pré, onde vive uma viúva, cuja filha é casada com Treton, vulgo Inglês. O Grand-Bordage faz parte da paróquia de Quéslaines. Deves visitar Épineux-le-Chevreuil, Sillé-le--Guillaume, Parannes e todos os homens que estão nos bosques.

E assim por diante, até o final:

— Não te esqueças de nada.
   — Fique tranquilo.
   — Agora vai. Que Deus te guie. Vai.
   — Farei tudo o que disse. Irei. Falarei. Obedecerei. Ordenarei.

(*Noventa e três*, cit., p. 57-63)

Naturalmente, é impossível que Halmalo lembre-se de tudo, e o leitor sabe disso: na linha seguinte, já esqueceu os nomes lidos na anterior. A lista é tediosa, mas é preciso lê-la, e relê-la. É como uma música. São apenas sons e podia ser até o índice dos nomes na legenda de um atlas, no entanto, esta fúria catalogante faz do espaço da Vendeia um infinito.

A técnica da lista é antiga. Se alguma coisa deve parecer tão imensa e tão confusa que nenhuma definição ou descrição jamais conseguiria reproduzir sua complexidade, recorre-se ao catálogo, sobretudo para dar a sensação de um espaço com tudo aquilo que contém. A lista ou catálogo não preenche um espaço, que de *per se* seria neutro, com aparências significativas, com pertinências, evidências, detalhes que saltam aos olhos. Ela alinha nomes de coisas ou pessoas ou lugares. É uma hipotipose que faz *ver* por excesso de *flatus vocis*, como se o ouvido passasse para o olho uma parte da tarefa, pesada demais, de recordar tudo aquilo que ouve, ou como se a imaginação se forçasse a construir um lugar onde todas as coisas nomeadas podem encontrar lugar. A lista é uma hipotipose em braille.

Nada é prescindível na lista que Halmalo finge (espero) recordar: o conjunto é a própria vastidão da contrarrevolução, o seu enraizamento na terra, nas moitas, nas aldeias, nas florestas, nas paróquias. Hugo conhece todas as astúcias da lista, inclusive a convicção (talvez compartilhada também por Homero) de que o leitor não iria lê-la por inteiro (ou de que os ouvintes do aedo ouviriam como se ouve a recitação do rosário, sucumbindo diante de seu puro fascínio encantatório). Hugo, tenho certeza, sabia que o leitor pularia algumas páginas, assim como Manzoni quando, contra qualquer regra narrativa, abandona dom Abbondio diante dos bravos e passa, deixando-nos em suspenso, a quatro páginas de ordenações legais (na verdade, quatro na *Quarantana*, mas quase seis na *Ventisettana*).*

O leitor pode pular o trecho (talvez se detenha na segunda ou terceira releitura), mas não pode ignorar que a lista está ali, sob seus olhos, obrigando-o a saltar porque é insuportável e, no entanto, é justamente essa insuportabilidade que aumenta sua força. Mas voltando a Hugo, a insurreição é tão vasta que, lendo, não conseguimos recordar todos os seus protagonistas, nem mesmo unicamente os chefes. É o remorso da leitura adiada que nos faz sentir o sublime da Vendeia.

Sublime é a revolta legitimista e sublime deve ser a imagem da Convenção, quintessência da Revolução. Chegamos ao livro terceiro, dedicado à Convenção. Os três primeiros capítulos descrevem a sala e, em suas sete páginas, a abundância descritiva já nos tira o sentido do espaço e nos deixa atônitos. Mas depois vem, por outras quinze páginas, a lista dos que compõem a Convenção, mais ou menos sempre deste teor:

---

* *Quarantana* é a terceira e última versão, de 1840-42, do romance *Os noivos*, de Alessandro Manzoni. *Ventisettana* é a segunda versão, de 1827. A primeira versão, ainda com o título de *Fermo e Lucia*, é de 1823 e já apresentava as linhas mestras do romance. (*N. da T.*)

À direita, a Gironda, legião de pensadores; à esquerda, a Montanha, grupo de atletas. De um lado, Brissot, que recebeu as chaves da Bastilha; Barbaroux, a quem os marselheses prestavam obediência; Kervélegan, que tinha nas mãos o batalhão de Brest, aquartelado no subúrbio de Saint-Marceau; Gerssoné, que estabeleceu a supremacia dos representantes sobre os generais; (...) Sillery, o coxo da direita, como Couthon era o capenga da esquerda; Lause-Duperret que, chamado de celerado por um jornalista, convidou-o a jantar e disse: "Sei que 'celerado' designa simplesmente 'todo homem que não pensa como nós'"; Rabaut Saint-Étienne, que começou seu almanaque de 1790 com estas palavras: "A Revolução acabou"; (...) Vigée, que se intitulava granadeiro do segundo batalhão de Mayenne-et-Loire e que, ameaçado pelas tribunas públicas, gritou: "Peço que, ao primeiro murmúrio das tribunas, todos nos retiremos e marchemos para Versalhes, sabres em punho!"; Buzot, destinado a morrer de fome; Valazé, prometido ao próprio punhal; Condorcet, que morreria em Bourg-la-Reine transformado em Bourg-Égalité, denunciado pelo Horácio que tinha no bolso; Pétion, cujo destino era ser adorado pela multidão em 1792 e devorado pelos lobos em 1793; e outros vinte: Pontécoulant, Marboz, Lidon, Saint-Martin, Dussaulx, tradutor de Juvenal, que fez a campanha de Hannover, Boilleau, Bertrand, Lesterp-Beauvais, Lesage, Gomaire, Gardien, Mainvielle, Duplantier, Lacaze, Antiboul e, à frente, um Barnave conhecido como Vergniaud... (*Noventa e três*, cit., p. 140-141).

E assim por diante, repito, por quinze páginas, numa litania de missa negra: Antoine-Louis-Léon Florelle de Saint-Just, Merlin de Thionville, Merkin de Douai, Billaud-Varenne, Fabre d'Englantine, Fréron-Thersite, Osselin, Garan-Coulon, Javogues, Camboulas, Collot, d'Herbois, Goupilleau, Laurent Lecointre, Léonard Bourdoin, Bourbotte, Levasseur de la Sarthe, Reverchon, Bernard de Saintres, Charles Richard, Châteauneuf-Randon, Lavicomterie, Le Peletier de Saint-Fourgeau, como se Hugo tivesse a clara consciência de que, neste catálogo alucinante, o leitor perderia a identidade dos atores para perceber as dimensões titânicas do único Actante que pretendia colocar em cena: a própria Revolução com suas glórias e misérias.

Parece, no entanto, que Hugo (fraqueza, timidez, excesso no excesso?) teme que o leitor (que, presume-se, vai pular o trecho) não capte as verdadeiras dimensões do monstro que quer representar e eis, então, que — técnica novíssima na história da lista e, em todo caso, diferente da descrição da Vendeia — a voz do autor intervém no início, no final, no meio da lista, extraindo continuamente sua moral:

> Eis a Convenção.
> O olhar é hipnotizado pela presença desse vértice.
> Nada de mais alto apareceu no horizonte dos homens.
> Há o Himalaia e há a Convenção.
> (...)
> A Convenção é o primeiro avatar do povo.
> (...)
> Todo este conjunto era violento, selvagem, normal. A correção na ferocidade: é um pouco toda a revolução.
> (...)
> Nada de mais disforme e de mais sublime. Um bando de heróis, um rebanho de covardes. Feras numa montanha, répteis num pântano. (...) Enumeração titânica.
> (...)
> Tragédias tecidas por gigantes e desfeitas por anões.
> (...)
> Espíritos à mercê dos ventos. Mas este era um vento prodigioso.
> (...)
> Assim era esta Convenção desmesurada; campo entrincheirado do gênero humano atacado por todas as trevas ao mesmo tempo, fogueiras noturnas de um exército de ideias sitiadas, imenso bivaque de espíritos numa encosta de abismo. Nada na história é comparável a este grupo, ao mesmo tempo senado e populacho, conclave e encruzilhada, areópago e praça pública, tribunal e acusado.
> A Convenção sempre se dobrou ao vento, mas este vento saía da boca do povo e era o sopro de Deus.
> (...)
> Impossível não estar atento a este grande trânsito de sombras.
>
> (*Noventa e três*, cit., *passim*).

Insuportável? Insuportável? Grandiloquente? Pior ainda. Sublime? Sublime. Você pode ver que fui arrastado por meu autor e falo agora como ele: mas quando a grandiloquência rompe os aterros, quebra a parede do som do Excesso Excessivo, surge uma suspeita de poesia. *Hélas*.

Um autor (a menos que vise ao dinheiro e escreva sem esperanças de imortalidade, para costureirinhas, caixeiros-viajantes ou amantes da pornografia conhecidos por seus gostos naquele momento preciso e num determinado país) nunca trabalha para o próprio leitor empírico, mas tenta construir um Leitor Modelo, ou seja, aquele leitor que, caso aceite desde o início das regras do jogo textual que ele propõe, será o leitor ideal daquele livro, mesmo mil anos depois. Em que tipo de Leitor Modelo estava pensando Hugo? Creio que tinha dois tipos em mente. O primeiro era aquele que lia em 1874, isto é, oitenta anos depois do fatal *Noventa e três*. Ele ou ela ainda tinham em mente muitos dos nomes da Convenção. É como se lêssemos hoje, na Itália, um livro sobre os anos vinte do século passado: o surgimento de figuras como Mussolini, D'Annunzio, Marinetti, Facta, Corridoni, Matteotti, Papini, Boccioni, Carrà, Italo Balbo ou Turati não nos pegaria totalmente desprevenidos. O outro é o leitor do futuro (ou mesmo o leitor estrangeiro do seu tempo), o qual — à exceção de alguns poucos nomes como Robespierre, Danton e Marat — ficaria tonto diante daquela ciranda de desconhecidos; mas teria também a impressão de escutar um falatório ininterrupto sobre aquela aldeia visitada pela primeira vez e, pouco a pouco, começaria a se orientar na multidão de figuras contraditórias, a sentir o clima, a aprender lentamente como agir naquela festa apinhada de gente, adivinhando que cada rosto desconhecido é a máscara de uma história sangrenta e, afinal de contas, uma das muitas máscaras da História.

Como já foi dito, Hugo não se interessa pela psicologia de seus personagens, intratáveis ou marmóreos, mas sim pela antonomásia à qual eles remetem ou, se preferirem, por seu valor simbólico. E o mesmo acontece com as coisas, com as florestas da Vendeia ou com a Tourgue, a imensa Tour Gauvain, na qual Lantenac é sitiado por Gauvain, ambos ligados àquele solar ancestral, que tanto tentarão destruir, o sitiante de fora e o sitiado de dentro, ameaçando um último holocausto. Muitas páginas foram gastas para falar do valor simbólico desta torre, mesmo porque é nela que se consuma um outro gesto simbólico inocente: a destruição de um livro por obra das três crianças.

Reféns de Lantenac, que ameaça matá-las se os republicanos tentarem resgatá-las, fechadas na biblioteca da torre sitiada, as crianças não conseguem pensar em nada melhor para fazer do que destruir e transformar numa revoada de retalhos de papel um precioso livro sobre São Bartolomeu — e não há quem não veja que seu gesto repropõe, ao contrário, a noite de São Bartolomeu, vergonha da monarquia dos tempos passados e, portanto, talvez uma vingança da história, antístrofe infantil daquele trabalho de zerar o passado que a guilhotina cumpre alhures. E além do mais, o capítulo que narra esta história se intitula "O massacre de São Bartolomeu", pois Hugo sempre tem medo de que a dose não tenha sido suficiente.

Mas mesmo este gesto se impõe como simbólico graças ao Excesso. Os jogos infantis são minuciosamente descritos em quinze páginas, e justamente por conta deste excesso Hugo adverte que, também naquele caso, não se trata de um acontecimento individual, mas da passagem, por sobre a tragédia, de um Actante, se não salvífico, pelo menos benévolo: a Inocência. Claro que poderia ter resolvido tudo numa epifania fulminante, e ele demonstra que é capaz disso nas últimas linhas do sexto capítulo do livro terceiro: a pequena Georgette recolhe nos braços os pedaços do livro submetido àquele *sparagmos* sagrado, lança tudo pela janela e, ao vê-los esvoaçar no vento, diz: "*Papillons*" — e o ingênuo massacre termina numa revoada de borboletas desaparecendo no azul. Mas não era possível encaixar esta epifania brevíssima num enredo de tantos outros excessos, sob pena de torná-la imperceptível. Se há de haver Excesso, mesmo as aparições mais fulgurantes do numinoso (contra qualquer costume místico) terão de durar tempos longuíssimos. Em *Noventa e três*, também a graça deve surgir em forma de lutulência, borbulhar de lava incandescente, transbordamento de águas, inundação de afetos e efeitos. Inútil pedir a Wagner que encerre toda a Tetralogia na medida de um *scherzo* chopiniano.

Porém, para impedir que nosso autor acabe nos arrastando para bem longe, precipitemo-nos criticamente para o final. Depois de uma batalha verdadeiramente épica (que grande roteirista de cinema seria Hugo!), finalmente

Gauvain captura Lantenac. O duelo chegou ao fim. Cimourdain não hesita e — antes mesmo do processo — manda erguer a guilhotina. Matar Lantenac era matar a Vendeia e matar a Vendeia era salvar a França.

Mas Lantenac, como dissemos no início, entrega-se espontaneamente para salvar as três crianças que correm o risco de morrer queimadas naquela biblioteca, da qual só ele tinha a chave. Diante deste gesto de generosidade, Gauvain não consegue enviar aquele homem à morte e decide salvá-lo. No diálogo entre Lantenac e Gauvain, primeiro, e depois entre Cimourdain e Gauvain, agora à espera da morte, Hugo consuma outros recursos oratórios confrontando dois mundos. Na primeira invectiva de Lantenac contra Gauvain (antes de saber que ele o salvaria), desenrola-se toda a altivez do *ci-devant* diante do representante dos que guilhotinaram o rei; no confronto entre Cimourdain e Gauvain, emerge o abismo entre o sacerdote da vingança e o apóstolo da esperança. Eu queria o homem de Euclides, diz Cimourdain, e eu queria o homem de Homero, responde Gauvain. Todo o romance diz (em termos de estilo) que Hugo quer estar do lado de Homero e por isso não nos faz odiar sua homérica Vendeia, mas, em termos de ideologia, seu Homero tentou dizer que, para construir o futuro, era necessário passar pela linha reta da guilhotina.

Esta é a história contada no livro, a história de suas escolhas estilísticas, a história de uma leitura (a nossa — e outras são possíveis). O que dizer? Que os historiadores identificaram neste livro inúmeros anacronismos e licenças inaceitáveis? O que importa? Hugo não queria fazer história, queria nos fazer sentir a respiração ofegante, o rugido tantas vezes fétido da história. Enganar-nos, como Marx, que via Hugo mais interessado nos conflitos morais dos indivíduos do que na compreensão da luta de classes?[8] Se for o caso, Hugo, ao contrário, esculpe suas psicologias a golpes de machado para dar, conforme já foi dito, voz às forças em conflito — e se não traz à mente a luta de classes, traz certamente, e Lukács percebeu isso, os ideais de uma "democracia revolucionária que indicam a via do futuro"; mas, em seguida, o próprio Lukács tempera seu parecer com a advertência severa de que "os reais

---

8. Karl Marx. *Il 18 Brumaio di Luigi Bonaparte*. Roma: Editori Riuniti, 1974.

conflitos humanos e históricos do aristocrata e do padre que se alinharam do lado da revolução transformam-se, num e noutro, em conflitos artificiosos de deveres no terreno deste humanismo abstrato".[9] E chegou até a dizer, santo Deus, que Hugo não estava interessado nas classes, mas sim no Povo e em Deus. Era típico da rigidez mental do último Lukács não entender que Hugo não podia ser Lenin (e Lenin seria, no caso, um Cimourdain que não se mata) e que a magia trágica e romântica de *Noventa e três* está antes em colocar em jogo as razões da História e também as razões de várias morais individuais, medindo a fratura contínua entre política e utopia.

Mas creio que não existe leitura melhor para entender os móveis profundos tanto da Revolução quanto de seu Inimigo, a Vendeia, que ainda hoje é a ideologia de tantos nostálgicos da *France profonde*. Para fazer a história de dois excessos, Hugo (fiel, aliás, à sua poética) não podia deixar de escolher a técnica do Excesso levada ao excesso. Só quando se aceita esta convenção é possível entender a Convenção, tornando-se o Leitor Modelo que Hugo imaginou — construído não com delicadas burilagens, mas com um *opus incertum* de maciços apenas delineados. Porém, quando se entra no espírito que anima este romance, sai-se talvez com os olhos secos, mas com a mente em turbilhão. *Hélas.*

[Inédito nesta forma, sintetiza diversas intervenções escritas e orais.]

---

9. György Lukács. *Il romanzo storico.* Turim: Einaudi, 1965. p. 352-353.

Veline e silêncio

O s mais jovens entre os leitores devem achar que *veline* são moças muito bonitas que dançam com o Gabibbo* e acham também que *casino* é uma bagunça. Os da minha geração sabem que, em termos de semântica histórica, *casino* era uma casa de tolerância e só depois, por conotação, transformou-se em lugar de desordem, de tal modo que perdeu sua denotação inicial e todo mundo o usa, até mesmo um cardeal, para indicar um local desordenado. Da mesma maneira, antigamente *bordello* [bordel] era uma casa de tolerância, mas minha avó, senhora de costumes ilibadíssimos, já dizia: "Não façam *bordello*", querendo dizer "Não façam barulho", tendo perdido completamente o significado primeiro da palavra. E, portanto, os mais jovens talvez não saibam que *velina* era uma folha de papel velino que um escritório do governo fascista (responsável pelo controle cultural e chamado de ministério da cultura popular, em sigla, MinCulPop — dado que não dispunham de senso de humor suficiente para evitar um equívoco fônico tão grave) enviava aos jornais. Estas *veline* diziam aos jornais o que deviam calar e o que deviam falar. Portanto, *velina* passou a ser, em jargão jornalístico, o símbolo da censura, do convite a encobrir um fato, a fazê-lo

---

* *Veline* (plural de *velina*), neste caso, são coristas que atuam em programas televisivos, dançando e algumas vezes secundando o apresentador. Gabibbo é um boneco inventado por Antonio Ricci como mascote do programa *Striscia la notizia*, da emissora de TV Canale 5, dirigido e criado por ele. O programa é uma espécie de telejornal satírico, a meio caminho entre show de variedades e jornalismo. (*N. da T.*)

desaparecer.[1] As *veline* que conhecemos hoje são exatamente o contrário: são, como todos sabemos, a celebração da aparência, da visibilidade, onde o simples aparecer se qualifica como excelente, mesmo o aparecer que outrora seria considerado pouco adequado.

Estamos, portanto, diante de duas formas de "velinidade", que gostaria de fazer corresponder a duas formas de censura. A primeira é a censura através do silêncio; a segunda é a censura através do ruído; quer dizer, vejo a *velina* como símbolo do evento televisivo, da manifestação, do espetáculo, da propagação da notícia etc.

O fascismo entendeu (como em geral todas as ditaduras entendem) que a divulgação pela mídia potencializa os comportamentos desviantes. Por exemplo: as *veline* fascistas diziam "não mencionar suicídios", pois se a imprensa falasse deles, depois de alguns dias alguém acabava se suicidando por imitação. E como nem tudo o que passou pela cabeça dos hierarcas fascistas era errado, esta é uma observação corretíssima, tanto que conhecemos eventos nacionais que só aconteceram porque a mídia começou a falar deles. Por exemplo, os movimentos estudantis *77* e *Pantera*: foram eventos de vida muito breve, que tentaram reviver o 68 simplesmente porque os jornais tinham começado a dizer: "O 68 está de volta." Quem viveu aqueles fatos sabe muito bem que foram criados pela imprensa, assim como pancadarias, suicídios ou tiroteios em salas de aula são criados pela imprensa: a notícia de um tiroteio na escola provoca outros tiroteios na escola e é bastante provável que muitos romenos tenham se sentido encorajados a estuprar velhas senhoras porque os jornais afirmavam que era uma especialidade reservada aos extracomunitários e que era muito fácil de fazer, bastava andar pelas passagens subterrâneas perto das estações etc.

---

1. Uma vez esclarecido o significado das *veline* originais, resta explicar por que o termo assumiu o significado que tem hoje. O fato é que, quando criou o *Striscia la notizia*, Antonio Ricci usava algumas moças que entravam no palco de patins para levar pequenas mensagens aos dois apresentadores e, por isso, ele passou a chamá-las de *veline*. Mas a escolha tem um significado notável, ou seja: se Ricci podia fazer essa piada na época em que *Striscia la notizia* estreou era porque ainda havia um público que lembrava e sabia o que eram as *veline* do MinCulPop. Se hoje ninguém mais sabe, já é outra reflexão a fazer sobre o ruído, sobre a sobreposição de informação: no prazo de duas décadas, uma noção histórica foi apagada porque uma outra sobrepôs-se a ela de modo obsessivo.

Se a *velina* do passado dizia: "Para não criar comportamentos considerados desviantes, não se deve falar deles", a *velina* do presente diz: "Para que ninguém possa falar dos comportamentos desviantes, é preciso falar muitíssimo de outras coisas." Sempre achei que, se por acaso ficasse sabendo que os jornais de amanhã divulgariam um delito por mim cometido que me traria graves prejuízos, a primeira coisa a fazer seria colocar uma bomba perto da prefeitura ou da estação. No dia seguinte, as primeiras páginas dos jornais estariam ocupadas com aquele evento e meu pequeno escândalo pessoal seria relegado às páginas internas. E quem sabe quantas bombas de verdade foram colocadas justamente para fazer certas notícias desaparecerem das primeiras páginas. O exemplo da bomba é fonicamente apropriado, pois é justamente o exemplo de um grande ruído que reduz todo o resto ao silêncio.

O ruído como cobertura. Creio que a ideologia desta censura através do ruído poderia ser expressa em termos wittgensteinianos: sobre aquilo que se deve calar, deve-se falar muitíssimo. O telejornal TG1 é o exemplo príncipe desta técnica, cheio de bezerros com duas cabeças, pequenos roubos etc., ou seja, a pequena crônica que antes os jornais deixavam lá no fundo e que hoje serve justamente para preencher aqueles quarenta minutos de informação, de modo que não se perceba que as outras informações que deveriam ser dadas foram caladas. Assistimos nos últimos meses a uma explosão de escândalos, do *Avvenire* ao magistrado das meias azul-turquesa, que têm a claríssima função de criar uma cascata de pseudoescândalos tão ruidosa que ninguém mais dê atenção àquele outro assunto que se quer calar. E observem: a beleza do ruído é que quanto mais ruído se faz, menos importância se dá ao que se está dizendo. O caso do magistrado das meias turquesa é exemplar, pois o magistrado nada fez além de fumar, ir ao barbeiro e usar meias turquesa, mas isso serviu para encher as páginas por três dias.

Para fazer ruído não é necessário inventar notícias. Basta espalhar uma notícia verdadeira, porém irrelevante, mas capaz de criar uma sombra de suspeita pelo simples fato de ter sido divulgada. O fato de que o magistrado usa meias azul-turquesa é verdadeiro e irrelevante, mas o fato de dizê-lo com ar de quem alude a algo menos confessável deixa sempre um rastro, uma impressão. Até porque nada é menos desmentível que uma notícia verdadeira, mas irrelevante.

O erro do *La Repubblica* em sua campanha antiberlusconiana foi insistir demais numa notícia relevante (a festa na casa de Noemi). Se, ao contrário, tivesse escrito, digamos: "Berlusconi foi outro dia à piazza Navona, encontrou um primo e foram tomar uma cerveja juntos... que fato curioso!", daria origem a um acúmulo tal de insinuações, olhares oblíquos, mal-estares, que a esta altura o presidente do conselho já teria pedido demissão há muito tempo. Em suma, o fato demasiado relevante pode ser contestado, enquanto a acusação que não é uma acusação não pode ser contestada.

Quando tinha 16 anos, uma senhora me deteve num bar e disse: "Pago uma lira se você escrever uma carta para mim: estou com a mão machucada." Eu, que era um rapaz de bem, respondi que não queria dinheiro, mas que escreveria por pura cortesia. A senhora insistiu em oferecer-me pelo menos um sorvete. Escrevi a carta e contei a história em casa. "Meu Deus", diz minha mãe, "fizeram você escrever uma carta anônima, vá saber o que pode acontecer se descobrirem!" Eu respondi: "Mas a carta não dizia nada de mal." De fato, era endereçada a um abastado comerciante, que até eu conhecia, pois tinha uma loja no centro, e dizia: "Ficamos sabendo que o senhor tem intenção de pedir a srta. X em casamento. Gostaríamos de informar que a srta. X é de família respeitável e abastada e que é simpaticamente conhecida em toda a cidade." Ora, nunca se viu uma carta anônima que elogia o acusado ao invés de difamá-lo. Mas qual era a função daquela carta anônima? Como a senhora que me contratou evidentemente não dispunha de elementos para dizer mais do que aquilo, quis pelo menos criar um clima de mal-estar. O destinatário deve ter se perguntado: "Por que alguém iria me escrever essas coisas? O que quer dizer simpaticamente conhecida em toda a cidade?" Creio que o comerciante deve ter resolvido adiar a ideia do casamento por medo de colocar dentro de casa uma pessoa tão falada.

O ruído não precisa nem transmitir mensagens interessantes, mesmo porque uma mensagem se sobrepõe a outra e todas juntas fazem o ruído. Às vezes assume a forma da redundância excessiva. Meses atrás Berselli publicou um belo texto no *Espresso* dizendo: já notaram que a publicidade não diz mais nada? Como não é possível provar que um sabão em pó é melhor que o outro (e efetivamente são todos iguais), há cinquenta anos ninguém inventa um modo de falar de sabão em pó que não seja colocar em cena donas de casa que recusam dois pacotes em troca do próprio ou vovós cuidadosas que informam que aquela mancha resistente desaparecerá se usarmos o produto certo. Portanto, a publicidade de sabão em pó cria um ruído intenso e martelante, constituído pela mesma mensagem que todos já sabem de cor — tanto que se tornou proverbial: "Omo lava mais branco" etc. —, cuja função é dupla: em parte, reiterar a marca (em alguns casos é uma estratégia vencedora: se tiver que entrar num supermercado e pedir um sabão em pó, pedirei Dixan ou Omo porque há cinquenta anos que ouço falar deles), em parte, não permitir que percebam que é impossível fazer, sobre sabões em pó, algum discurso epidíctico, isto é, de louvor ou de reprovação. O mesmo acontece com outras formas. Berselli observava também que não dá para entender o que dizem todas as publicidades Tim, Telecom etc. Mas não é preciso entender o que dizem: o que vende celulares é o grande ruído. Creio que, de comum acordo, as empresas renunciaram a vender o próprio aparelho e combinaram fazer uma publicidade generalizada, que sirva para difundir a ideia de que os celulares existem. Se mais tarde o cliente vai comprar Nokia ou Samsung é coisa a ser decidida por outros fatores, não a publicidade. De fato, a publicidade-ruído tem como função principal recordar o esquete, não o produto. Tentem pensar na publicidade mais agradável, mais simpática — algumas são até divertidas — e recordar a que produto se refere. São raríssimos os casos em que, por pura sorte, se consegue associar o nome do produto à publicidade, como por exemplo: o menino que fala Simmenthal errado ou "No Martini, no party" ou ainda "Um Ramazzotti sempre vai bem". Em todos os outros casos, o ruído encobre o fato de que a excelência do produto não pode ser demonstrada.

A internet representa, naturalmente, sem intenção de censura, o máximo ruído através do qual não se recebe nenhuma informação. Em primeiro lugar, quando se recebe alguma informação, não se sabe se é confiável ou não; em segundo, tentem procurar alguma informação na internet: só nós, estudiosos, depois de dez minutos de pesquisa, conseguimos começar a filtrar os dados para encontrar o que nos interessa. Todos os outros usuários ficam grudados num blog, num pornô específico etc., mas, além disso, não navegam muito, pois navegar não permite obter uma informação confiável.

Sempre buscando casos que não pressupõem uma intenção censória, mas acabam de algum modo censurando, devemos em parte falar também do jornal de 64 páginas. Sessenta e quatro páginas são demais para extrair a notícia pertinente. Mais uma vez, alguém poderá dizer: "Mas leio o jornal para identificar a notícia que me interessa." Claro, mas aqueles que fazem isso formam uma elite que sabe tratar a informação, e deve haver um bom motivo para que a venda e a leitura de jornais estejam caindo assustadoramente. Os jovens já não leem mais jornais, pois é mais cômodo buscar a página do *La Repubblica* ou do *Corriere della Sera* na internet, porque pelo menos é só uma videopágina, ou os jornais gratuitos na estação, que conseguem dizer as coisas em duas páginas.

Temos, portanto, uma censura voluntária por efeito do ruído — e é isso que acontece no mundo televisivo, na criação dos escândalos políticos etc. — e uma censura involuntária, mas fatal, lá onde, por razões totalmente legítimas em si (busca de publicidade, venda etc.), o excesso de informação se traduz em ruído. Isso (e passo do tema da comunicação para o tema da ética) criou também uma psicologia, uma ética do ruído. Quem é o imbecil que anda pelas ruas com o iPod nos ouvidos e não consegue ficar uma hora no trem lendo o jornal ou olhando a paisagem, porque precisa ligar imediatamente o celular para informar, na primeira parte da viagem, "Já saí" e, na segunda, "Estou chegando"? Há pessoas que não conseguem mais viver fora do ruído. E é por isso que os restaurantes, já ruidosos em si por causa do movimento de clientes, ainda oferecem ruído suplementar através, muitas vezes, de duas televisões ligadas e de música. E se alguém pede para desligar, olham para ele como se fosse louco. Esta necessidade intensa de ruído tem função de droga e impede que se focalize aquilo que é verdadeiramente fundamental. *Redi in interiorem hominem*: sim, um bom ideal para o universo da política de amanhã e da televisão ainda seria, afinal, Santo Agostinho.

É somente no silêncio que funciona o único e verdadeiramente potente meio de informação, que é o murmúrio. Todo povo, mesmo oprimido pelo mais censório dos tiranos, sempre conseguiu saber tudo o que acontece no mundo através do murmúrio. Os editores sabem que os livros não se tornam *best-sellers* por causa da publicidade ou das resenhas, mas graças a um termo que em francês se diz *bouche à oreille*, em inglês, *word of mouth*, em italiano, *passaparola*:* os livros só alcançam sucesso através do murmúrio. Perdendo a condição do silêncio, perde-se a possibilidade de captar o murmúrio, que é o único meio de comunicação fundamental e confiável.

E eis que, portanto, concluirei dizendo que um dos problemas éticos que se coloca hoje é como retornar ao silêncio. E um dos problemas semióticos que poderíamos enfrentar é estudar melhor a função do silêncio nos vários modos de comunicação. Abordar uma semiótica do silêncio: pode ser uma semiótica da reticência, uma semiótica do silêncio no teatro, uma semiótica do silêncio em política, uma semiótica do silêncio no discurso político, isto é, da pausa longa, o silêncio como criação de suspense, o silêncio como ameaça, o silêncio como consenso, o silêncio como negação, o silêncio na música. Vejam quantos temas para um estudo sobre a semiótica do silêncio. E assim, italianos, não quero convidá-los para as histórias, mas convidá-los ao silêncio.

[Discurso pronunciado no congresso de 2009 da Associação Italiana de Semiótica.]

---

* E, em português, boca a boca. (*N. da T.*)

Astronomias imaginárias

Quero esclarecer já de início que ao falar de geografias e astronomias imaginárias não pretendo tratar de astrologia. Não que a história da astrologia não tenha se cruzado continuamente com a da astronomia, mas as astronomias e geografias imaginárias de que aqui falarei foram reconhecidas por todos como imaginárias ou falsas, enquanto muitos homens de negócios e chefes de Estado ainda recorrem a astrólogos para saber como se comportar. Portanto, a astrologia não é uma ciência, exata ou errada que seja, mas uma religião (ou uma superstição — as superstições sendo sempre as religiões dos outros) e, enquanto tal, não é possível demonstrar nem que é verdadeira, nem que é falsa; é apenas uma questão de fé, e nas questões de fé é sempre melhor não se meter, se não por outro motivo, pelo menos por respeito aos que creem.

É que as geografias e as astronomias imaginárias de que falarei foram praticadas por pessoas que, de boa-fé, exploravam o céu e a terra tal como os viam — e, embora estivessem equivocadas, não podemos dizer que agiram de má-fé. Quem, ao contrário, trabalha ainda hoje com astrologia sabe muito bem que está se referindo a uma abóbada celeste diferente daquela que a astronomia atual explorou e definiu e mesmo assim continua a agir como se aquela imagem do céu fosse verdadeira. Diante da má-fé dos astrólogos não se pode alimentar nenhuma simpatia. Não é uma gente que está enganada, são enganadores. E ponto-final.

Quando era menino, costumava sonhar debruçado sobre os atlas. Imaginava viagens e aventuras em terras exóticas ou entrava na pele de um conquistador persa penetrando nas estepes da Ásia central para descer em seguida em direção aos mares da Sonda e construir um império que fosse de Ecbatana à ilha de Sakhalin. Talvez esta seja a razão pela qual, já adulto, decidi visitar todos os lugares cujos nomes um dia excitaram minha imaginação, como Samarcanda ou Timbuctu, o forte Álamo ou o rio Amazonas — hoje, faltam apenas Mompracem e Casablanca.

Mais difíceis foram meus percursos astronômicos, e sempre por intermédio de terceiro. Nos anos 1970 e 80, hospedei em minha casa de campo um amigo, exilado tchecoslovaco, que construía telescópios e explorava o céu à noite no terraço, chamando-me quando descobria alguma coisa interessante. Concluí que só eu e Rodolfo II de Praga tivemos o privilégio de hospedar sob nosso teto, de maneira estável, um astrônomo boêmio. Porém, com a queda do muro de Berlim, meu astrônomo boêmio retornou à Boêmia.

Consolei-me com minha coleção de livros antigos, que se chama *Biblioteca semiológica curiosa, lunática, mágica e pneumática*, e reúne apenas livros que falem de coisas falsas. Fazem parte desta coleção as obras de Ptolomeu, mas não as de Galileu, e se quando era pequeno eu sonhava minhas viagens debruçado no atlas De Agostini, hoje prefiro fazer isso nos mapas de origem ptolomaica [ver imagem 1 do encarte].

É imaginária esta representação do mundo conhecido na época? É preciso fazer uma distinção entre os vários sentidos da palavra "imaginário". Há astronomias que imaginaram um mundo baseando-se em pura especulação e em pulsões místicas, não para dizer como era o cosmos visível, mas antes quais eram as forças invisíveis e espirituais que o atravessam, e há astronomias que, embora fundadas na observação e na experiência, imaginaram ainda assim explicações que hoje consideramos falsas. Basta ver a explicação que Athanasius Kircher dava, em seu *Mundus subterraneus*, de 1665, para as manchas solares como sendo jatos de vapor emanados pela superfície da estrela. Ingênuo, mas engenhoso. E ainda em Kircher, é possível ver na imagem 2 do encarte o modo como ele aplicava princípios físicos e cálculos matemáticos em sua *Turris Babel*, de 1679, para demonstrar que era impossível fazer a torre de Babel chegar até o céu, dado que, superada uma certa altura e alcançado o peso do próprio globo, a torre teria feito o eixo terrestre girar 45 graus.

A forma da Terra

No século VI a.C., Anaxímenes falava de um retângulo terrestre feito de água e terra e contornado pela moldura do oceano, que navegava sobre uma espécie de almofada de ar comprimido.

Era bastante realista para os antigos considerar que a Terra era plana. Para Homero, era um disco circundado pelo oceano e coberto pela calota dos céus; e era um disco achatado também para Tales e para Hecateu de Mileto. Era muito menos realista pensar que a Terra era esférica, como acreditava, por razões místico-matemáticas, Pitágoras. Os pitagóricos tinham elaborado um complexo sistema planetário no qual a Terra não era sequer o centro do Universo, o Sol também ficava na periferia e todas as esferas dos planetas giravam em torno de um fogo central. Entre outras coisas, cada esfera rotativa produzia um som da gama musical e, para estabelecer a exata correspondência entre fenômenos sonoros e fenômenos astronômicos, foi preciso introduzir até um planeta inexistente, a Antiterra. Em seu furor matemático-musical (e em seu desprezo pela experiência sensível), os pitagóricos não consideraram que, se cada planeta produzia um som da gama, sua música mundana teria criado uma desagradável ressonância, como se um gato pulasse de repente no teclado de um piano. Esta ideia vai reaparecer mil e poucos anos depois, em Boécio — e não se pode esquecer que Copérnico também se inspirou em princípios matemático-estéticos.

Já as sucessivas demonstrações da redondeza da Terra eram baseadas em observações empíricas. Naturalmente, Ptolomeu já sabia que a Terra era redonda, do contrário não poderia dividi-la em 360 graus de meridiano, e Parmênides, Eudoxo, Platão, Aristóteles, Euclides, Arquimedes também já tinham percebido isso. Assim como Erastótenes que, no século III a.C., estabeleceu com uma boa aproximação o comprimento do meridiano terrestre, calculando as diversas inclinações do Sol ao meio-dia do solstício de primavera, quando se refletia no fundo dos poços de Alexandria e de Siena (atual Assuã).

Mas a propósito da Terra plana é preciso abrir um parêntese para dizer que não existe apenas uma história da astronomia imaginária, mas também uma história imaginária da astronomia, que sobrevive ainda hoje em muitos ambientes científicos, para não falar da opinião pública.

Tentem fazer o seguinte experimento: perguntem a uma pessoa culta o que Cristóvão Colombo pretendia demonstrar quando se propôs a chegar ao levante navegando para o poente, coisa que os doutos de Salamanca teimavam em negar. A resposta na maior parte dos casos será que Colombo pensava que a Terra era redonda, enquanto os doutos de Salamanca diziam que era plana e que, depois de um breve percurso, as três caravelas despencariam no abismo cósmico.

O pensamento laico oitocentista, irritado com a rejeição pela Igreja da hipótese heliocêntrica, atribuiu a todo o pensamento cristão (patrístico e escolástico) a ideia de que a Terra era plana. A ideia reforçou-se durante a luta dos defensores da hipótese evolucionista darwiniana contra qualquer forma de fundamentalismo. Tratava-se de demonstrar que, assim como se enganaram a respeito da esfericidade da Terra, as igrejas podiam se enganar acerca da origem das espécies. Resolveram, portanto, explorar o fato de que um autor cristão do século IV, como Lactâncio (em seu *Divinae institutiones*), tendo a Bíblia descrito o universo a partir do modelo do Tabernáculo, ou seja, de forma quadrangular, opunha-se às teorias pagãs da redondeza da Terra, mesmo porque não podia aceitar a ideia de que existissem antípodas, em que os homens andariam necessariamente de cabeça para baixo.

Por fim, descobriram que um geógrafo bizantino do século IV, Cosme Indicopleustes, em sua *Topografia cristiana*, sempre pensando no tabernáculo bíblico, sustentava que o cosmos era retangular, com um arco que recobria o pavimento plano da Terra [ver imagem 3 do encarte].

Este arco seria vedado aos nossos olhos pelo *stereoma*, ou seja, pelo véu do firmamento. Abaixo dele, estende-se o *ecumene*, ou seja, toda a Terra por nós habitada, que se apoia sobre o Oceano e sobe num aclive imperceptível e contínuo para noroeste, onde se ergue uma montanha tão alta que sua presença escapa à nossa visão e seu cume se confunde com as nuvens. De manhã, o Sol, movido pelos anjos — aos quais devemos as chuvas, os terremotos e todos os outros fenômenos atmosféricos —, passa do oriente para o sul, pela frente da montanha, iluminando o mundo, e à noite ressurge no ocidente, desaparecendo por trás da montanha. A Lua e as estrelas cumprem o ciclo inverso.

Cosme também mostra a Terra como a veríamos de cima, com a moldura do Oceano, além do qual ficam as terras onde Noé vivia antes do dilúvio [ver imagem 4 do encarte]. No extremo oriente destas terras, separadas do Oceano por regiões habitadas por seres monstruosos, fica o Paraíso Terrestre. No Paraíso, são gerados o Eufrates, o Tigre e o Ganges, que passam por baixo do Oceano e deságuam depois no golfo Pérsico, enquanto o Nilo faz um percurso mais tortuoso pela terra antediluviana, entra no Oceano, retoma seu caminho nas baixas regiões setentrionais, mais precisamente nas terras do Egito, e deságua no golfo Romaico, ou seja, no Helesponto.

Como demonstra Jeffrey Burton Russell, em seu livro *Inventing the Flat Earth* [Inventando a Terra plana] (Nova York: Praeger, 1991), muitos livros autorizados de história de astronomia, ainda estudados nas escolas, afirmam que a teoria de Cosme era a opinião dominante em toda a Idade Média, que a Igreja medieval ensinava que a Terra era um disco plano com Jerusalém no centro e que mesmo as obras de Ptolomeu eram desconhecidas de toda a Idade Média. O fato é que o texto de Cosme, escrito em grego, uma língua que o Medievo cristão havia esquecido, só se tornou conhecido no mundo ocidental em 1706 e só foi publicado em inglês em 1897. Nenhum autor medieval o conhecia.

Qualquer aluno do primeiro ano do liceu é capaz de deduzir com facilidade que, se Dante entra no funil infernal e sai do outro lado vendo estrelas desconhecidas aos pés da montanha do Purgatório, isso só pode significar que ele sabia muito bem que a Terra era esférica. E a mesma opinião era partilhada por Orígenes e Ambrósio, Alberto Magno e Tomás de Aquino, Roger Bacon e João de Sacrobosco, só para citar alguns. O objeto de litígio nos tempos de Colombo era que os doutos de Salamanca já tinham feito cálculos mais precisos que os dele e consideravam que a Terra, redondíssima, era bem maior do que pensava o genovês e que, portanto, era insensato tentar circum-navegá-la. Já Colombo, bom navegador, mas péssimo astrônomo, pensava que a Terra era menor do que realmente era. Naturalmente, nem ele nem os doutos de Salamanca suspeitavam que entre a Europa e a Ásia houvesse um outro continente. Tendo razão, os doutores de Salamanca equivocaram-se; e, equivocando-se, Colombo, ao persistir no próprio erro, teve razão — por serendipidade.

Como se espalhou a ideia de que a Idade Média considerava a Terra um disco plano? No século VII, Isidoro de Sevilha (que, aliás, não era nenhum modelo de rigor científico) calculava o comprimento do equador em 80 mil estádios. Pensava, portanto, que a Terra era esférica. Mas justamente nos manuscritos de Isidoro via-se um diagrama que inspirou muitas representações do nosso planeta: o chamado mapa em T [ver imagem 5 do encarte].

A parte superior representa a Ásia, no alto porque na Ásia estaria, segundo a lenda, o Paraíso Terrestre. A barra horizontal representa de um lado o mar Negro, e do outro, o Nilo; a barra vertical, o Mediterrâneo, e, portanto, o quarto de círculo à esquerda representa a Europa, e o da direita, a África. Circundando tudo, temos o grande arco do Oceano.

A impressão de que a Terra era vista como um círculo é dada pelos mapas que ilustram os comentários ao Apocalipse do beato de Liebana, texto escrito no século VIII, mas que, ilustrado por miniaturistas moçarábicos durante os séculos seguintes, influenciou amplamente a arte das abadias românicas e das catedrais góticas — e o modelo pode ser encontrado em inúmeros outros manuscritos ilustrados.

Como era possível que pessoas que consideravam a Terra esférica fizessem mapas em que a Terra aparece plana? A primeira constatação é que nós também fazemos isso. Criticar a planeza destes mapas é como criticar a planeza de nossos atlas contemporâneos. Tratava-se de uma forma ingênua e convencional de projeção cartográfica.

Alguém poderia alegar que, nesses mesmos séculos, os árabes produziram mapas mais verdadeiros, embora tivessem o feio hábito de representar o norte embaixo e o sul em cima. Mas temos de considerar outros elementos.

O primeiro é sugerido por Santo Agostinho, que tem bem presente o debate aberto por Lactâncio sobre o cosmos em forma de tabernáculo, mas ao mesmo tempo conhece as opiniões dos antigos sobre a esfericidade do globo. A conclusão de Agostinho é que não devemos nos deixar impressionar pela descrição do tabernáculo bíblico porque, como todos sabem, as Sagradas Escrituras falam muitas vezes por metáforas e talvez a Terra seja esférica. Mas como saber se é ou não esférica não tem serventia para a salvação da alma, pode-se ignorar a questão.

Isso não quer dizer que, como se insinuou, não existisse uma astronomia medieval. Basta citar o episódio de Gerbert d'Aurillac, o papa Silvestre II do século X, que promete uma esfera armilar em troca de uma edição da *Farsaglia* de Lucano, e, não sabendo que a morte de Lucano tinha deixado a *Farsaglia* inacabada, ao receber o manuscrito incompleto, dá em troca apenas uma meia esfera armilar. Sinal, por um lado, do grande interesse da primeira Idade Média pela cultura clássica e, por outro, de suas preocupações astronômicas. Entre os séculos XII e XIII, são traduzidos o *Almagesto*, de Ptolomeu, e depois o *De caelo*, de Aristóteles. Todos sabemos que uma das matérias do Quadrívio ensinadas nas escolas medievais era a astronomia e que é do século XIII o *Tractatus de sphaera mundi* de João de Sacrobosco, o qual, baseado em Ptolomeu, constituirá uma autoridade incontestável durante alguns séculos futuros.

Contudo, é verdade também que ao longo do tempo algumas noções geográficas e astronômicas vieram confusamente de autores como Plínio ou Solino, nos quais a preocupação astronômica não era exatamente dominante. A visão do cosmos ptolomaico, transmitida talvez por vias indiretas, era a mais confiável teologicamente. Conforme tinha ensinado Aristóteles, cada elemento do mundo devia manter-se em seu próprio lugar natural, de onde só podia ser retirado pela violência e não pela natureza. O lugar natural do elemento terrestre era o centro do mundo, enquanto a água e o ar deviam manter uma posição intermediária, e o fogo ficava na periferia. Era uma visão razoável e tranquilizante e, afinal, foi com base nesta imagem do universo que Dante pôde imaginar a sua viagem pelos três reinos do além-túmulo. E se esta representação não dava conta de todos os fenômenos celestes, o próprio Ptolomeu empenhou-se para introduzir ajustes e correções, como a teoria dos epiciclos e dos deferentes, com base na qual se supunha, para explicar os vários fenômenos astronômicos, como as acelerações, as estações, as retrogradações e as variações de distância dos vários planetas, que cada planeta descrevia uma revolução ao redor da Terra através de uma circunferência maior, o deferente, mas cumpria igualmente uma revolução, ou epiciclo, em torno de um ponto C do próprio deferente.

Enfim, a Idade Média era época de grandes viagens, mas, com estradas se desfazendo, florestas a atravessar e braços de mar a superar confiando em algum barqueiro da época, não havia como traçar mapas adequados. Eles eram puramente indicativos, como as ilustrações do *Guia dos Peregrinos* em Santiago de Compostela, e diziam mais o menos o seguinte: "Se quiser ir de Roma a Jerusalém, dirija-se para o sul e vá perguntando pelo caminho." Ora, imaginem o mapa das linhas ferroviárias que oferecem uma tabela horária e que pode ser encontrado em bancas de jornal. Ninguém poderia, a partir daquela série de cruzamentos, claríssima em si quando se trata de pegar um trem de Milão para Livorno (e descobrir que terá de passar por Gênova), extrapolar com exatidão a forma da Itália [ver imagem 6 do encarte]. A forma exata da Itália não interessa a quem precisa chegar a uma estação. Os romanos abriram uma série de estradas que conectavam qualquer cidade do mundo conhecido, mas vejam como estas estradas eram representadas no mapa chamado Peutingeriano, do nome de quem o redescobriu, no século XV [ver imagem 7 do encarte].

A parte superior representa a Europa, a inferior, a África, mas estamos exatamente na situação do mapa ferroviário. A partir dele, podemos ver as estradas, de onde partem e aonde chegam, mas não podemos adivinhar nem a forma da Europa, nem a da África (e certamente os romanos já tinham noções geográficas bem mais precisas). Mas ali não interessava a forma dos continentes, mas a informação de que, por exemplo, havia uma estrada que permitia ir de Marselha a Gênova.

Quanto ao resto, as viagens medievais eram imaginárias. O Medievo produz enciclopédias, *Imagines Mundi* que tentavam sobretudo satisfazer ao gosto pelo maravilhoso, falando de países distantes e inacessíveis: são livros escritos por pessoas que nunca tinham estado nos lugares de que falavam, pois na época a força da tradição contava mais do que a experiência. Um mapa não pretendia representar a forma da Terra, mas listar as cidades e povos que podiam ser encontrados.

Ademais, a representação simbólica contava mais do que a representação empírica. Em muitos mapas, o que preocupa os miniaturistas é representar Jerusalém no centro da Terra e não como fazer para chegar a Jerusalém. E isso acontecia numa época em que mapas do mesmo período já representavam bastante bem a Itália e o Mediterrâneo.

Última consideração. Os mapas medievais não tinham função científica, mas sim a de responder à demanda de coisas prodigiosas por parte do público — do mesmo modo que hoje em dia certas revistas de papel couché demonstram a existência de discos voadores e alguns programas de TV dizem que as pirâmides foram construídas por uma civilização extraterrestre. Observava-se o céu a olho nu para ver cometas, que a imaginação logo transformava em coisas que (hoje) serviriam de confirmação para a existência dos OVNI. Muitos mapas quatrocentistas ou quinhentistas, em que já se veem representações cartograficamente aceitáveis, ainda exibem desenhos dos monstros misteriosos que habitariam aquelas regiões que o mapa reproduz de modo não totalmente lendário.

Portanto, não sejamos tão severos com os mapas medievais. Foi com eles que Marco Polo conseguiu, seja como for, chegar à China, os cruzados, a Jerusalém e, talvez, os irlandeses ou os vikings, à América.

Um parêntese: será que, como reza a lenda, os vikings chegaram realmente à América? Todos sabemos que a verdadeira revolução medieval na navegação foi a invenção do timão de popa cavilhado. Nos navios gregos e romanos, nos dos vikings e até nos de Guilherme, o Conquistador que, em 1066, aportaram nas praias inglesas (como se vê no arrás da rainha Matilde em Bayeux), o timão era constituído por dois remos laterais posteriores, manobrados de modo a imprimir a direção desejada ao casco. O sistema, além de ser bastante cansativo, tornava praticamente impossível manobrar barcos de grande calado e impossibilitava, sobretudo, a navegação contra o vento, pois para isso é preciso "bordejar", ou seja, manobrar alternativamente o timão para que o casco ofereça primeiro um lado e depois o outro à ação do vento. Assim sendo, os marinheiros tinham de contentar-se com a pequena cabotagem, costeando as margens de maneira que pudessem fundear quando o vento não era favorável.

Consequentemente, os vikings não poderiam navegar da Espanha à América Central, como fez Colombo (e o mesmo vale também para os monges irlandeses). Mas a coisa muda de figura se imaginarmos que eles primeiro fizeram o trajeto da Islândia à Groenlândia e depois da Groenlândia às costas canadenses. Basta olhar um mapa para ver que bons navegadores com drácares (e sabe-se lá quantos naufrágios) poderiam conseguir chegar ao extremo norte do continente americano e talvez às costas do Labrador [ver imagem 8 do encarte].

A forma do céu

Mas deixemos a Terra e passemos ao céu. Entre os séculos IV e III a.C., Aristarco de Samos levantou uma hipótese heliocêntrica, e Copérnico lembrava bem disso. Plutarco conta que Aristarco foi acusado de impiedade justamente porque tinha posto a Terra em movimento para explicar, através da rotação terrestre, alguns fenômenos astronômicos que não poderiam ser justificados sem isso. Plutarco não aprovava esta hipótese e, mais tarde, Ptolomeu vai considerá-la "ridícula". Aristarco estava muito à frente de seu tempo e também pode ser que tenha chegado a tal conclusão pelas razões erradas. Por outro lado, a história da astronomia é curiosa. Um grande materialista como Epicuro cultivava uma ideia que sobreviveu longamente, tanto que é discutida novamente por Gassenti no século XVII, e que, de todo modo, é testemunhada no *De rerum naturae*, de Lucrécio: o Sol, a Lua e as estrelas (por muitos e seríssimos motivos) não podem ser nem maiores nem menores do que aparecem para os nossos sentidos; sendo assim, Epicuro acreditava que o diâmetro do Sol não superava os trinta centímetros.

O *De revolutionibus orbium caelestium*, de Copérnico, é de 1543. Costumamos pensar que, de repente, o mundo virou de cabeça para baixo e falamos em revolução copernicana. Mas o *Diálogo sobre os dois máximos sistemas*, de Galileu, é de 1632 (89 anos depois) e são conhecidas as resistências que teve de enfrentar. Por outro lado, tanto a de Galileu quanto a de Copérnico eram astronomias imaginárias, pois estavam equivocadas quanto à forma das órbitas planetárias.

Porém, a mais rigorosa das astronomias imaginárias é aquela de Tycho Brahe, grande astrônomo e professor de Kepler, que elaborou uma terceira via: os planetas giram ao redor do Sol, pois do contrário muitos fenômenos astronômicos não poderiam ser explicados, mas o Sol e os planetas giram ao redor da Terra, sempre imóvel no centro do universo.

A hipótese de Brahe foi aceita, por exemplo, pelos jesuítas, destacando-se entre estes Athanasius Kircher. Kircher era um homem culto e não podia mais aceitar o sistema ptolomaico. Numa ilustração dedicada aos sistemas solares, em seu *Iter Extaticum coeleste* (edição de 1660), ele apresenta, junto com os sistemas platônico e egípcio, também o sistema copernicano, que explica com exatidão, mas acrescenta *"quem deinde secuti sunt pene omnes Mathematici Acatholici et nonnullis ex Catholicis, quibus nimirum ingenium et calamus prurit ad nova venditanda"*. Como não fazia parte dessa gente ruim, Kircher escolhe Brahe.

Por outro lado, contra a ideia de uma Terra que gira em torno ao Sol, militavam argumentos fortíssimos. Em sua *Historia utriusque cosmi*, de 1617, Robert Fludd demonstra com argumentos mecânicos que, quando se deve girar uma esfera como aquela celeste, é mais fácil fazê-la rodar exercendo uma força sobre a periferia, naquelas esferas onde ficava o *Primum Mobile*, e não agindo sobre o centro, onde os insensatos copernicanos colocaram o Sol e qualquer força geradora de vida e de movimento. Alessandro Tassoni, em seu *Dieci libri di pensieri diversi*, de 1627, lista uma série de razões pelas quais o movimento terrestre seria impensável. Cito apenas duas.

Argumento do Eclipse. Tirando a Terra do centro do universo, é preciso colocá-la abaixo ou acima da Lua. Se for colocada embaixo, o eclipse do Sol nunca acontecerá, pois, se a Lua estiver acima do Sol ou acima da Terra, nunca poderia estar entre a Terra e o Sol. Se for colocada acima, nunca haverá eclipse da Lua, pois a Terra nunca poderá se interpor entre esta e o Sol. Além do mais, a astronomia não poderia mais prever os eclipses, pois regula seus cálculos pelos movimentos do Sol e, se o Sol não se movesse, sua empresa seria inútil.

Argumento dos Pássaros. Se a Terra girasse, eles jamais conseguiriam, ao voar para o ocidente, fazer frente a seu giro, e assim não conseguiriam avançar.

Descartes, que tendia para a hipótese galileana, mas nunca teve coragem de publicar suas opiniões a respeito, elaborou uma teoria muito fascinante, a teoria dos vórtices ou *tourbillons* (*Principia Philosophiae*, de 1664). Imaginava que os céus fossem uma matéria líquida, como um mar que gira ao redor de tudo que encontra formando redemoinhos marinhos: turbilhões, justamente. Estes turbilhões arrastam os planetas em seu giro e, por conseguinte, arrastam também a Terra ao redor do Sol. Mas é o turbilhão que se move. A Terra está imóvel dentro do turbilhão que a arrasta [ver imagem 9 do encarte]. A astúcia de Descartes foi encontrar, com esta mirabolante explicação, um jeito de salvar tanto os anéis geocentristas quanto os dedos heliocêntricos como puras hipóteses, sem entrar, portanto, em confronto com a verdade reconhecida pela Igreja.

Como dizia Apollinaire, *pitié, pitié pour nous qui combattons aux frontières de l'illimité et de l'avenir, pitié pour nos pechés, pitié pour nos erreurs...* Eram tempos em que um astrônomo sério podia cometer ainda muitos erros, como aconteceu com Galileu que, usando sua luneta, descobriu o anel de Saturno, mas não se deu conta do que era realmente [ver imagem 10 do encarte].

De início, diz que viu três estrelas e não uma só, mas unidas numa linha reta paralela ao equinócio, e representa sua visão com três pequenos círculos. Nos escritos sucessivos, considera que Saturno pode ter a aparência de uma azeitona, e, por fim, não fala mais de três corpos ou de uma azeitona, mas de "duas meias-elipses com dois pequenos triângulos escuríssimos no centro das ditas figuras" e desenha um Saturno bem parecido com Mickey Mouse [ver imagem 11 do encarte].

A infinidade dos mundos

Vagando entre mundos construídos pela imaginação, a astronomia imaginária dos nossos antepassados, permeada por traços ocultistas, soube conceber uma ideia revolucionária, aquela da pluralidade dos mundos. Ela já estava presente nos atomistas antigos, em Demócrito, Leucipo, Epicuro e Lucrécio. Como conta Hipólito em seus *Philosophoumena*, se os átomos estão em contínuo movimento no vácuo, não podem deixar de produzir infinitos mundos, diferentes um do outro: em alguns não existe nem Sol nem Lua, em outros as estrelas são maiores que as nossas, em outros, ainda, bem mais numerosas. Uma hipótese que, segundo Epicuro, já que não podia ser refutada, devia ser assumida como verdadeira até prova em contrário. Disse Lucrécio (*De rerum*, II, 1.052 sgg. e 1.064 sgg.): *nulla est finis, uti ducui, res ipsaque per se vociferatur, et elucet natura profundi* ("não há limite para o tudo, a própria coisa grita isso, e manifesta a essência mesma do vácuo"). E continuou: "Por isso é cada vez mais necessário que reconheças que existem, alhures no universo, outras uniões de corpos materiais, assim como esta que o éter cinge num ávido amplexo."

Tanto o vácuo quanto a pluralidade dos mundos foram contestados por Aristóteles e, com Aristóteles, pelos grandes escolásticos como Tomás e Bacon. Mas a suspeita da pluralidade dos mundos aparece em Ockham, Buridan, Nicolau de Oresme e outros na discussão sobre a *infinita potentia Dei*. De uma infinidade de mundos falarão igualmente Nicolau de Cusa, no século XV, e Giordano Bruno, no século XVI.

O tipo de veneno que esta hipótese continha ficará bem claro quando os novos epicuristas, os libertinos setecentistas, passarem a defendê-la. Visitar outros mundos e encontrá-los habitados era uma heresia bem mais perigosa do que a hipótese heliocêntrica. Se existem infinitos mundos, coloca-se em questão a unicidade da redenção: ou o pecado de Adão e a paixão de Cristo são apenas episódios marginais que dizem respeito à nossa Terra, mas não às outras criaturas divinas, ou então o Gólgota deveria repetir-se infinitas vezes em infinitos planetas, retirando do sacríficio do Filho do Homem a sua sublime unicidade.

Como recordará Fontenelle em seus *Entretiens sur la pluralité des mondes* (1686), a hipótese já estava presente na teoria cartesiana dos turbilhões, pois se cada estrela arrasta seus planetas num turbilhão, e um turbilhão maior arrasta a estrela, era possível imaginar infinitos turbilhões que, nos céus, arrastavam infinitos sistemas planetários.

Com a ideia da pluralidade dos mundos tem início, no século XVII, a ficção científica moderna, das viagens de Cyrano de Bergerac aos impérios do Sol e da Lua, ao *The man in the moone*, de Godwin, e à *Discovery of a world in the moone*, de Wilkins. Quanto às formas de chegar lá, ainda não chegamos a Jules Verne. Da primeira vez, Cyrano prende no corpo um grande número de ampolas cheias de orvalho, e o calor do Sol, atraindo o orvalho, o faz subir. Da segunda vez, usa uma máquina movida por rojões. Godwin, por sua vez, propõe um avião *ante litteram* impulsionado por pássaros.

A ficção científica

A ficção científica moderna, de Verne ao nosso século, abre um novo capítulo das astronomias imaginárias, no qual são exploradas e levadas ao extremo as hipóteses da astronomia e da cosmologia científica. Meu antigo aluno Renato Giovannoli escreveu um livro apaixonante sobre a *Ciência da ficção científica*,[1] no qual examina todas as hipóteses pseudocientíficas (mas às vezes bastante críveis) elaboradas pelas narrativas antecipatórias, mas mostra que a ficção científica constitui um corpo bastante homogêneo de ideias e *topoi* que retornam de narrador a narrador, através de aperfeiçoamentos e desenvolvimentos sucessivos, dos canhões carregados a nitroglicerina de Verne e câmaras antigravitacionais de Wells até as viagens no tempo, passando pelas várias técnicas de astronavegação, pela viagem em hibernação, pela nave espacial como pequeno universo fechado e ecologicamente autossuficiente com culturas hidropônicas, pelas infinitas variações sobre o paradoxo de Langevin, com o astronauta regressando de uma viagem na

---

1. Renato Giovanoli. *Scienza della fantascienza*. Milão: Bompiani, 1991.

velocidade da luz dez anos mais jovem que o próprio irmão gêmeo. Um exemplo: Robert Heinlein escreveu uma história desse tipo, em *Time for the Stars*, com dois gêmeos que se comunicam telepaticamente durante a viagem, mas Tullio Regge, em seu *Cronache dall'universo*, observou que, se as mensagens telepáticas chegam instantaneamente, as respostas do irmão viajante deveriam chegar primeiro que as perguntas.

Outro tema constante é o hiperespaço que Heinlein, em *Starman Jones*, descreve usando o modelo de uma echarpe: "Aqui está Marte... Este é Júpiter. Para ir de Marte a Júpiter é preciso percorrer esse trecho... Mas e se dobrássemos a echarpe de modo que Marte ficasse acima de Júpiter? O que nos impediria de atravessar o trecho que os separa?" Assim, a ficção científica foi em busca de pontos anômalos do universo onde o espaço possa se dobrar sobre si mesmo. E também utilizou hipóteses científicas, como os pontos de Einstein-Rosen, os buracos negros, os *wormholes* espaçotemporais, e Kurt Vonnegut teorizou, em *As sereias de Titã*, a existência de túneis hiperespaciais, os infundíbulos cronossinclásticos, enquanto outros inventaram os táquions, partículas mais velozes que a luz.

Todos os problemas da viagem no tempo foram discutidos, sem duplicação e com duplicação do cronoviajante, inclusive o famoso paradoxo do avô (se uma pessoa voltar atrás no tempo e matar o próprio avô antes que se case, talvez ela desapareça no mesmo momento), usando conceitos elaborados por cientistas como Reichenbach, em seu *The Direction of Time*, a propósito de cadeias causais fechadas onde, pelo menos no mundo subatômico, A causa B, B causa C e C causa A. Em *Counter-Clock World*, Philip Dick teorizou a inversão entrópica. Fredric Brown escreveu um conto, *The End*, em que levanta, na primeira parte, a hipótese de que o tempo seja um campo e o professor Jones tenha encontrado uma máquina capaz de inverter esse campo temporal: Jones aperta um botão e a segunda parte da história é construída com as mesmas palavras da primeira, mas em ordem inversa.

E enfim, jogando com a antiga teoria da infinidade dos mundos, imaginou-se a existência de universos paralelos, e Fredric Brown, em seu *What mad universe*, recorda que pode existir um número infinito de universos coexistentes: "Há, por exemplo, um universo no qual esta mesma cena se

176

desenrola neste mesmo momento, exceto que você, ou o seu equivalente, usa sapatos marrons em vez de sapatos pretos... Num outro caso, você terá um arranhão no dedo, em outro, ainda, chifres purpúreos..." Na lógica dos mundos possíveis, o filósofo D. K. Lewis, em seu *Counterfactuals*, de 1973, sustentou o seguinte: "Sublinho que de modo algum identifico os mundos possíveis com respeitáveis entidades linguísticas. Assumo-os como respeitáveis entidades de pleno direito. Quando assumo um comportamento realista a respeito dos mundos possíveis, pretendo ser tomado ao pé da letra. (...) Nosso mundo atual é somente um mundo entre outros (...) Vocês já acreditam nesse nosso mundo atual. Só peço que acreditem em outras coisas desse gênero."

O que separa uma boa parte da ficção científica da ciência que a precedeu e que a sucederá? Se é certo que os narradores de ficção científica leem os cientistas, quantos cientistas alimentaram sua imaginação nos narradores de ficção científica? Quantas das astronomias imaginárias da ficção científica são ou ainda serão imaginárias nos dias que virão?

Encontrei um texto em que Tomás de Aquino (*In Primum Sententiarum*, 8, 1, 2) distingue dois tipos de relação morfológica entre causa e efeito: a causa pode ser semelhante ao efeito, como uma pessoa é semelhante a seu retrato, ou a causa pode ser dessemelhante do efeito, como acontece com o fogo, que causa a fumaça; e, nesta segunda categoria de causas, Tomás coloca também o Sol, que produz calor mas em si é frio. Nós sorrimos, pois ele foi conduzido a este exemplo por sua teoria das esferas celestes, mas se um dia a fusão fria for levada a sério, não seremos obrigados a reconsiderar com respeito esta ideia do Aquinate?

O Sol frio e a Terra oca

Porém, a respeito do Sol frio, existiram geoastronomias mais que imaginárias, delirantes, a bem dizer, que parecem ter inspirado pensamentos e decisões muito sérios, embora pouquíssimo louváveis.

Desde 1925, circulava nos ambientes nazistas a teoria de um pseudocientista austríaco, Hans Hörbiger, chamada WEL, ou seja, *Welteislehre* ou teoria do gelo eterno.[2] Esta hipótese gozou dos favores de homens como Rosenberg e Himmler. Mas com a ascensão de Hitler ao poder, Hörbiger foi levado a sério até em alguns ambientes científicos, por exemplo, por estudiosos como Lenard, que havia descoberto, junto com Röntgen, os raios X.

Para Hörbiger, o cosmos era o teatro de uma eterna luta entre gelo e fogo que produzia não uma evolução, mas uma alternância de ciclos ou de eras. Havia outrora um enorme corpo de alta temperatura, milhões de vezes maior que o Sol, que entrou em colisão com uma imensa acumulação de gelo cósmico. A massa de gelo penetrou neste corpo incandescente e, depois de trabalhar em seu interior como vapor durante centenas de milhões de anos, causou a explosão de tudo. Vários fragmentos foram projetados tanto no espaço gelado quanto numa zona intermediária, onde constituíram o sistema solar. A Lua, Marte, Júpiter e Saturno são gelados, e a Via Láctea é um anel de gelo, no qual a astronomia tradicional vê estrelas que, na verdade, são truques fotográficos. As manchas solares são produzidas por blocos de gelo que se destacam de Júpiter.

Agora, a força da explosão originária vai diminuindo e os planetas não cumprem uma revolução elíptica, como acredita equivocadamente a ciência oficial, mas uma aproximação em espiral (imperceptível) em torno do planeta maior, que os atrai. No final do ciclo em que estamos vivendo, a Lua vai se aproximar cada vez mais da Terra, fazendo as águas dos oceanos aumentarem de volume, submergindo os trópicos e deixando de fora apenas as montanhas mais altas. Os raios cósmicos vão se tornar mais potentes e determinar mutações genéticas e, por fim, nosso satélite explodirá, transformando-se num anel de gelo, água e gás que em seguida despencará sobre o globo terrestre. Devido a complexos eventos causados pela influência de Marte, a Terra também se transformará num globo de gelo e, no final, será absorvida pelo Sol. Depois, haverá uma nova explosão e um novo início, assim como no passado, aliás, a Terra já havia tido e reabsorvido três outros satélites.

Evidentemente, esta cosmogonia pressupunha uma espécie de Eterno Retorno que se remetia a mitos e epopeias antiquíssimas. Mais uma vez, aquilo

---

2. Hans Hörbiger. *Glazial-Kosmogonie*. Leipzig: Kaiserslautern Hermann Kaysers, 1913.

que também os nazistas hodiernos chamam de saber da tradição opunha-se ao falso saber da ciência liberal e judaica. Ademais, uma cosmogonia glacial parecia muito nórdica e ariana. Em seu *O despertar dos magos*, Pauwels e Bergier[3] atribuem a esta profunda crença nas origens glaciais do cosmos a confiança, alimentada por Hitler, de que suas tropas suportariam muito bem o gelo do território russo. E afirmam também que a exigência de provar como reagiria o gelo cósmico atrasou, por outro lado, os experimentos com o V1. Em 1938, um pseudo-Elmar Brugg[4] publicou um livro em homenagem a Hörbiger como o Copérnico do século XX, sustentando que a teoria do gelo eterno explicava os laços profundos que ligam os acontecimentos terrenos às forças cósmicas e concluindo que o silêncio da ciência democrático-judaica em relação a Hörbiger era um caso típico de conspiração dos medíocres.

A existência de cultores das ciências mágico-herméticas e neotemplaristas atuando nos ambientes do partido nazista, como os adeptos da *Thule Gesellschaft*, fundada por Rudolf von Sebottendorff, é um fenômeno amplamente estudado.[5]

Mas o ambiente nazista também deu ouvidos a uma outra teoria, aquela que reza que a Terra é oca e nós não vivemos do lado de fora, na crosta exterior, convexa, mas dentro, na superfície interna côncava. Esta teoria havia sido enunciada no início do século XIX por um certo capitão J. Cleves Symmes, de Ohio, que escreveu sobre o assunto a várias sociedades científicas: "A todo o mundo: declaro que a Terra é oca e habitável em seu interior, que contém um certo número de esferas sólidas, concêntricas, ou seja, colocadas uma dentro da outra, e que é aberta nos dois polos numa extensão de doze ou dezesseis graus." A Academia de Ciências Naturais da Filadélfia ainda conservava o modelo, em madeira, de seu universo.

A teoria foi retomada depois da metade do século por Cyrus Reed Teed, que especificava que aquilo que pensamos ser o céu é uma massa de

---

3. Louis Pauwels e Jacques Bergier. *Il mattino dei maghi*. Milão: Mondadori, 1963.

4. Na verdade, Rudolf Elmayer-Vestenbrugg. *Die Welteislehre nach Hanns Hörbiger*. Leipzig: Koehler Amelang, 1938.

5. Por exemplo, René Alleau. *Hitler et les sociétés secrètes*. Paris: Grasset, 1969. Ou Giorgio Galli. *Hitler e il nazismo magico*. Milão: Rizzoli, 2005.

gás que preenche todo o globo, com zonas de luz brilhante. O Sol, a Lua e as estrelas não seriam globos celestes, mas efeitos visuais provocados por vários fenômenos.

Após a Primeira Guerra Mundial, a teoria foi introduzida na Alemanha por Peter Bender e depois por Karl Neupert, que funda o movimento da *Hohlweltlehre*, teoria da Terra oca. Segundo algumas fontes,[6] a hipótese foi levada a sério nas altas hierarquias alemãs, e em alguns ambientes da marinha alemã acreditava-se que a teoria da Terra oca permitiria estabelecer com maior exatidão as posições dos navios ingleses, porque, se os raios infravermelhos fossem usados, a curvatura da Terra não obscureceria a observação. Diz-se até que alguns tiros com V1 foram errados justamente porque sua trajetória teria sido calculada a partir da hipótese de uma superfície côncava e não convexa. Donde se vê — se isso é verdade — a utilidade histórica e providencial das astronomias delirantes.

Geografias imaginárias e história verdadeira

Na segunda metade do século XII, chegou ao Ocidente uma carta dizendo que no Oriente distante, além das regiões ocupadas pelos muçulmanos, além daquelas terras que os cruzados tinham tentado retirar do domínio dos infiéis, mas que a seu domínio tinham retornado, florescia um reino cristão, governado por um fabuloso Preste João ou Presbyter Johannes, *re potentia et virtute dei et domini nostri Iesu Christi*. A carta começava dizendo:

> Saibam e firmemente creiam que eu, Preste João, sou senhor dos senhores, e de todas as riquezas que há sob o céu, e em virtude e em poder supero todos os reis da Terra. Setenta e dois reis nos pagam tributos (...) Nossa Soberania estende-se sobre as três Índias da Índia Maior, onde repousa o corpo do apóstolo Tomé, nossos domínios penetram no deserto, adentram para os confins do Oriente e retornam em seguida para o Ocidente até a Babilônia

---

6. Por exemplo, Gerard Kniper, do observatório do monte Palomar, num artigo publicado em *Popular Astronomy*, em 1946, e Willy Ley, que trabalhou na Alemanha no projeto V1, em seu artigo "Pseudo-science in Naziland", in *Astounding Science Fiction*, n. 39, 1947.

deserta, junto à torre de Babel (...) Em nossos domínios, nascem e vivem elefantes, dromedários, camelos, hipopótamos, crocodilos, metagalináceos, cameteternos, tinsiretas, panteras, onagros, leões brancos e fulvos, ursos brancos, melros brancos, cigarras mudas, grifos, tigres, chacais, hienas, bois selvagens, sagitários, homens selvagens, homens chifrudos, faunos, sátiros e mulheres da mesma espécie, pigmeus, cinocéfalos, gigantes de quarenta cúbitos, monóculos, ciclopes, uma ave chamada fênix e quase todo o tipo de animal que vive sob a abóbada celeste. (...) Em uma de nossas províncias, onde vivem os pagãos, escorre um rio chamado Indo. Esse rio, que nasce no Paraíso, estende seus meandros em muitos braços por toda a província e nele se encontram pedras naturais, esmeraldas, safiras, carbúnculos, topázios, crisólitas, ônix, berilos, ametistas, sardônicas e muitas outras pedras preciosas.[7]

E assim por diante, listando outras maravilhas. Traduzida e parafraseada várias vezes no curso dos séculos seguintes, até o período seiscentista, em várias línguas e versões, a carta teve uma importância decisiva para a expansão do Ocidente cristão para o Oriente. A ideia de que além das terras muçulmanas podia existir um reino cristão legitimava todas as empresas de expansão e exploração. Giovanni Pian del Carpine, Guilherme de Rubruck e Marco Polo falarão do Preste João. Por volta da metade do século XIV, o reino do Preste João vai migrar de um Oriente impreciso para a Etiópia, quando os navegadores portugueses enfrentaram a aventura africana. Henrique IV, da Inglaterra, o duque de Berry, o papa Eugênio IV tentarão estabelecer contato com o Preste João no século XV. Em Bolonha, na época da coroação de Carlos V, ainda se discutia sobre João como possível aliado para a reconquista do Santo Sepulcro.

Como nasceu e o que pretendia a carta de Preste João? Talvez fosse um documento de propaganda antibizantina, produzido nos *scriptoria* de Frederico I, mas o problema não é tanto a sua origem, e sim a sua recepção. Através da fantasia geográfica foi se reforçando pouco a pouco um projeto político. Em outras palavras, o fantasma evocado por algum escriba num momento de inspiração falsificatória (gênero literário muito estimado na época)

---

7. Gioia Zaganelli (org.). *La lettera del Prete Gianni*. Parma: Pratiche, 1990. p. 55.

181

funcionou como álibi para a expansão do mundo cristão para a África e a Ásia, como ombro amigo para ajudar o homem branco a carregar seu fardo.

Eis, portanto, um caso de geografia imaginária que produziu história verdadeira. E não está sozinho. Gostaria de encerrar com o *Typus Orbis Terrarum*, de Ortelius, do século XVI.

Ortelius já representava o continente americano com notável precisão, mas ainda pensava, como muitos antes e depois dele, que existia uma *Terra Australis*, uma imensa calota que envolvia toda a parte antártica do planeta [ver imagem 12 do encarte]. Foi para encontrar esta inexistente Terra Austral que navegadores incansáveis, de Mendaña a Bougainville, de Tasman a Cook, exploraram o Pacífico. Por mérito de uma cartografia imaginária, foram finalmente descobertas as verdadeiras Austrália, Tasmânia e Nova Zelândia.

Piedade, portanto, por quem combateu nas fronteiras do ilimitado e do futuro. Piedade pelas grandezas e erros muitas vezes fecundos de cada geografia e astronomia imaginária.

[REELABORAÇÃO DE DUAS INTERVENÇÕES, UMA, DE 2001, NUM CONGRESSO DE ASTRÔNOMOS, E OUTRA, EM 2002, NUM CONGRESSO DE GEÓGRAFOS.]

A cada povo, seu costume

Nenhum registro no NUC. E bom seria se fosse só isso: não mencionado por Brunet, Graesse, e ausente, malgrado o tema, das bibliografias de ciências ocultas (Caillet, Ferguson, Duveen, Verginelli Rota, Biblioteca Mágica, Rosenthal, Dorbon, Guaita e assim por diante). Portanto, é difícil obter informações sobre este libelo anônimo que, embora desprovido de data e publicado numa das costumeiras cidades-fantasma (Filadélfia, editado por Secundus More), carrega um título apetitoso como *Da Nova Utoppia [sic], ou seja, da Ilha Perdida, onde um Legislador de Engenho havia tentado realizar a República Feliz atendo-se ao princípio segundo o qual os Provérbios são a Sabedoria dos Povos*, 8º (2) 33; 45 (6) (1 branca).

O pequeno volume se divide em duas partes: na primeira, são enunciados os princípios que serviram de base para a fundação da República Feliz; na segunda, são listadas as desvantagens e dificuldades consecutivas à constituição deste Estado e, portanto, as razões pelas quais a Utopia naufragou no prazo de poucos anos.

O Princípio Utópico fundamental que serviu de ponto de partida para o Legislador era que não somente os provérbios são a sabedoria dos povos, mas também a voz do povo é a voz de Deus; portanto, um Estado perfeito deve ser constituído com base nesta única sabedoria, tendo todas as outras ideologias e projetos morais, sociais, políticos, religiosos anteriores falido justamente porque, por húbris intelectual, se afastaram da prisca sabedoria (aprende com o passado, acredita no futuro e vive no presente).

Depois de alguns meses da implantação desta República Feliz, eles já tinham percebido que o Princípio Utópico dificultava bastante a vida cotidiana. Problemas nas atividades de caça e de abastecimento de gêneros de primeira necessidade surgiram de imediato, pois partiam do princípio de que quem não tem cão caça com gato (com escassos resultados). Limitaram-se então à pesca, mas, convencidos de que quem dorme não pega peixe, os pescadores começaram a consumir doses exageradas de excitantes e, destruídos física e espiritualmente, terminavam sua carreira em idade muito jovem. A agricultura enfrentava uma crise perene, pois todos acreditavam que fruta madura cai sozinha do pé, para não falar da marcenaria (e até da fixação de novos quadros na parede), já que, convencidos de que prego que ressalta leva martelo, martelava-se qualquer prego que aparecesse. Impossível construir e vender panelas por causa de uma persistente desconfiança em relação aos paneleiros, pois todo mundo sabe que quem faz a panela é o diabo (os paneleiros tentaram fabricar e vender só as tampas, porém, como ninguém conseguia comprar panela, sua oferta enfrentava uma completa ausência de demanda).

O trânsito era difícil: sabendo que quem a estrada velha pela nova deixar, sabe o que deixou, mas não o que vai encontrar, foram proibidos os retornos (e ninguém mais podia voltar para onde tinha partido) e também os desvios (quem se mete por atalhos não se livra de trabalhos). Por outro lado, também foram proibidos todos os veículos (devagar se vai ao longe) e nem de burro se podia viajar por causa do fedor insuportável dos bichos (quem faz toalete em burro perde o tempo e o sabão). Em geral, eram desencorajadas não somente as viagens, mas toda e qualquer atividade produtiva, pois quem vive de sonhos não precisa de nada (o que encorajava também o uso de drogas). Foram abolidos até mesmo os serviços postais, pois quem quer faz, quem não quer manda. Difícil também a defesa da propriedade privada, pois, se cão que ladra não morde, para impedi-los de latir foram aplicadas focinheiras tão apertadas que os ladrões faziam a festa.

A higiene reduziu-se ao mínimo possível, pois gato escaldado até de água fria tem medo.

Um mal compreendido princípio de cooperação estabeleceu que para temperar bem a salada é preciso um avarento para o vinagre, um justo para o sal e um extravagante para o azeite (e todos sabiam que com azeite, vinagre, sal e pimenta até uma bota é saborosa): assim sendo, cada vez que alguém ia cozinhar (e é sempre bom lembrar que é fácil tocar no fogo com o dedo dos outros), tinha de pedir a colaboração de um conhecedor adequado (e todos se candidatavam para a função). Não era difícil encontrar um extravagante e obrigá-lo a temperar, pois todo mundo deita e rola em quem não é certo da bola, mas sérios problemas surgiam para pedir ajuda ao avarento, seja porque ninguém assume que é pão-duro, seja porque tempo é dinheiro, e o avarento não vai gastar o dele de graça (e, além do mais, o avarento é como porco, só é bom depois de morto). No final, desistiram de temperar as saladas, mesmo porque o melhor tempero é a fome.

O mesmo problema da salada acontecia também na toalete matinal, já que o melhor espelho é um velho amigo, e encontrar um velho amigo à disposição todo dia de manhã não era nada fácil, a não ser que dois coetâneos de idade avançada resolvessem se espelhar um no outro, com resultados desastrosos quando se tratava de usar a navalha.

A vida social tinha se reduzido à troca de poucos monossílabos, dado que o silêncio é de ouro e muitas vezes é mais eloquente que a palavra, que para bom entendedor meia palavra basta, que em boca fechada não entra mosca, que para boa vida levar, ver, ouvir e calar, que para palavras loucas, orelhas moucas, e que a boca fala e o homem paga (pois prudência e canja de galinha não fazem mal a ninguém). Além disso, todos sabiam que um copo de vinho areja a mente, mas um barril arruína a vida, que o vinho alegra, mas solta a língua, que desgraça e botequim ficam na mesma estrada e, sendo assim, evitavam encontros festivos — os quais, nas raras vezes que aconteciam, levavam a brigas furiosas, pois quem bate primeiro bate duas vezes. Sempre por causa de um princípio de cooperação mal compreendido, também os jogos de azar se tornaram impossíveis, pois quem confia no acaso pega um cego por guia, e não era fácil arranjar um cego para cada jogador — e depois o primeiro guia monóculo que aparecia ganhava tudo, pois em terra de cego quem tem um olho é rei. Proibidos também os jogos de habilidade como o arco e flecha, porque, gira, gira, a flecha cai em quem atira.

Difícil era administrar um negócio: difícil para os confeiteiros, pois quem faz leva, e eles só viviam levando torta na cara. As negociações degeneravam em brigas desagradáveis, pois, se é verdade que quem desdenha quer comprar, obviamente quem compra desdenha, e quando um cliente entrava na loja perguntando como é que colocavam à venda uma porcaria daquelas, o dono respondia mordido: "Lixo é o senhor e aquela vadia da senhora sua mãe!", provocando algo que logo foi definido como síndrome de Zidane. E por fim, como todo mundo sabe que para pagar e para morrer, quanto mais tarde melhor, os negociantes ficavam arruinados pela constante e habitual inadimplência dos clientes.

De todo modo, trabalhava-se pouquíssimo, pois para cada santo, a sua festa, e, portanto, eram 365 dias feriados por ano (e, naturalmente, acabada a festa, esquecido o santo) dedicados, é óbvio, à esbórnia permanente, pois à mesa ninguém envelhece (sem falar no dia de São Martinho, quando todo mosto faz vinho). Dada esta obsessiva veneração dos santos, no Carnaval, quando qualquer brincadeira vale, só dava para achincalhar os soldados, com perda de decoro do exército inteiro. A bem dizer, como cada um só pedia Deus me guarde dos amigos, pois dos inimigos me guardo eu, resolveram finalmente abolir as forças armadas.

A própria vida religiosa criava dificuldades: antes de mais nada, era difícil reconhecer os sacerdotes porque o hábito não faz o monge e estes homens de Deus andavam sempre com vestes falsas. Em segundo lugar, considerando o fato de que Deus ama falar com quem ama calar, a prece era desencorajada.

A administração da justiça era espinhosa. Quase não se podia julgar, pois pecado confessado é meio perdoado e, em caso de condenação, não se podiam publicar as sentenças, pois se conta o milagre, mas não o santo. Recorrer a um advogado era proibitivo, porque um bom conselho não tem preço, e os juízes não gostavam de convocar testemunhas aos processos considerando que quem ouve demais pouco ou nada conclui (e os poucos convocados eram escolhidos entre os doentes incuráveis, pois de hospital e cemitério se sai sempre mais sincero). Não se podia punir crimes cometidos contra familiares (roupa suja se lava em casa), acidentes na construção civil não eram investigados, pois era evidente que quanto mais alto o coqueiro, maior (e mais acelerado) é o tombo do coco. Para os crimes mais graves, recorria-se à pactuação e era possível evitar a pena capital em troca do corte da língua (castigando a boca e a língua, evitam-se muitas penas e, enfim, é melhor um acordo magro que uma sentença gorda). Praticava-se às vezes a decapitação e depois, barbaramente, organizavam-se corridas entre os justiçados, pois quem não tem cabeça, que tenha pernas, com resultados obviamente decepcionantes. Devemos acrescentar que era difícil incriminar os ladrões que, convencidos de que com bons modos tudo se consegue, não usavam armas e subtraíam dinheiro e mercadorias simplesmente com maneiras insinuantes, argumentando depois que as vítimas tinham oferecido voluntariamente os seus bens. Além do mais, parecia inútil prescrever duras penas, pois para quem não teme sermão, de pouco adianta o bastão.

A certa altura, todos reconheceram que quem com ferro fere com ferro será ferido, e resolverão instituir a pena do talião, executada em público. A prática deu bons resultados para crimes como o homicídio, mas criou situações embaraçosas nas execuções públicas de crimes como a sodomia, e o costume foi, portanto, abandonado.

A deserção não era crime, porque soldado que escapa inteiro volta na próxima, e, curiosamente, era punido quem escrevia com tinta simpática, pois quem não entende a própria letra é burro e não tem treta. Foram proibidas as imagens dos defuntos nos caixões, pois, se quem é vivo sempre aparece, necessariamente quem é morto não aparece. Enfim, os juízes estavam desacreditados, com base no chamado Primeiro Princípio da Bandana: se um crime cometeste, trata de enxovalhar quem te acusa (o Segundo Princípio rezava que quem rouba pouco vai preso, mas quem rouba mais, carreira faz).

Numa república tão evidentemente fundada na injustiça, trágica era a situação das mulheres: a sabedoria dos povos nunca foi benévola com elas, estabelecendo que: com fogo, com mulher e com o mar, o melhor é não brincar; mulher beata é mulher velhaca; aquele que em jura de mulher se fia, pena de noite e de dia; mulher de cego, se é direita, não se enfeita; moça nova só não namora carrapato porque não sabe qual é o macho; mulher casada é pior que boi sonso; mulher e mula, só o relho cura; de mulher e de sardinha, é melhor a menorzinha; mulher quanto mais fala, mais mente, e quanto mais mente, mais jura, e se a galinha canta de galo, corte-se-lhe o gargalo.

As esposas eram condenadas a ouvir todo santo dia reclamações contra a mãe do marido, pois quem quer que a sogra ouça, fale com a nora. Quando tinham a desventura de casar com um marido amoroso, eram submetidas a contínuas punições corporais, pois quem ama bem, castiga bem (amor sem arrufo dá mofo), e as casadouras nem podiam esperar encontrar um marido mais velho e menos fogoso, pois se dos sessenta estás vizinho, deixa a mulher e fica com o vinho.

Esta misoginia fundamental tornava cansativa a vida sexual em geral: acima de tudo, todo mundo sabia que Tabaco, Vênus e Baco transformam o homem num caco, e que antes só que mal acompanhado, e todos desconfiavam dos excessos amorosos, pois, quando a esmola é demais, até o santo desconfia. Mas em compensação, o adultério era muito praticado, pois amar a vizinha é vantagem, para se encontrar não carece viagem. Considerando que ano novo, vida nova, achavam que as crianças só deviam nascer em janeiro e, portanto, acasalamento só em meados de abril. Mas, como Natal é com a família e Páscoa com a quadrilha, em abril só aconteciam encontros adúlteros (e se Natal com sol é Páscoa com braseiro, nesta época os maridos perseguiam as mulheres infiéis e os rivais com brasas incandescentes), de modo que a República Feliz era composta quase que exclusivamente de filhos ilegítimos.

Estas dificuldades sexuais não eram compensadas sequer pelas práticas onanísticas ou comércios pornográficos porque (mesmo sendo verdade que quem se contenta, goza) ver e não tocar, ninguém pode aguentar. No entanto, não eram infrequentes os casos de homossexualidade, pois se pensava que quem se assemelha faz parelha (e por que não? Não é belo o que é belo, mas o que agrada).

Nem adianta pensar que muitas dificuldades podiam ser resolvidas pelos médicos, pois em relação a eles vigorava a maior das desconfianças. Antes de mais nada, achavam que faz mais dano a aflição que a moléstia, que uma grande agrura nem o médico cura, que aqueles que o médico enterra cobririam a Terra, que dentista come com os dentes dos outros e, enfim, que há males que vêm para o bem e que enquanto há vida, há esperança (no máximo, recorriam à eutanásia, pois para males extremos, remédios extremos). Como uma maçã ao dia garante uma vida sadia e como fazendo a barba se está bem um dia, arranjando mulher se está bem um mês, mas com o porco morto se está bem um ano, em vez de ir ao médico, eles matavam um porco. Ninguém manda no coração e, portanto, eram desaconselháveis os tratamentos cardíacos, e os otorrinolaringologistas também não gozavam de melhor reputação, pois pega-se um homem pela língua, sem falar na descrença nos veterinários, pois a cavalo dado não se olha os dentes, e eles só podiam tratar cavalos comprados a bom preço. E as afecções pulmonares eram frequentes: como todos sabiam que após a Candelária, adeus inverno, depois dessa festa todo mundo usava roupas leves, mesmo que a geada e a chuva continuassem a castigar. Seja como for, nem mesmo os médicos gostavam de frequentar hospitais, lembrando que quem anda com coxo aprende a coxear.

A última consolação daquele povo infeliz poderiam ser os jogos e brincadeiras, mas qualquer competição esportiva terminava antes mesmo de começar (é com a bola parada que se vê quem ganhou). Como para bom cavaleiro nunca falta lança, as corridas de cavalo eram praticamente impossíveis, pois as ditas lanças atrapalhavam demais os jóqueis. Nem valia a pena organizar as tradicionais lutas na lama, pois quem fica na lama sempre acaba chafurdando.

O único jogo praticado era uma espécie de altíssimo mastro de cocanha ou pau de sebo: quem chegasse lá em cima ganhava um saboroso tira-gosto (quem não arrisca não petisca).

Não se deve pensar, porém, que por causa das dificuldades na prática do jogo e das atividades sexuais, os cidadãos se refugiassem na educação. A escola era alvo de grande desconfiança, pois mais vale a prática que a gramática, e como não se faz história com se e com mas, ninguém cultivava a lógica. Os professores eram péssimos porque quem sabe faz, e quem não sabe ensina (e os alunos nem notavam porque quem pergunta não comete erros). O estudo das matemáticas era reduzido ao mínimo: os jovens com certeza aprendiam que não existe dois sem três, mas não chegavam às cifras sucessivas, pois não adianta dizer quatro sem tê-los no saco — e ninguém sabia dizer que quatro coisas o jovem devia ter no saco, e ele nem podia se gabar dizendo que lá estava a pele de um urso, se não pudesse provar tê-lo abatido pessoalmente. Das matemáticas superiores, melhor nem falar, pois existia o tabu da quadratura do círculo (quem nasce redondo não morre quadrado). Os mais espertos eram discriminados (quem cedo fala, pouco sabe) e, de todo modo, viviam adoentados, pois quem entende, padece. Portanto, pensavam eles, melhor um burro vivo que um doutor morto.

No final dos estudos era proibido procurar trabalho apresentando um *curriculum*, pois elogio em boca própria é vitupério. O desemprego e o subemprego eram encorajados (aprende a arte, mas deixa de parte). Por outro lado, quem aos vinte não pode, aos trinta não sabe, e aos quarenta não tem, nunca será ninguém.

Os conhecimentos tecnológicos eram reduzidíssimos: eram proibidos os sistemas de reciclagem (águas passadas não movem moinhos) e só eram utilizados lentíssimos métodos arcaicos (é de grão em grão que a galinha enche o papo; pasta cavalo, que a grama cresce; a pressa é inimiga da perfeição, e apressado come cru).

Em suma, é evidente que a República Feliz tornava infelicíssimos os seus habitantes, que pouco a pouco abandonaram a ilha e seu Legislador, que foi obrigado a reconhecer a falência de sua utopia. Antes tarde do que nunca. Como comenta sabiamente o autor deste libelo, criticando a confiança excessiva nos provérbios, a sabedoria do passado não enche barriga, entre falar e realizar, há no meio o mar, e tudo que é demais estraga. O Legislador achava que de coisa sempre nasce coisa, mas é pela fruta que se conhece a árvore, e todos os nós chegam ao pente. Se está bem o que acaba bem e se quem persevera vence, em compensação, está mal o que acaba mal e, portanto, quem é causa de seu mal, que reclame a si mesmo, pois quem nasce aflito morre desconsolado, quem semeia vento colhe tempestade e quem planta amor colhe saudade. Jogo bom dura pouco.

Devia antes ter se informado de que cada madeira tem seu cupim, cada medalha, um reverso, e que de boas intenções o inferno está cheio. Mas ninguém pode saber o dia de amanhã, pois o futuro a Deus pertence.

E isso vale também para o nosso anônimo dos tempos de outrora. Quem morre jaz e quem vive lhe dá paz. Apenas relatei o que li: não atirem no mensageiro!

[RESENHA ESPÚRIA PUBLICADA EM *ALMANACCO DEL BIBLIOFILO. VIAGGI NEL TEMPO: ALLA RICERCA DI NUOVE ISOLE DELL'UTOPIA*, ORG. DE MARIO SCOGNAMIGLIO, MILÃO: ROVELLO, 2007.]

Eu sou Edmond Dantès!

Alguns desafortunados iniciaram-se na literatura lendo, por exemplo, Robbe-Grillet. Robbe-Grillet só deve ser lido depois de esclarecidas quais são as estruturas ancestrais da narração, que ele viola. Mas para apreciar as invenções e deformações léxicas de Gadda é preciso conhecer as regras da língua italiana e ter se familiarizado com o bom toscano de *Pinóquio*.

Lembro que, quando era menino, vivia uma relação de contínuo desafio com um amigo, de família culta, que lia Ariosto. Decidido a não ficar para trás, gastei meus poucos tostões para comprar Tasso numa banca de jornal. Não é que não o tenha folheado, mas secretamente lia *Os três mosqueteiros*. Certa noite, a mãe do meu amigo, que estava de visita, descobriu o livro incriminado na cozinha (os futuros homens de letras leem na cozinha, acocorados, com as costas apoiadas no aparador, com a mãe gritando que vai arruinar os olhos e que devia sair ao menos para respirar um pouco de ar fresco) e reagiu escandalizada ("Mas como pode ler esta porcaria?"). Note-se que a mesma senhora dizia à minha mãe que seu ídolo era Wodehouse, que eu também lia, e com grande prazer, mas — literatura de consumo por literatura de consumo — por que Wodehouse seria mais nobre que Dumas?

É que pesava sobre o romance de folhetim uma condenação já secular, e não foi só a emenda Riancey, de 1850, que o ameaçou de morte impondo uma taxa insustentável aos jornais que publicavam *feuilletons*, mas também era opinião difusa entre as pessoas tementes a Deus que o *feuilleton* arruinava as famílias, depravava a juventude, incitava os adultos ao comunismo e à subversão do trono e do altar. Mas bastaria ver as quase mil páginas em dois volumes que Alfred Nettement dedicou à análise desta literatura diabólica, em 1845 (*Études critiques sur le feuilleton-roman*).

No entanto, é apenas lendo folhetins, e ainda pequeno, que se aprende os mecanismos clássicos da narrativa — da forma como se manifestam em estado puro, às vezes despudoradamente, mas com uma empolgante energia mitopoética.

E, portanto, quero tratar agora, não de um livro em particular, mas justamente de um gênero (o *feuilleton*) e de um mecanismo específico, a *agnição* ou reconhecimento.

Se fosse necessário recordar, como acabo de fazer, que o *feuilleton* coloca em cena os mecanismos eternos da narrativa, teríamos de citar Aristóteles (*Poética* 1452 a-b). A agnição é "a passagem da ignorância para o conhecimento", sobretudo o reconhecimento de pessoa a pessoa, quando, por exemplo, o personagem identifica num outro, inopinadamente (por revelação de alguém ou descoberta de uma joia ou de uma cicatriz), o próprio pai, o próprio filho ou, pior, quando Édipo percebe que aquela Jocasta com quem se casou é sua mãe.

Podemos reagir à agnição com simplicidade, envolvendo-nos no jogo do narrador, ou refletir sobre ela segundo os modos da narratologia. No segundo caso, alguns acreditam que se corre o risco de perder o efeito, mas não é verdade — e, para provar isso, farei algumas reflexões narratológicas, para voltar em seguida de modo selvagem, em transmissão direta, aos milagres da agnição.

Uma agnição *dupla* deve pegar de surpresa não só o personagem, mas também o leitor. Esta surpresa pode ter sido preparada sob a forma de insinuações e suspeitas ou pode chegar realmente de improviso até para quem lê. A dosagem dessas antecipações quase imperceptíveis ou de golpes de cena inesperados depende da habilidade do narrador. Na agnição *simples*, ao contrário, o personagem cai das nuvens diante da revelação, mas o leitor já sabia o que estava acontecendo. Típico desta categoria é a múltipla revelação de Montecristo a seus inimigos, que o leitor espera e antegoza desde a metade do livro.

Na agnição *dupla*, o leitor, identificando-se com o personagem, compartilha suas dores e delícias e suas surpresas. Na simples, ao contrário, o leitor projeta no personagem, cujo segredo conhece ou adivinha, as próprias frustrações e desejos de revanche e antecipa o golpe de cena. Ou seja: o leitor gostaria de agir contra os próprios inimigos, o chefe no escritório, a mulher que o traiu, da mesma forma como age Montecristo: "Tu me desprezavas? Pois bem, agora vais saber quem sou na verdade!", e desfruta a expectativa do momento final.

Um elemento útil para o sucesso de uma agnição é o *disfarce*: ao se desmascarar, o personagem disfarçado aumenta a surpresa do outro personagem envolvido; o leitor, por seu lado, ou participa da surpresa ou, tendo reconhecido o disfarce, goza da surpresa dos personagens que nada perceberam.

Destes dois tipos de agnição pode derivar depois uma dupla espécie de degeneração, quando temos o reconhecimento *redundante ou inútil*. De fato, o reconhecimento é uma moeda que deve ser usada com prudência e deveria constituir o *clou* de um enredo respeitável. O caso de Montecristo, que se revela várias vezes e, por sua vez, vê repetidamente revelada a intriga da qual foi vítima, constitui um caso raro e magistral de reconhecimento que, mesmo empregado muitas vezes, nem por isso se torna menos satisfatório. No *feuilleton* vulgar, ao contrário, o reconhecimento é repetido, considerando que "vende bem", até o excesso, perdendo assim qualquer poder dramático e adquirindo uma função puramente consolatória, na medida em que fornece ao leitor uma droga à qual foi habituado e sem a qual não pode passar. Este desperdício do mecanismo chega a assumir formas abnormes quando o reconhecimento é clara e absolutamente inútil para o desenvolvimento do enredo e o romance os coleciona com objetivos unicamente publicitários, para qualificar-se como romance de folhetim por excelência, que vale quanto custa. Um caso incontestável de agnições inúteis aos borbotões está em *O ferreiro da abadia de Cour-Dieu* (*Le forgeron de la Cour-Dieu*), de Ponson du Terrail. Lembrando que na lista que se segue as agnições inúteis foram assinaladas com um asterisco (e, como se pode ver, são maioria), eis que no romance *padre Jerôme revela-se a Jeanne; padre Jerôme revela-se a Mazures; *a condessa de Mazures, a partir da história de Valognes, reconhece

Jeanne como irmã de Aurore; *pelo retrato que estava na caixinha deixada pela mãe, Aurore reconhece Jeanne como sua irmã; Aurore reconhece, ao ler o manuscrito da mãe, o velho Benjamin como Fritz; *Lucien fica sabendo por Aurore que Jeanne é sua (dela) irmã (e que sua (dele) mãe matou a mãe delas); *Raoul de la Maurelière reconhece em César o filho de Blaisot e em sua insidiadora a condessa de Mazures; *depois de ferir Maurelière em duelo, Lucien descobre sob sua camisa um medalhão com o retrato de Gretchen; *a cigana adivinha, graças a um medalhão encontrado na mãos de Polite, que Aurore está livre; *Bibi reconhece em Jeanne e Aurore as aristocratas denunciadas pela cigana; *Paul (aliás, cavaleiro de Mazures), através do medalhão de Gretchen que Bibi lhe mostra, reconhece sua filha Aurore na aristocrata que deveria prender; *Bibi revela a Paul que sua filha foi presa no lugar de Jeanne; Bibi, em fuga, descobre que a moça salva da guilhotina é Aurore; na diligência, Bibi descobre que seu companheiro de viagem é Dagobert; *Dagobert fica sabendo por Bibi que Aurore e Jeanne estão em Paris e que Aurore está presa; Polite reconhece em Dagobert o homem que salvou sua vida nas Tuileries; *Dagobert reconhece a cigana que um dia previu sua sorte; *o médico de Dagobert reconhece no médico alemão que chega — enviado pelos Máscaras Vermelhas — o seu antigo professor, e este o reconhece como seu aluno e, a Polite, como o jovem que tinha acabado de salvar na estrada; anos depois Polite reconhece Bibi num desconhecido que lhe dirige a palavra; ambos reconhecem a cigana e Zoe, sua ajudante; Bénédict reencontra e reconhece Bibi; *Paul (louco há anos), recupera a razão e reconhece Bénédict e Bibi é reconhecido no velho eremita, o prior padre Jerôme; *o cavaleiro de Mazures fica sabendo por padre Jerôme que sua filha está viva; *a cigana descobre que seu mordomo é nada mais nada menos que Bibi; *o republicano (atraído para uma cilada) reconhece numa bela alemã a jovem cujos pais havia mandado guilhotinar (a identidade é revelada ao leitor duas páginas antes), *a cigana (condenada pelos ciganos) reconhece em Lucien, Dagobert, Aurore e Jeanne as pessoas que havia enganado e roubado.

Não importa se aqueles que (afortunadamente) não leram *O ferreiro da abadia de Cour-Dieu* tenham se perdido nesse emaranhado de agnições que envolvem personagens totalmente desconhecidos. É melhor que fiquem com uma grande confusão na cabeça, pois este romance é, em relação aos clássicos do *feuilleton*, como um filme que, para atrair o público de *Último tango em Paris*, oferece aos espectadores 120 minutos de penetrações a tergo de uma centena de hóspedes de um hospital psiquiátrico. Que é, aliás, o que fazia Sade em *Os 120 dias de Sodoma*, esticando a corda durante centenas de páginas, lá onde Dante limitou-se a dizer "a boca me beijou trêmulo, arfante".

Os reconhecimentos de Ponson du Terrail são inúteis, além de exageradamente redundantes, pois o leitor já sabe tudo sobre seus personagens. Embora seja verdade que, para os leitores menos exigentes, isso introduz no jogo uma ponta de sadismo. Os personagens do romance fazem papel de bobo, já que são sempre os últimos a saber aquilo que tanto os leitores quanto os outros personagens da história já descobriram há tempos.

A agnição de tipo papel de bobo divide-se em agnição de *bobo real* e de *bobo caluniado*. Temos um bobo real quando todos os elementos do enredo — dados, fatos, confidências, sinais inequívocos — concorrem para desencadear a agnição e somente o personagem em questão persiste na própria ignorância; em outras palavras, o enredo deu, tanto a ele quanto aos leitores, os elementos necessários para decifrar o enigma, tornando inexplicável o fato de que só ele não tenha entendido. Temos a figura perfeita do bobo real, criticamente assumida pelo autor, no romance policial, constituída pelo oficial de polícia como o oposto do detetive (cujo conhecimento avança a par e passo com o do leitor). Mas existem casos em que o bobo é caluniado, pois, de fato, os acontecimentos do enredo não lhe dizem nada, e aquilo que informa o leitor é a tradição dos enredos populares, ou seja: o leitor sabe, por tradição narrativa, que o personagem X não pode deixar de ser filho do personagem Y, mas Y não tem como saber disso, pois não é leitor de folhetins.

Um caso típico é o de Rodolphe de Gerolstein, em *Os mistérios de Paris*. Assim que Rodolphe encontra a Goualeuse, aliás, Fleur-de-Marie, terna e indefesa prostituta, e que se fica sabendo que a filha de Sarah McGregor foi raptada na mais tenra idade, o leitor percebe imediatamente que Fleur-de--Marie só pode ser essa sua filha. Mas como Rodolphe poderia pensar que era o pai de uma jovem encontrada por acaso numa sórdida taverna? Justamente: ele só ficará sabendo no final. Mas Sue se dá conta de que o leitor já suspeita de tudo e, no final da primeira parte, antecipa a solução: estamos diante de um caso típico de submissão do enredo aos condicionamentos da tradição literária e da distribuição mercadológica. A tradição literária faz com que o leitor saiba de antemão qual é a solução mais provável, enquanto a distribuição semanal em *feuilletons*, com a história que se desenrola num número inumerável de capítulos, faz com que não seja possível manter o leitor em suspenso por muito tempo, sob pena de declínio de sua capacidade de memorização. Sue é, então, obrigado a encerrar aquela partida para poder começar uma outra sem sobrecarregar a memória e a capacidade de tensão do leitor.

Narrativamente falando, ele comete um suicídio ao jogar sua melhor cartada na segunda mão. Mas o suicídio já aconteceu no momento em que fez a escolha de atuar no âmbito de soluções narrativas óbvias: o romance popular não pode ser problemático nem mesmo na invenção do enredo.

Um último mecanismo que entra na categoria da agnição inútil é o *topos do falso desconhecido*. O romance popular apresenta muitas vezes, na abertura do capítulo, um personagem misterioso que deve ser desconhecido do leitor, porém, assim que ele executa uma determinada ação, adverte: "O desconhecido, no qual o leitor já terá reconhecido o nosso caro X..." Mais uma vez, temos um expediente narrativo barato, graças ao qual o narrador introduz mais uma vez, de maneira degradada, o prazer do reconhecimento. Note-se que o protagonista da agnição não é o personagem (o desconhecido sabe muito bem quem é e, em geral, aparece numa viela escura ou numa sala reservada, sem que os outros o tenham visto antes), mas unicamente o leitor. Leitor este que, se é um bom frequentador de *feuilletons*, logo descobre que o desconhecido é um falso desconhecido e, em geral, adivinha imediatamente quem seja, embora o autor insista em fazê-lo desempenhar o papel de bobo da corte — e talvez consiga com algum leitor menos avisado.

Contudo, se do ponto de vista de uma estilística do enredo estes artifícios degradados constituem uma enfiada de rípios narrativos, do ponto de vista de uma psicologia da fruição e de uma psicologia do consenso eles funcionam maravilhosamente, pois a preguiça do leitor pede justamente para ser mimada com a proposta de enigmas que já resolveu ou que possa resolver com facilidade.

Chegando a este ponto, poderíamos perguntar se realmente, recorrendo a artifícios tão gastos, a agnição do *feuilleton* tem mesmo a potência narrativa que lhe atribuí no início. E tem, sim. Uma amiga costumava dizer: "Quando aparece uma bandeira a tremular num filme, eu choro. E não importa de que país seja." Alguém escreveu — resenhando *Love Story* — que é preciso ter um coração de pedra para não cair na risada diante dos casos de Oliver e Jenny. Errado, mesmo tendo um coração de pedra, os olhos se enchem de lágrimas, pois existe uma química das paixões e quando artifícios narrativos são concebidos para fazer chorar, eles fazem chorar sempre, e até o mais cínico dos *dandies* pode, no máximo, fingir que coça o nariz para enxugar uma furtiva lágrima. Alguém pode ter visto *No tempo das diligências* (e até seus clones mais esfarrapados) uma infinidade de vezes, mas quando o Sétimo de Cavalaria avança ao som dos clarins, investindo com os sabres em punho para desbaratar o bando de Jerônimo, que estava às portas da vitória, até o mais perverso dos corações pulsa vistosamente sob a camisa de finíssimo linho.

Portanto, abandonemo-nos livremente ao prazer e à emoção da agnição, mesmo sabendo de antemão quem deve reconhecer quem, e admiremos boquiabertos as múltiplas técnicas com as quais esta narrativa arquetípica continua a se reproduzir ao longo de toda a história do *feuilleton*:

— Oh! — disse Milady, levantando. — Eu o desafio a encontrar o tribunal que pronunciou contra mim esta infame sentença. Eu o desafio a encontrar quem a executou.

— Silêncio! — disse uma voz. — Cabe a mim responder. — E foi a vez do homem da capa vermelha dar um passo à frente.

— Quem é este homem? Quem é ele? — gritou Milady, sufocada pelo terror, os cabelos caindo soltos e eriçando-se como se estivessem vivos em sua testa lívida.

— Mas quem é o senhor, afinal? — exclamaram todas as testemunhas da cena.

— Perguntem a esta mulher — respondeu o homem da capa vermelha —, pois, como podem ver, ela já me reconheceu.

— O carrasco de Lille, o carrasco de Lille! — exclamou Milady, presa de um terror louco, apoiando as mãos na parede para não cair. E aquele homem, que durante trinta anos havia curvado a fronte diante de André, ergueu-se em toda a sua altura e, indicando ao filho desnaturado o cadáver do pai, em seguida a porta e o homem que tinha ficado na soleira, disse:

— Senhor visconde, o senhor seu pai assassinou o primeiro marido da senhora sua mãe e depois jogou seu irmão mais velho ao mar. Mas este irmão não morreu: ei-lo. — E indicou Armand, enquanto André recuava apavorado. — Seu pai — continuou Bastien — arrependeu-se no último momento e entregou a seu irmão todo o patrimônio que havia roubado e que pretendia deixar para o senhor. O senhor não está mais em sua casa, mas na casa do conde Armand de Kergaz. Retire-se!

Armand falou como um senhor, e André, talvez pela primeira vez em sua vida, obedeceu. Moveu-se lentamente, como um tigre ferido que se retira recuando e, na retirada, ainda ameaça. Ao chegar à porta, com um olhar para a janela de onde havia contemplado Paris iluminada pelos primeiros clarões da aurora, quase como se lançasse a Armand o mais terrível e supremo desafio, exclamou:

— A nós dois, portanto, irmão virtuoso! Veremos quem será o vencedor: tu, o filantropo, ou eu, o bandido; tu, o céu, eu o inferno... Paris será nosso campo de batalha. — Saiu de cabeça erguida, um sorriso infernal nos lábios e, sem verter uma lágrima, abandonou, como o ímpio Dom Giovanni, a casa que não era mais sua. Interrompeu-se ainda e seu olhar passeou sobre os convidados. Os hóspedes ouviam em silêncio e o sorriso havia desaparecido de seus lábios. — Pois bem — continuou enfim —, este ladrão, este assassino, este torturador de mulheres, eu o encontrei hoje à tarde, há uma hora... e ele está aqui entre vós: ei-lo! — e com a mão estendida, indicou o visconde. Enquanto este último dava um salto em sua cadeira, a máscara do narrador caiu.

— Armand, o escultor! — disse alguém.

— André! — exclamou Armand com voz tonitruante. — André, não me reconheces?

Mas naquele momento, com os convidados petrificados diante da brusca e terrível conclusão da história, a porta se abriu e apareceu um homem vestido de negro. Assim como o velho servidor que surpreendeu Dom Giovanni durante uma orgia para anunciar-lhe a morte do pai, aquele homem, sem se importar com os hóspedes, foi diretamente até André, dizendo:

— O general conde Felipone, vosso pai, que tem estado doente, está muito mal e deseja vê-lo em seu leito de morte. — Mas o homem que havia trazido a notícia, ao ver Armand que corria atrás de André para detê-lo, gritou: — Céus! A imagem viva do meu coronel!

Um homem apareceu na soleira do quarto onde estavam os dois esposos. À sua visão, o conde Felipone recuou enregelado de espanto. O recém--chegado era um homem de cerca de 36 anos, de alta estatura, vestido com uma longa veste azul enfeitada com fita vermelha, daquelas que os soldados do império costumavam usar no tempo da Restauração. Em seus olhos brilhava uma luz fosca, que dava a seu rosto, pálido de ódio, uma expressão desdenhosa. Deu três passos na direção de Felipone, que recuou assustado, estendeu uma mão acusadora para ele e gritou:

— Assassino! Assassino!

— Bastien — murmurou Felipone, perplexo.

— Sim — disse o hussardo. — Sim, sou o Bastien que pensavas ter matado, mas que não está morto... Bastien que uma hora atrás foi encontrado pelos cossacos banhado em sangue, Bastien que, depois de quatro anos de prisão, vem pedir contas do sangue de seu coronel, com o qual manchaste tuas mãos.

Enquanto Felipone, aniquilado, continuava a recuar diante daquela terrível aparição, Bastien voltou-se para a condessa e disse:

— Senhora, este homem, este miserável, é o assassino do filho, assim como foi o assassino do pai.

E então a condessa, um segundo antes perdida e louca de dor, lançou--se como uma tigresa contra o assassino de seu filho para destruí-lo com as unhas.

— Assassino! Assassino! — gritou. — O patíbulo espera por ti... eu mesma te entregarei ao carrasco!...

Mas naquele instante, enquanto o infame continuava a recuar, a mãe sentiu algo que se agitava em seu seio. Lançou um grito e parou, pálida, titubeante, prostrada... O homem que pretendia entregar à vingança da justiça, o homem que queria arrastar para o patíbulo, aquele homem miserável e infame era o pai do outro filho que começava a agitar-se dentro dela.

— É ela! É ela! — exclamou o velho, passando os olhos de Marzia para Virginia. Só ele tinha interpretado corretamente o grito doloroso da mulher desmaiada — e caiu no torpor habitual, despertando, porém, de vez em quando, como se quisesse lhe fazer uma importante confissão — e uma lágrima finalmente banhou a face ressequida há muito tempo, pelos anos e pelos sofrimentos. O velho Elia, que há alguns minutos tinha se convertido num possesso que não cabia em si, aproveitou-se do instante em que as mulheres ergueram a cabeça da condessa para dar-lhe de beber e, por sua vez, colocou diante de seus olhos uma corrente de ouro, da qual pendia uma belíssima cruz do mesmo metal, pontilhada por riquíssimos diamantes, que ofuscavam a vista com seu esplendor. No ato, o velho pronunciou os seguintes nomes:

— Virginia e Silvia!

— Silvia! — exclamou a condessa, e seus olhos vidrados fixaram-se na preciosa joia, como se fosse um talismã, e sua bela cabeça caiu sobre a almofada, como uma flor cuja haste se dobra ao vento ardente do deserto para nunca mais se erguer. E, no entanto, a hora final da bela traída ainda não havia soado. Ela estremeceu um segundo depois, como se uma corrente elétrica a percorresse, abriu os olhos e fitou Marzia com uma expressão tão prenhe de amor que só uma mãe pode entender e apreciar. — Minha filha! — exclamou ela e perdeu as forças.

Nesse ínterim, um homem com o rosto coberto entrou precipitosamente na sala, ajoelhou-se entre os leitos das duas feridas e gritou desesperado:

— Perdão! Perdão!

O gritou caiu como uma descarga elétrica sobre a condessa Virginia. Ergueu-se até a cintura e, lançando um olhar àquele miserável prostrado a seus pés, exclamou com voz dilacerada:

— Marzia! Marzia! Este infame é seu pai!

Stephane tirou a carteira do bolso e extraiu uma carta timbrada com um amplo sinete negro e, entregando-a a Georges, disse:

— Lê esta carta, meu caro filho... Lê em voz alta... e cuide, senhorita Lucie Fortier, de ouvir com atenção...

Georges Darier pegou a carta com as mãos trêmulas. Dava a impressão de não ter coragem de rasgar o sigilo.

— Lê! — repetiu o artista.

O jovem rasgou o envelope e leu: "Meu amado Georges. No mês de setembro de 1861, uma pobre mulher puxando pela mão um menino apresentou-se em minha casa na paróquia de Chevry. Aquela pobre mulher era perseguida, espionada, transformada em alvo sob a tríplice acusação de assassinato, furto e incêndio. Seu nome era Jeanne Fortier..." Uma tríplice exclamação, vinda ao mesmo tempo de Georges, Lucie e de Lucien Labroue, seguiu-se a estas palavras.

200

— Eu... eu... — disse Georges, perturbado — eu sou filho de Jeanne Fortier, e Lucie... Lucie... é minha irmã! No mesmo instante, estendeu os braços para a jovenzinha.

— Meu irmão!... Meu irmão!... — exclamou Lucie, lançando-se ao peito de Georges, que a abraçou estreitamente.

— Sim... sim... — exclamou finalmente. — Esta é a prova do crime! Ah, minha mãe!... Minha mãe!... Deus finalmente teve piedade! Mas esta prova decisiva, que todos acreditavam perdida..., onde estava afinal?

— No interior do cavalinho de papel machê que carregavas quando chegaste com tua mãe à paróquia de Chévry... — respondeu Stephane Castel.

— Tem a prova?...

— Este é seu atestado de óbito...

— O Paul Harmant atual, o milionário, o grande industrial, o ex-sócio de Jacques Mortimer, não é outro senão Jacques Garaud!

Marius encostou sua cadeira bruscamente à de Thénardier, que percebeu o gesto e continuou, com a lentidão do orador que sabe que tem o interlocutor nas mãos e sente o adversário palpitar às suas palavras:

— Pois ele, obrigado a esconder-se por razões a bem da verdade estranhas à política, escolheu os esgotos como domicílio e possuía até uma chave: era, repito, 6 de junho, por volta de oito da noite. Entendeu agora: quem carregava o cadáver era Jean Valjean, e quem tinha a chave é este que lhe fala neste momento, e o farrapo de jaqueta... — Thénardier terminou a frase tirando do bolso até a altura dos olhos, seguro entre os dois polegares e os dois indicadores, um pedacinho de pano negro todo furado, coberto de manchas escuras. Marius levantou-se, pálido, quase sem fôlego, com os olhos fixos naquele farrapo e, sem pronunciar uma palavra, sem tirar os olhos do pano, recuou para a parede tateando com a mão direita estendida atrás de si, em busca de uma chave enfiada na fechadura de um armarinho ao lado da lareira: encontrou-a, abriu o armário, enfiou o braço lá dentro sem olhar e sem que suas pupilas desvairadas desviassem daquele retalho de tecido que Thénardier mantinha estendido. Enquanto isso, o outro continuava:

— Senhor barão, tenho as mais fortes razões para acreditar que o jovem assassinado era um estrangeiro abastado, de posse de uma soma enorme, atraído para uma armadilha por Jean Valjean.

— O jovem era eu e eis a jaqueta! — gritou Marius, jogando no chão a velha jaqueta negra toda manchada de sangue: depois, arrancando o farrapo das mãos de Thénardier, agachou-se ao lado dela e colocou o retalho sobre a parte rasgada: o farrapo ajustava-se perfeitamente, completando a jaqueta.

— Meu Deus! — exclamou Villefort, recuando, o pavor estampado no rosto. — Esta voz não é do abade Busoni.

— Não!

O abade arrancou a falsa tonsura, sacudiu a cabeça e seus longos cabelos negros, livres da prisão, recaíram sobre os ombros e contornaram o rosto pálido.

— Mas este é o rosto do senhor de Montecristo! — gritou Villefort com os olhos esbugalhados.

— Também não, senhor procurador do rei, procure melhor e mais longe.

— Esta voz! Esta voz! Onde foi que a ouvi?

— O senhor ouviu esta voz em Marselha, há 23 anos, no dia de seu casamento com a senhorita de Saint-Méran. Procure em seus registros.

— O senhor não é Busoni? Não é Montecristo? Meu Deus, o senhor é aquele inimigo oculto, implacável, mortal!... Oh, sem dúvida devo ter feito alguma coisa contra o senhor em Marselha, ai de mim!

— Sim, vejo que tem memória — disse o conde, cruzando os braços sobre o largo peito: — Procure, vamos, procure.

— Mas o que lhe fiz afinal? — gritou Villefort, cuja mente já oscilava entre a razão e a demência, numa escuridão que não era mais sono nem vigília. — O que lhe fiz, afinal? Diga, fale!

— Tu me condenaste a uma morte lenta e horrível e mataste meu pai, tu me tiraste o amor com a liberdade e a fortuna com o amor!

— Quem é o senhor? Quem é o senhor, afinal? Deus!

— Sou o espectro de um desgraçado que sepultaste nas masmorras do castelo de If. Neste espectro, que enfim escapou da tumba, o céu colocou a máscara do conde de Montecristo, cobrindo-o de diamantes e ouro, para que só pudesses reconhecê-lo hoje.

— Ah! Sei quem és, eu te reconheço, tu és...

— Eu sou Edmond Dantès!

Montecristo empalideceu terrivelmente, seu olhar turvo ardeu num fogo devorador, deu um salto até a saleta contígua a seu quarto e em menos de um segundo arrancou a gravata, a veste e o colete, vestiu uma jaqueta de homem do mar, enfiou o chapéu de marinheiro, sob o qual caíam seus cabelos negros. Retornou assim, atroz, implacável, caminhando com os braços cruzados ao encontro do general que esperava por ele e que, ouvindo os próprios dentes rangerem e sentindo as pernas bambas, recuou um passo e não parou até que sua mão encontrasse um ponto de apoio, numa mesa.

– Fernand! — gritou ele. — Dos meus cem nomes preciso dizer apenas um para te aniquilar; mas podes adivinhar este nome, não é mesmo?

O general, a cabeça caída para trás, as mãos estendidas, o olhar fixo, devorava em silêncio aquele espetáculo terrível. Então, apoiando-se nas paredes, arrastou-se lentamente até a soleira da porta por onde saiu deixando escapar aquele grito lúgubre, lamentoso, dilacerante:

— Edmond Dantès!

E então, entre suspiros que nada tinham de humano, arrastou-se até o exterior da casa, atravessou o pátio como um homem bêbedo e caiu nos braços de seu camareiro.

— Tu te arrependes, pelo menos? — disse uma voz funda e solene, que arrepiou os cabelos de Danglars. Seu olhar debilitado tentou distinguir os objetos e, atrás do bandido, viu um homem enrolado numa capa e meio escondido na sombra de uma grossa pilastra.

— E de que devo arrepender-me? — balbuciou Danglars.

— Do mal que fizeste — prosseguiu a voz.

— Oh, sim, eu me arrependo, me arrependo! — exclamou Danglars. E bateu no próprio peito com o punho enfraquecido.

— Neste caso, eu te perdoo — disse o homem, jogando a capa e dando um passo à frente para colocar-se na luz.

— O conde de Montecristo! — disse Danglars, mais pálido de terror do que estava, momentos antes, de fome e de miséria.

— Estás enganado: não sou o conde de Montecristo.

— Mas quem és então?

— Sou aquele que tu vendeste, traíste, desonraste; sou aquele cuja noiva prostituíste, aquele em quem pisaste para alcançar a riqueza; aquele cujo pai fizeste morrer de fome e que te condenou a morrer de fome; aquele que, apesar de tudo, te perdoa, pois precisa, ele também, de perdão: eu sou Edmond Dantès!

Depois caiu numa gargalhada espantosa e começou a dançar diante do cadáver. Ele havia enlouquecido.[1]

---

1. A colagem é composta, na ordem, por trechos de Alexandre Dumas, Ponson du Terrail, Giuseppe Garibaldi, Xavier de Montépin, Victor Hugo, novamente Dumas e Carolina Invernizio.

Oh, as delícias da agnição e do falso desconhecido. E Achille Campanile tampouco as renegou, declinando-as apenas com surreal bom senso, logo no início de *Se a lua me der sorte*:

> Quem, naquela manhã cinzenta de 16 de dezembro de 19..., penetrasse furtivamente, por sua própria conta e risco, no quarto em que se desenrolava a cena que dá início à nossa história, teria ficado extremamente surpreso ao encontrar um jovem com os cabelos despenteados e o rosto lívido, andando nervosamente para a frente e para trás; um jovem no qual ninguém poderia reconhecer o dr. Falcuccio, antes de mais nada porque não era o dr. Falcuccio e, em segundo lugar, porque não guardava nenhuma semelhança com o dr. Falcuccio. Diga-se de passagem que a surpresa de quem entrasse furtivamente na sala de que falamos seria totalmente injustificada. Aquele homem estava em sua própria casa e tinha todo o direito de passear quando e como bem entendesse.[2]

[PUBLICADO EM *ALMANACCO DEL BIBLIOFILO. BIBLIONOSTALGIA: DIVAGAZIONI SENTIMENTALI SULLE LETTURE DEGLI ANNI PIÙ VERDI*, ORG. DE MARIO SCOGNAMIGLIO, MILÃO: ROVELLO, 2008.]

---

2. Achille Campanile. *Se la luna mi porta fortuna*. In: Id., *Opere. Romanzi e racconti 1924-1933*. Milão: Bompiani, 1989. p. 204.

Só nos faltava mesmo o *Ulisses*...

Foi publicado há alguns anos, mas lido por muito poucos, dado que escrito numa língua pouco conhecida como o inglês, um estranho romance (romance?) da lavra de um certo Giacomo Yoyce, ou Ioice, como escreve Piovene, ou Joyce. Ao tentar dar conta dele ao leitor (agora que a tradução francesa está à disposição das pessoas cultas), sinto-me tão confuso, vítima de sentimentos tão descompostos quanto a obra que os inspira, que procederei por observações esparsas, notas para um desenvolvimento posterior, que me permito numerar para não dar a impressão de que estes parágrafos pretendam suceder-se de modo lógico ou consequencial.

1. Na Itália, esta obra, assim como, aliás, os outros livros de Joyce, só era conhecida por alguns poucos e ainda por cima, na maioria dos casos, de ouvir dizer, pois murmurava-se a respeito nos cenáculos e salões intelectuais. De modo que algumas raras cópias deste *Ulysses* (que, aliás, deveria ser traduzido como *Ulisses*, pois assim se chama em língua britânica o herói homérico) giravam de mão em mão, emprestadas avaramente em tentativas vãs de entendimento, que deixavam atrás de si uma confusa e turva impressão de escândalo, de caótica monstruosidade.

2. Por outro lado, lendo sua obra anterior, o *Portrait*, já se percebe que no final do livro tudo se desmancha, e tanto a escrita quanto as ideias explodem em fragmentos úmidos, como pólvora molhada.

3. Digamos de uma vez, depois de uma primeira e dificultosa leitura, sem mais perda de tempo, que *Ulysses* não é uma obra de arte.

4. Em seus exercícios literários, Joyce não trouxe senão o aporte de uma espécie de pontilhismo psicológico e estilístico que nunca chega à síntese, e é por isso que não apenas Joyce mas seus cossemelhantes, como Proust e Svevo, são fenômenos de moda destinados a durar pouco.

5. Não é por acaso que Joyce, um medíocre poeta irlandês habitante de Trieste, foi, dizem, o descobridor de Svevo (outro autor que escreve malíssimo). Em todo caso, Svevo talvez seja o escritor italiano que mais se aproximou daquela literatura passivamente analítica que teve seus faustos em Proust, e é arte rasteira, se a arte é obra de homens vivos e ativos, se um pintor vale mais que um espelho.

6. Joyce está, a bem da verdade, entre aqueles que foram chamados a perpetuar o mau gosto da burguesada italiana. Mas graças a Deus, e a Mussolini, a Itália não é toda burguesa, europeísta e parisianista.

7. Mas é o que temos, tanto que, nas margens do Sena, resolveram traduzir a obra. E quem chega à última página se vê exausto e nauseado, como se saísse de uma interminável galeria cheia de dejetos habitada por monstros. Joyce é uma chuva de cinzas que tudo sufoca. Os românticos fizeram com que todos desejassem ser um anjo caído, e eis que este desapiedado confessor vem convencê-los de que são um animal preguiçoso com tendências eróticas e vagas aspirações à magia mais sinistra e ferina. Até seus sonhos, que os envaideciam um pouco, nada são além de noturnos sabás realistas, delírio da matéria que gostaria de participar da orgia dos seus pensamentos. Não há saída, repito... É claro que há em sua obra uma paciência enorme, quase louca, quase inteligente, embora não genial, mas a verdade de Joyce não é mais que uma verdade secundária, transitória, demasiadamente ligada à nossa experiência empírica.

8. Parece que um poeta daqueles ditos "herméticos", Ungaretti, viu uma relação entre Joyce e Rabelais. Há, com certeza, uma desagregação paralela na compaginação bem distinta dos dois mundos (rabelai-

siano e joyciano), na desordem orgânica em que desembocam: num, as forças clássicas da imaginação, da representação poética, do mito; noutro, aquelas da inteligência moderna, do gosto, da representação humana, da psicologia. Há, repito, uma desagregação que, em Rabelais, faz de um tema épico um filme grotesco, absurdo, metafísico, uma matéria escorregadia e informe, desconectada, desarmônica e, no entanto, sintética, e realiza a transfiguração de uma multidão luxuriante de personagens, que podiam ser todos eles bravos heróis de poema clássico, em tipos anormais, incubados, exorbitantes; e em Joyce, a partir de um acontecimento simples, um caso quase sentimental, simplesmente psicológico como o despertar matutino de um homem, opera efeitos capilares e infinitesimais, resultados divisionistas, ilusões tenebrosas, monstruosas, ao contrário, numa conformação fantástica de cálculos estendidos ao átomo, à célula, à composição extremamente química do pensamento. Em poucas palavras, um entra num reino de absurdos sobre-humanos, apoiando-se em arquiteturas de absoluta fantasia; o outro, num continente de devaneios sub-humanos, onde só se penetra com o bisturi, a lente e as pinças da inteligência *dernier cri*.

9. Talvez pudéssemos inscrever Joyce na literatura dita de psicanálise, mas ele revela qualidades que o afastam também deste gênero literário. Ele acorre ao homem como ele é, a uma formação bruta de sentimentos, a uma profundidade que se pode chamar também de baixeza e, como já se disse, uma mistura de estupidez, de preconceito, de vagas reminiscências culturais, de sentimentalismo mesquinho, de prepotências sexuais. A psicanálise lhe dá um método do qual poderia, aliás, prescindir tranquilamente, sem com isso afastar-se uma linha sequer de seu propósito e de seus resultados e representação. Neste campo, seu testemunho é tão somente científico, não literário. E deve ficar bem claro que, na história da literatura, ele pertence a uma corrente bem velha, bem experimentada, onde certamente terá de conformar-se a figurar tardio e sutil epígono ao lado das cátedras honráveis de Dostoievski, Zola e, um pouco, Samuel Butler.

10. Para alguns, Proust ou Joyce são personalidades de primeiro plano do momento histórico, do qual são produtos coerentes. Mas queremos deixar claro que, para nós, eles não representam hoje uma espiritualidade atual: sua visão do mundo, aquela particular e geral *Weltanschauung* que neles se exprime, não tem validade para nós, justamente na medida em que se conecta com a mentalidade da civilização da qual são produto — lá onde pedimos um "romance coletivista", estamos pedindo que nos deem, finalmente, um romance no qual as relações humanas, a vida social, o amor e toda a vida, em que vivemos, sejam vistos a partir daquele novo ângulo visual que para nós constitui a nova moral e um novo modo de resolver a vida. Já indicamos esta nossa ética, que se resolve naquela que se desenvolve como necessário corolário do fenômeno social e humano das Corporações, que vivemos intensamente, como uma nova sistematização da nossa vida e já indicamos que, justamente por isso, nos opomos a todas as formas do romance decadente individualista e burguês (autobiografismo, diarismo complacente, psicologismo da autoconsciência).

11. A verdade é que escritores de além-Alpes como Giacomo Joyce, Davide Erberto Lawrence, Tommaso Mann, Giuliano Huxley e Andrea Gide sacrificaram sua verdade e seriedade poética obrigando-se a pequenas e elegantes acrobacias... Todos estes pretensos artistas "europeus", indistintamente, têm no rosto o sorriso diabólico de quem, possuindo uma verdade de primeira ordem, se põe em certos momentos a brincar com ela. A verdade que eles possuem e com a qual fazem jogos perigosos é a verdade poética, o seu verdadeiro sentimento. Todos eles estão de acordo em violar este bem supremo. Cada um a seu modo, mas todos obedecendo ao mesmo arbítrio, parece que pretendem erguer uma torre de mentiras intelectuais. E eis que Joyce gera coisas disparatadas como uma cabra que fosse obrigada a filiar um cão.

12 Joyce foi evidentemente tomado pelo demônio da alusão e da associação de ideias, e a ideia de compor uma página de prosa como

se fosse uma página de música propriamente dita é uma bobagem introduzida na literatura pela onda wagneriana que predominou no final do século passado. Joyce enreda *Leitmotiven*, que um contraponto recheado de alusões torna irreconhecíveis. E não é só isso, ele também pretende harmonizar seus episódios segundo tons de cores: a cor dominante aqui será o vermelho, ali, o verde etc. É a confusão das artes que se iniciou timidamente com Baudelaire e transformou-se em lugar-comum do decadentismo, depois do famoso soneto de Rimbaud sobre as cores das vogais. Audições coloridas, orquestrações verbais... Nesta estrada, como se sabe, chegaremos aos quadros feitos com pedaços de jornais e fundos de garrafa. A linguagem de Joyce é uma linguagem deliquescente e — permitam-me um joguinho de palavras joyciano — delinquente... Joyce se deixou tentar pelo demônio do esperanto.

13. O problema é que é preciso superar os romances comunistizantes de Thomas Mann. Joyce apenas transformou numa avalanche de palavras aquele monólogo interior inventado pelo modesto Dujardin, corrompendo as belas palavras em liberdade, sintéticas dinâmicas e simultâneas, inventadas ousadamente pelos nossos futuristas, verdadeiros artistas do Regime.

14. É que não se deve abandonar o espírito da própria Nação. Joyce, desejoso de sucesso, adaptou-se bem rápido ao novo internacionalismo artístico, abandonando a realidade do verdadeiro sentimento e formulando nas novas obras o mais injusto ato de rebelião contra aquele espírito nacional de onde partiu, espargindo ironia sobre a nacionalidade, a língua, a religião de seu país. A partir do *Portrait*, ao tornar vil a sua humanidade, ele retorna ao caos, ao sonho turvo, ao subconsciente, e morre destroçado por seu próximo demônio maléfico; nada resta senão as elucubradas e estéreis audácias de uma espécie de psicanálise que se enxerta ao método de Freud com a violência de seus arbítrios. Espírito fragmentário e propenso a colher antes o fugaz que o duradouro, a do irlandês é uma postura feminina, não por aquela gentileza franca, na qual deve beber a alma

sempre grecizada de um artista, mas por aquela prepotente pose do intelectualoide que tem um pé na degeneração fisiológica e outro no manicômio. Ninguém pode deixar de declarar que tudo isso é um mostruário em franca depreciação, digno no máximo de um pornográfico mercador de livrecos. Joyce é um típico expoente da decadência moderna, uma célula purulenta e infeccionada também na nossa literatura. Por quê? Ora, porque com seu anticlassicismo ele se colocou em oposição às características da latinidade antiga e moderna, contra as quais assumiu uma atitude satírica. Ele confere à sua revolta um caráter impuro e subversivo ao apear Roma Universa do altar para colocar o ídolo dourado do internacionalismo hebraico; internacionalismo que há vários anos domina demasiadas iniciativas do pensamento moderno. A realidade é que Joyce fez a corte àquela organização judaica, lançadora de homens e de ideias, que se instalou sobretudo em Paris. Joyce é contra toda a latinidade, tanto contra a civilização imperial, como contra a civilização católica; é *interesseiramente* antilatino. Suas piadas contra Roma e o papado, levadas de modo burlesco e indigno, seriam menos chocantes se não se pudesse entrever nelas uma forma mascarada de sedução voltada para os filhos de Israel.

15. Mas será mesmo que o romance contemporâneo deve cair do pântano para o esgoto e que justamente nesta Itália, forja de renovação ética e de restauração espiritual, se deve tomar como modelo Joyce, um autor no qual moral, religião, senso de família e de sociedade, virtude, dever, beleza, coragem, heroísmo, sacrifício — ou seja, a civilização ocidental, além da autêntica humanidade —, tudo isso irá se perder e a praga hebraica destruirá cada coisa?

16. Esta é a verdade e de nada valem as defesas de Joyce devidas à pena (e vendidas a quem?) de Corrado Pavolini, Annibale Pastore, Adelchi Baratono, sem falar em Montale, Benco, Linati, Cecchi ou Pannunzio. E é inútil que este último diga que "o verdadeiro problema da literatura italiana é tornar-se de uma vez por todas europeia, enxertar-se no tronco poderoso das literaturas estrangeiras e ser, nisso,

verdadeiramente original, ter algo de próprio a dizer, observado, amado, sofrido, em nossa realidade que nos circunda, que não seja a costumeira repetição dos casos nada piedosos da Sora Teresa ou de Zi'Michele e, pior ainda, a representação liricizante de viagens fabulosas, de inúteis retornos, de passeios de bonde pelo subúrbio (quantos passeios nesta literatura!)".

17. O verdadeiro atentado ao espírito da nova Itália está justamente na prosa narrativa em que, a começar por Italo Svevo, judeu de quatro costados, indo até Alberto Moravia, judeu de oito costados, vai se tecendo toda uma miserável rede para pescar no fundo lodoso da sociedade figuras repugnantes de homens que não são "homens" mas seres abúlicos, enlameados de sensualidade baixa e repugnante, doentes física e moralmente... E os mestres de todos estes narradores são justamente aqueles loucos patológicos que atendem pelos nomes de Marcello Proust e Giacomo Joyce, nomes estrangeiros e de judeus até a medula dos ossos, e derrotistas até a raiz dos cabelos.

Nota

Com exceção de expressões de ligação entre os parágrafos, as várias opiniões foram extraídas de artigos publicados nos anos 1920 e 1930. Na ordem: 1. Carlo Linati, "Joyce", in *Corriere della Sera*, 20 de agosto de 1925; 2. Relatório de leitura do manuscrito de *Portrait of the Artist as a Young Man*, 1916; 3. Santino Caramella, "Anti-Joyce", in *Il Baretti*, 12, 1926; 4. Valentino Piccoli, "Ma Joyce chi è?", in *Illustrazione Italiana*, 10, 1927, e "Il romanzo italiano del dopoguerra", in *La Parola e il Libro*, 4, 1927; 5. Guido Piovene, "Narratori", in *La Parola e il Libro*, 9-10, 1927; 6. Curzio Malaparte, "Strapaese e stracittà", in Il Selvaggio, IV, 20, 1927; 7. G. B. Angioletti, "Aura poetica", in La Fiera Letteraria, 7 de julho de 1929; 8. Elio Vittorini, "Joyce e Rabelais", in *La Stampa*, 23 de agosto de 1929; 9. Elio Vittorini, "Letteratura di psicoanalisi", in *La Stampa*, 27 de setembro de 1929; 10. Luciano Anceschi, "Romanzo collettivo o romanzo collettivista, in *L'Ambrosiano*, 17 de maio de 1934 (como justificativa deste último, que iria se transformar no animador de alguns dos mais radicais movimentos de vanguarda da cultura italiana do pós-guerra, não podemos esquecer que tinha 23 anos na época e 10 quando o fascismo começou a educá--lo); 11. Vitaliano Brancati, "I romanzieri europei leggano romanzi italiani", in *Scrittori nostri*, Milão: Mondadori, 1935; 12. Mario Praz, "Commento a Ulysses", in *La Stampa*, 5 de agosto de 1930; 13. Filippo Tommaso Marinetti *et al.*, *Il romanzo sintetico*, 1939 (agora in Id., *Teoria e invenzione futurista*, Milão: Mondadori, 1968); 14. Ennio Giorgianni, "Inchiesta su James Joyce", in *Epiloghi di Perseo*, 1, 1934; 15, Renato Famea, "Joyce, Proust e il romanzo moderno", in *Meridiano di Roma*, 14 de abril de 1940; 16. Mario Pannunzio, "Necessità del romanzo", in *Il Saggiatore*, junho de 1932; 17. Giuseppe Biondolillo, "Giudaismo letterario", in *L'Unione Sarda*, 14 de abril de 1939.

Devo todas as fontes a Giovanni Cianci, *La fortuna di Joyce in Italia*, Bari: Adriatica, 1974.

[PUBLICADO IN *ALMANACCO DEL BIBLIOFILO. RECENSIONI IN RITARDO: ANTOLOGIA DI SINGOLARI E ARGUTE PRESENTAZIONI DI OPERE LETTERARIE ANTICHE E MODERNE, FAMOSE, POCO NOTE E SCONOSCIUTE*, ORG. DE MARIO SCOGNAMIGLIO, MILÃO: ROVELLO, 2009].

Por que a ilha nunca é encontrada

O s países da Utopia encontram-se (salvo alguma exceção isolada, como o reino do Preste João) numa ilha. A ilha é sentida como um não lugar, inatingível, aonde se chega por acaso, aonde nunca se consegue retornar depois de partir. Portanto, só numa ilha pode se realizar uma civilização perfeita, da qual só é possível ter notícia através de lendas.

Embora a civilização grega vivesse entre arquipélagos e fosse, portanto, versada em ilhas, era sempre em ilhas misteriosas que Ulisses encontrava Circe, Polifemo ou Nausícaa. Ilhas são as terras descobertas nas *Argonáuticas* de Apolônio Ródio, Beatas ou Afortunadas são as ilhas aonde aporta São Brandão no curso de sua *navigatio*, numa ilha fica a cidade de Utopia de Thomas More, em ilhas florescem as civilizações desconhecidas e sonhadas entre os séculos XVII e XVIII, da Terra Austral de Foigny à ilha dos Sevarambes de Vairasse. É numa ilha que os amotinados do Bounty vão buscar o paraíso perdido (sem encontrá-lo), numa ilha vive o capitão Nemo, de Verne, numa ilha jaz o tesouro de Stevenson e o do conde de Montecristo, e assim por diante, até as ilhas das utopias negativas, dos monstros do dr. Moreau à ilha do satânico dr. No, aonde aporta James Bond.

Por que o fascínio das ilhas? Nem tanto porque são lugares, como a própria palavra diz, isolados do resto do mundo: lugares separados do consórcio civil também foram encontrados em terras firmes imensuráveis por Marco Polo ou Giovanni Pian del Carpine. Mas sim porque até o século XVIII, quando se tornou possível determinar as longitudes, não era difícil encontrar uma ilha por acaso e até, como fez Ulisses, fugir de lá, mas, depois de partir, não havia modo de reencontrá-la. Desde os tempos de São Brandão (e até Gozzano) uma ilha sempre foi uma *insula perdita*.

Isso explica a fortuna e o fascínio daqueles livros, popularíssimos entre os séculos XV e XVI, que foram os insulários, inventários de todas as ilhas do mundo, aquelas conhecidas, assim como aquelas mencionadas apenas em lendas incertas. Os insulários tendiam, a seu modo, a um máximo de precisão geográfica (ao contrário das narrativas de terras lendárias dos séculos precedentes) e viajavam na fronteira entre a voz da tradição e o relatório de viagem. Volta e meia se enganavam e viam duas ilhas, Taprobana e Ceilão, onde afinal (hoje todos sabemos) só existia uma — mas o que importa? Eles representavam uma geografia do desconhecido ou pelo menos do pouco conhecido.

Mais tarde, têm início os relatórios de viajantes do século XVIII: Cook, Bougainville, La Pérouse... Em busca de ilhas, eles também, mas preocupados em descrever apenas aquilo que viam, sem dar ouvidos à tradição. Mas esta é uma outra história. Em todo caso, eles andavam também à procura de uma ilha que não existia, como a Terra Austral (sobre a qual fantasiavam todos os mapas), ou de uma ilha que alguém havia encontrado um dia, sem nunca mais conseguir reencontrá-la.

Portanto, nossas fantasias sobre as ilhas movem-se, ainda hoje, entre o mito de uma *ilha que não existe*, ou seja, o mito da ausência; de uma *ilha que existe demais*, ou seja, o mito da excedência; de uma *ilha não encontrada*, ou seja, o mito da imprecisão; de uma *ilha nunca reencontrada*, ou seja, o mito da *insula perdita*. E são quatro histórias diversas.

A primeira é uma história fabulosa e, em geral, as fábulas sobre ilhas dividem-se entre as que pedem para fazer de conta que a ilha existe (com um apelo à suspensão da incredulidade) — digamos que assim são as ilhas de Verne ou de Stevenson — e as que falam de uma ilha que não existe por definição, só para afirmar a potência das fábulas — e assim é a ilha de Peter Pan. Pois bem, a ilha que não existe por definição não nos interessa, pelo menos hoje. E por uma razão muito simples: ninguém parte em busca delas, nem as crianças singram os mares atrás da ilha do capitão Gancho, nem os adultos em busca da ilha do capitão Nemo.

Também darei apenas uma rápida passada na ilha que existe demais, mesmo porque creio que só temos o caso de Taprobana e Ceilão para representar o fenômeno da excedência. Esta história foi narrada com muita precisão num texto sobre os insulários de Tarcisio Lancioni[1] e para lá remeto o leitor. Na realidade, o que me interessa hoje é o amor infeliz por uma ilha que não se encontra mais, enquanto Taprobana era reencontrada sempre, mesmo quando não era procurada, e, portanto, do ponto de vista erótico, não é a história de um amor sem esperança, mas antes a de uma incontinência dom-juanesca graças à qual, nos mapas, as Taprobanas são já 1.003 [ver imagem 13 do encarte].

Segundo Plínio, a Taprobana foi descoberta nos tempos de Alexandre; antes disso, era genericamente indicada como terra dos antípodas e considerada um "outro mundo". A ilha de Plínio podia ser identificada como Ceilão e é o que se deduz dos mapas de Ptolomeu, pelo menos nas edições quinhentistas. Isidoro de Sevilha também a coloca ao sul da Índia e limita-se a dizer que há lá muitas pedras preciosas e ocorrem dois verões e dois invernos. No *Milione*, a Taprobana não é nomeada, mas o Ceilão é citado como Seilam.

A duplicação de Ceilão e Taprobana aparece nitidamente nas viagens de Mandeville, que fala do assunto em dois capítulos diferentes. Do Ceilão, não diz exatamente onde fica, mas precisa que mede pelo menos oitocentas milhas de circunferência e seu território

> é tão cheio de serpentes, dragões e crocodilos que nenhum homem ousa viver lá. Os crocodilos são uma espécie de serpente, amarelos e rajados nas costas, com quatro patas e nádegas curtas, com unhas grandes como artelhos ou esporões. Alguns deles têm cinco braças de comprimento, outros seis, oito e até dez. Quando passam por algum lugar arenoso, parece que o local foi varrido com uma árvore enorme. Existem também muitos outros animais selvagens, entre os quais o elefante. Naquela ilha vê-se uma grande montanha. No centro deste monte há um grande lago, num planalto de grande beleza, com uma grande quantidade de água. A gente do local diz que foi justamente naquele monte que Adão e Eva choraram cem anos

---

1. Tarcisio Lancioni. *Almanacco del bibliofilo. Viaggio tra gli isolari*. Milão: Rovello, 1992.

quando foram expulsos do paraíso, e argumenta-se que aquela água ainda é de suas lágrimas: verteram tanta água que formaram justamente aquele lago. No fundo, encontram-se muitas pedras preciosas e grandes pérolas. Ao redor dele, crescem grandes bambus e inúmeros juncos, entre os quais se encontram muitos crocodilos, serpentes e enormes sanguessugas. Uma vez por ano, o rei daquele país permite que os pobres mergulhem no lago para recolher pedras preciosas e pérolas. Por causa dos répteis que lá vivem, eles untam os braços, as coxas e as pernas com um suco extraído de coisas que se chamam limões, uma espécie de fruto parecido com pequenas ervilhas: assim, não têm medo dos crocodilos nem dos outros répteis venenosos... Nesta ilha há também gansos selvagens de duas cabeças.[2]

A Taprobana, por sua vez, encontra-se, segundo Mandeville, nas proximidades do reino do Preste João. Mandeville ainda não colocava, como faria mais tarde, o reino do Preste João na Etiópia, mas na região da Índia, ainda que a Índia do Preste João se confunda muitas vezes com um Extremo Oriente que abrigaria o paraíso terrestre. Em todo caso, é nas imediações da Índia (e nomeia o ponto onde o mar Vermelho deságua no oceano) que se encontra a Taprobana. Como em Isidoro, a ilha tem dois verões e dois invernos e conta com enormes montanhas de ouro guardadas por formigas gigantes.

Essas formigas são do tamanho de cães, de modo que ninguém ousa se aproximar das montanhas para não ser atacado e devorado num instante por tais insetos. Assim, somente com grande astúcia é possível pegar aquele ouro. Quando faz calor, as formigas repousam debaixo da terra desde a manhã até as primeiras horas da tarde. Então os habitantes vão até lá com seus camelos, dromedários, cavalos e outros animais, e carregam às pressas tudo o que podem. Em seguida, fogem com os animais o mais rápido possível, antes que as formigas saiam dos subterrâneos. Outras vezes, quando não faz tanto calor e as formigas não vão descansar debaixo da terra, eles usam outro truque para levar o ouro. Pegam éguas que tenham acabado de parir, com filhotes ainda pequenos, e tratam de carregá-las com dois cestos propositalmente vazios e completamente abertos em cima, pendendo quase

---

2. John Mandeville. *Viaggi, ovvero trattato delle cose più meravigliose e più notabili che si trovano al mondo.* Organização de Ermanno Barisone. Milão: Il Saggiatore, 1982. p. 135-136.

até o chão. Então, levam as éguas para pastar nas montanhas e prendem os potrinhos em casa. Assim que as formigas veem os cestos, correm para lá: por sua própria natureza, não suportam ver um objeto vazio e tratam logo de enchê-lo com qualquer coisa que encontrarem ao redor e, assim, enchem os cestos de ouro. Quando consideram que os cestos devem estar cheios, os habitantes libertam os potros, que relincham em busca das mães. E então as éguas correm até seus filhotes carregadas de ouro.[3]

A partir deste ponto, de cartógrafo em cartógrafo, a Taprobana gira como um pião de um ponto a outro do oceano Índico, às vezes só, às vezes em dupla com o Ceilão. Por um certo período, identifica-se com Sumatra, mas às vezes pode ser encontrada entre Sumatra e a Indochina, perto de Bornéus.

Porcacchi, em *As ilhas mais famosas do mundo* (1572), fala de uma Taprobana cheia de riquezas, de seus elefantes e de suas imensas tartarugas, além daquela característica atribuída por Diodoro Sículo a seus habitantes: uma espécie de língua bifurcada ("dupla até a raiz e dividida; com uma parte, falam com um; com outra parte, falam com outro").

Contudo, depois de reportar várias notícias tradicionais, ele pede desculpas aos leitores por não ter encontrado em lugar nenhum uma menção exata de sua localização geográfica e conclui: "Embora muitos autores antigos e modernos tenham tratado desta ilha, nem por isso encontrei algum que lhe assentasse os confins: portanto, eu também devo ser desculpado se nisto falto à minha costumeira ordem." Quanto à sua identificação com Ceilão, ele é dúbio:

Foi chamada primeiro (de acordo com Ptolomeu) de Simondi e depois Salice e, por último, Taprobana; mas os modernos concluem que hoje é denominada Sumatra, embora não faltem aqueles que querem que, não Sumatra, mas Zeilam seja a Taprobana (...) Mas alguns modernos pretendem que nenhum dos antigos tenha localizado Taprobana corretamente: insistem, aliás, em que onde os antigos a colocaram não existe ilha alguma que se possa acreditar que seja ela.

---

3. Mandeville. *Viaggi*, cit., p. 203-205.

Assim, lentamente Taprobana, de ilha excedente, transforma-se em ilha que não existe, e como tal é tratada por Thomas More, que situará "entre o Ceilão e a América" a sua Utopia; também é em Taprobana que Campanella fará surgir a sua Cidade do Sol.

Vamos agora às ilhas cuja ausência estimulou uma busca, às vezes espasmódica, e uma nostalgia que perdura até hoje.

Naturalmente, a épica antiga tratou de ilhas que talvez existam, talvez não, tanto que as ilhas visitadas por Ulisses deram origem a uma literatura erudita que visava estabelecer a que terras realmente existentes elas correspondiam. E o mito de Atlântida provocou uma pesquisa que (a julgar pelas revistas de mistério e pelos programas de TV para tolos) ainda não chegou ao fim. Mas Atlântida era vista antes como um continente inteiro, e a ideia de que tinha afundado no mar foi aceita de imediato. Portanto, fantasia-se a respeito, mas ninguém vai procurá-la.

Mas quem, talvez antes de todos, fala de uma ilha que se busca é a *Navigatio Sancti Brandani*.

São Brandão e seus místicos marinheiros visitaram muitas ilhas: a ilha dos pássaros, a ilha do inferno, a ilha que se reduzia a um rochedo isolado no mar, onde estava acorrentado Judas, e a falsa ilha que enganou Simbad, onde o barco de Brandão repousa e só no dia seguinte a companhia, ao acender o fogo e ver que a ilha reage, percebe que não era ilha, mas um terrível monstro marinho chamado Jasconius [ver imagem 14 do encarte].

Contudo, a ilha que excitou a imaginação dos pósteros foi a ilha dos beatos, uma espécie de paraíso terrestre onde nossos navegadores aportam depois de sete anos de peripécias:

> uma terra mais preciosa que todas as outras por sua beleza, pelas maravilhosas e graciosas e deleitosas coisas que continha, assim como por seus belos e claros e preciosos rios de águas muito dulcíssimas e frescas e suaves, nela havia árvores de muitos tipos, todas preciosas de preciosos frutos, e tantas rosas e lírios e flores e violetas e relvas e todas as coisas odoríferas e perfeitas em sua bondade. E havia pássaros canoros de todas as deleitáveis

espécies e todos cantavam ordenadamente num dulcíssimo e suave canto: bem parecia um verdadeiro tempo deleitoso como uma doce primavera. E havia estradas e ruas, todas lavradas com pedras preciosas de toda natureza, e havia tanto bem que sobremaneira alegrava o coração de todos os que a viam com os olhos, e havia animais domésticos e selvagens de todo tipo que andavam e estavam a seu bel-prazer e vontade, e todos estavam juntos domesticamente, sem que tentassem fazer nenhum mal ou nenhum incômodo uns aos outros; e havia pássaros da mesma maneira, todos juntos igualmente. E havia vinhas e parreiras sempre bem providas de preciosas uvas, cuja delícia e beleza superam todas as outras.[4]

A ilha paradisíaca visitada por São Brandão produz um desejo (o que não tinha acontecido com Atlântida, nem com Ogígia ou com a ilha dos feácios). Durante toda a Idade Média, e ainda no Renascimento, acreditou-se firmemente em sua existência. A ilha de São Brandão apareceu em mapas, como o mapa-múndi de Ebersdorf; num mapa de Toscanelli para o rei de Portugal, ela está no meio do mar, bem no caminho para aquele Japão que se queria alcançar *buscando el levante por el poniente* — e se encontra, quase profeticamente, lá onde depois estaria a América.

Às vezes está na latitude da Irlanda; nos mapas mais modernos desce para o sul, na altura das Canárias ou ilhas Afortunadas, e muitas vezes as ilhas Afortunadas são confundidas com a ilha dita de São Brandão, outras vezes esta última se identifica com o arquipélago da Madeira e também, como na *Arte de navegar* de Pedro de Medina, do século XVI, com uma outra ilha inexistente, a mítica Antilha. No globo de Behaim, de 1492, estava situada bem mais a oeste, nas proximidades da linha do equador. E já havia ganho o nome de ilha Perdida, *Insula Perdita*.

Em seu *De Imagine Mundi*, Honório de Autun (século XII) a descreve como a mais amena das ilhas, desconhecida dos humanos, que mesmo depois de encontrada, nunca mais foi reencontrada (*Est quaedam Oceani insula dicta Perdita, amoenitate et fertilitate omnium rerum prae cunctis terris praestantissima, hominibis ignota. Quae aliquando casu inventa, pos-*

---

4. *Navigatio Sancti Brandani*. Organização de Maria Antonietta Grignani. Milão: Bompiani, 1975, p. 229-231.

tea quaesita non est inventa, et ideo dicitur Perdita); e no século XIV, Pierre Bersuire fala nos mesmos termos das ilhas Afortunadas.

Aliás, prova da convicção de que a ilha Perdida seria encontrada um dia é o tratado de Évora, através do qual, em junho de 1519, D. Manuel de Portugal renuncia em favor da Espanha a qualquer direito sobre as ilhas Canárias — e uma ilha Perdida ou Escondida estava expressamente incluída na renúncia. Em 1569, Gerardo Mercator ainda assinalava a ilha misteriosa em seu mapa e, em 1721, partiram os últimos exploradores à sua procura.[5]

A ilha de São Brandão não é uma ilha que não existe, pois alguém realmente esteve lá, mas é uma ilha perdida, pois ninguém conseguiu retornar. Por isso, é alvo de um desejo insatisfeito e sua história é alegoria de toda verdadeira história de amor, a história de um Breve Encontro, de um místico Doutor Jivago que perdeu sua Lara. O amor desesperado não é o amor sonhado que não chega nunca (a ilha que seguramente não existe, ilusão para adolescentes enamorados do amor), mas aquele que, tendo acontecido, desaparece depois para sempre.

Mas por que as ilhas eram perdidas?

Desde a antiguidade, os navegantes não tinham outros pontos de referência senão os astros. Com instrumentos como o astrolábio e a balestilha, era possível determinar a altura de um astro no horizonte, deduzir a distância do zênite e, conhecendo sua declinação (dado que distância zenital +/- declinação = latitude), saber em que paralelo se encontrava, ou seja, quantos graus ao norte ou ao sul de um ponto conhecido. Contudo, para conseguir encontrar uma ilha (ou qualquer outro lugar) a latitude não bastava, era preciso ter também a longitude. Como se sabe, Nova York e Nápoles ficam na mesma latitude e, no entanto, como também se sabe, não ficam no mesmo lugar. Estão numa longitude diversa, ou seja, num grau diverso de meridiano.

Eis o problema que colocava os navegadores em crise até quase o final dos Setecentos. Não havia um meio seguro de determinar a longitude, de dizer a quantos graus a oriente ou a ocidente de um determinado ponto se estava.

---

5. Sobre toda a questão, ver Arturo Graf. *Miti, leggende e superstizioni del Medio Evo*. Turim: Loescher, 1892-93. cap. IV.

Foi (num caso clamoroso de *insulae perditae*) o que aconteceu com as ilhas Salomão. Álvaro de Saavedra já havia partido, em 1528, em busca dessas ilhas lendárias, onde esperava encontrar o ouro do rei homônimo, porém acabou navegando entre as ilhas Marshall e as do Almirantado. Álvaro de Mendaña conseguiu chegar lá, em 1568, e batizá-las, mas depois disso ninguém mais conseguiu reencontrá-las, nem mesmo o próprio, que parte de novo, com Queirós, quase trinta anos depois, para redescobri-las, mas erra por um triz, aportando a sudeste, na ilha de Santa Cruz.

E assim foi com os outros depois dele. Os holandeses, no início dos Seiscentos, criaram a sua Companhia das Índias, estabeleceram na Ásia a cidade de Batávia como ponto de partida para muitas expedições para o leste e conseguiram chegar a uma Nova Holanda — mas nada das ilhas Salomão. Da mesma forma, novas terras, provavelmente a leste das ilhas Salomão, foram descobertas por certos piratas ingleses, a quem a corte de St. James não hesitou em conferir alguns graus de nobreza. Porém, ninguém mais encontraria o rastro das ilhas Salomão, de modo que, com o tempo, muitos começaram a considerar que não passavam de uma lenda.

Mendaña chegou lá, mas determinou de maneira imprópria a sua longitude. E mesmo que, com ajuda dos céus, o tivesse feito corretamente, os outros navegadores que procuravam por ela (e ele mesmo em sua segunda viagem) não tinham como conhecer claramente a sua própria longitude.

Durante alguns séculos, as grandes potências marítimas europeias lutaram para descobrir um método capaz de estabelecer o *ponto fixo*, aquele *punto fijo* que já havia sido alvo da ironia de Cervantes, e estavam dispostas a pagar somas astronômicas a quem encontrasse o método correto. Navegadores, homens de ciências e desatinados inventaram as coisas mais estapafúrdias: havia o método baseado nos eclipses lunares, aquele que considerava as variações da agulha magnética, o método do *loch,* e Galileu, por sua vez, propunha um procedimento baseado nos eclipses dos satélites de Júpiter, tão frequentes a ponto de serem observados várias vezes numa noite.

Mas todos os métodos se revelaram insuficientes. Naturalmente, até havia um meio seguro: ter a bordo um relógio que fornecesse a hora de um meridiano conhecido, determinar no mar a hora do lugar X e, baseando-se no fato de que o globo tinha sido subdividido desde a antiguidade em

360 graus de longitude e de que o Sol percorre quinze graus em uma hora, deduzir da diferença a longitude do ponto X. Em outras palavras, supondo que o relógio a bordo indicasse, na hora da partida, que em Paris era meio--dia e sabendo que no lugar X eram seis da tarde, traduzindo cada hora de diferença por quinze graus, ficaria estabelecido que o lugar X estaria a noventa graus de longitude do meridiano de Paris.

Mas se não era difícil determinar a hora do lugar de referência, era praticamente impossível ter a bordo, já não digo relógios de areia ou de água, que necessitam de um plano imóvel para funcionar, mas até mesmo um relógio mecânico que, apesar dos solavancos, depois de meses de navegação, de vento e de ondas, funcionasse perfeitamente. E observe-se que tal relógio teria de ser extremamente preciso, pois um erro de quatro segundos produziria um erro de um grau de longitude.

Uma sugestão, mencionada em algumas crônicas da época, era usar o pó de simpatia. O pó de simpatia era um composto prodigioso que, colocado na arma que tinha provocado uma ferida, agia (por uma espécie de continuidade quase atômica) entre as partículas do sangue esparsas no ar sobre a ferida, mesmo que a arma e a ferida estivessem a milhas de distância. Deveria curar, dando-se tempo ao tempo, mas a primeira reação podia provocar irritação e sofrimento.

Portanto, resolveu-se ferir um cão, que seguiria viagem no navio, e pulverizar a arma com o composto prodigioso todo dia à mesma hora. O cão reagiria com um ganido de dor e eis que a bordo todos saberiam que horas eram naquele momento no ponto de partida.[6]

Tratei dessa história no meu *A ilha do dia anterior* e permito-me reportar um trecho, pois, a bem da verdade, sobre uma notícia tão incerta, o meu é o único documento que sugere como as coisas deviam acontecer:

---

6. Enquanto existia uma vasta literatura sobre o pó de simpatia, em particular as obras de Kenhelm Digby (por exemplo, *Theatrum sympatheticum, in quo Sympathiae Actiones variae, singulares & admirandae tàm Macro — quam Microcosmicae exhibentur, & Mechanicé, Physicé, Mathematicé, Chimicé & Medicé, occasione Pulveris Sympathetici, ita quidem elucidantur, ut illarum agendi vis & modus, sine qualitatum occultarum, animaeve Mundi, aut spiritus astralis Magnive Magnalis, vel aliorum Commentariorum subsidium ad oculum pateat*, Nuremberg, 1660), a história do cão parece ser lendária. Entre os textos mais recentes que a reportam, ver Dava Sobel. *Longitudine*. Milão: Rizzoli, 1996.

Até que numa certa manhã, aproveitando-se do fato de que um marinheiro caíra de um penão, fraturando o crânio, e de que houvesse um tumulto na tolda, e de que o doutor fora chamado a tratar do infeliz, Roberto descera despercebido à estiva.

Quase às cegas, conseguira encontrar o caminho certo. Talvez tenha sido sorte, talvez o animal se queixasse mais do que de costume naquela manhã. Roberto, mais ou menos lá onde no Daphne descobriria, depois, os barriletes de aguardente, viu-se diante de um espetáculo atroz.

Bem protegido dos olhares curiosos, num refúgio construído sob medida, numa colcha de trapos, havia um cão.

Talvez fosse de raça, mas o sofrimento e as privações haviam-no reduzido a pele e osso. E todavia seus carrascos davam mostras da intenção de querer mantê-lo vivo: tinham-lhe fornecido água e comida, incluindo comida não canina, certamente furtada aos passageiros.

Estava deitado de lado, com a cabeça abandonada e a língua para fora. Na sua anca abria-se uma vasta e horrenda ferida. Ao mesmo tempo fresca e cancerosa, mostrando dois grandes lábios rosados, os quais exibiam ao centro, e ao longo de toda a sua abertura, um interior purulento que parecia segregar ricota. E Roberto percebeu que a ferida apresentava-se assim porque a mão de um cirurgião, em vez de costurar os lábios, fizera com que permanecessem abertos, fixando-os à pele.

Filha bastarda da arte, aquela ferida fora, portanto, não apenas infligida, como também tratada com crueldade de modo que não cicatrizasse, e o cão continuasse a sofrer — quem sabe desde quando. Não só, mas Roberto entreviu também ao redor e dentro da chaga os resíduos de uma substância cristalina, como se um médico (um médico tão cruelmente atento!) todos os dias a aspergisse com um sal irritante.

Impotente, Roberto acariciara o infeliz, que agora gania submisso. Perguntara-se como poderia ajudá-lo, mas tocando-o um pouco mais forte, fizera-o sofrer. Por outro lado, a sua piedade era dominada por um sentimento de vitória. Não havia dúvida, aquele era o segredo do doutor Byrd, a carga misteriosamente embarcada em Londres.

Um homem como Roberto, por tudo o que sabia e por tudo que viu, podia deduzir que o cão fora ferido na Inglaterra e Byrd cuidava para que ele permanecesse sempre ferido. Alguém, em Londres, todos os dias e numa hora fixa e combinada, fazia alguma coisa com a arma culpada, ou com um pano embebido no sangue do animal, provocando-lhe a reação — talvez de alívio, talvez de sofrimento ainda maior, porquanto o doutor Byrd afirmara que com o Weapon Salve seria possível também fazer o mal.

Desse modo, a bordo do Amarilli, podia-se conhecer num dado momento a hora da Europa. Conhecendo a hora do lugar por onde se transitava, era possível calcular o meridiano![7]

Se a história do cão é fantástica, limitei-me no citado romance a encenar uma parafernália sugerida por Galileu numa carta de 1637 (a Lorenzo Realio). Galileu achava que se poderia fixar a longitude observando a posição dos satélites de Júpiter. Mas, ainda uma vez, num barco à mercê das ondas, seria difícil assestar o telescópio de modo preciso. E eis que Galileu propôs uma solução extraordinária. Para dar risada, não é necessário ver o partido cômico que meu texto extraía dela; basta ler Galileu.

> Quanto à primeira dificuldade, não há dúvida de que parece ser a maior, para a qual, porém, creio ter encontrado o remédio, nas medíocres comoções do barco; e tanto deve bastar, dado que nas grandes agitações e tempestades, que no mais das vezes impedem até a visão do sol, além das estrelas, cessam todas as outras observações ou, aliás, todos os ofícios marinheirescos. Contudo, nas agitações medíocres creio que posso reduzir o estado daquele que deve fazer a observação a uma placidez semelhante à tranquilidade e bonança do mar. Para conseguir tal benefício pensei em colocar o observador num local preparado de tal maneira dentro do barco, que nem as comoções de proa a popa e nem mesmos as laterais dos bordos poderão ser sentidas: e meu pensamento tem o seguinte fundamento. Se o barco estivesse sempre em águas placidíssimas e nada moventes, não há dúvida de que o uso do telescópio seria tão fácil quanto em terra firme. Ora, pretendo estabelecer o observador num pequeno barco dentro do barco grande, sendo que o dito pequeno barco teria dentro uma quantidade de água conforme a necessidade que logo direi. Aqui, primeiramente

---

7. *L'isola del giorno prima*. Milão: Bompiani, 1994. p. 207-208. [Edição brasileira: *A ilha do dia anterior*. Tradução de Marco Lucchesi. Rio de Janeiro: Record, 1995. p. 219-220.]

e manifestamente, digo que a água contida no pequeno vaso, mesmo que o grande barco se incline ou recline à direita e à esquerda, para a frente e para trás, permanecerá sempre equilibrada, sem jamais se erguer ou se abaixar em nenhuma de suas partes, mas conservando-se sempre paralela ao horizonte; de modo que, se neste pequeno barco instalássemos um outro menor, flutuando na água ali contida, ele viria a ficar num mar placidíssimo e, consequentemente, estaria sem flutuar: e este segundo barquinho há de ser o local onde o observador deve se colocar. Quero, portanto, que o primeiro vaso que deve conter a água seja como uma grande bacia em forma de meio globo esférico e que semelhante a este seja também o vaso menor, menor apenas o suficiente para que, entre sua superfície convexa e a superfície côncava daquele que o contém, não fique um espaço maior do que o tamanho do dedo polegar; assim sucederá que pouquíssima quantidade de água será bastante para sustentar o vaso interior, não menos do que se estivesse no amplo oceano (...) A grandeza destes vasos deve ser tal que o vaso interior e menor possa sustentar sem submergir o peso daquele que fará as observações, e também a cadeira e os outros aparelhos acomodados para a colocação do telescópio. E para que o vaso contido esteja sempre separado da superfície daquele que o contém sem nunca tocá-la, de modo que ele não seja movido quando aquele que o contém for movido pela agitação do barco, quero que na superfície interna e côncava do vaso continente sejam colocadas algumas molas, em número de oito ou dez, que impeçam o acostamento entre os dois vasos, mas não tirem do vaso interior a capacidade de não obedecer aos alçamentos e abaixamentos das margens do continente; e se no lugar da água quiséssemos colocar óleo, tanto e até melhor serviria, e a quantidade não teria de ser muita, pois dois ou no máximo três barris bastariam. (...)

Já realizei sob este princípio, para uso de nossas galeras, uma certa touca em forma de capacete, de modo que, colocando-a na cabeça o observador e tendo nela fixado um telescópio ajustado para que mire sempre o mesmo ponto ao qual o outro olho livre endereça a vista, sem fazer mais nada, o objeto que ele olha com o olho livre se encontre sempre diante do telescópio. Uma máquina semelhante poderia ser composta, que se fixasse não sobre a cabeça, mas nos ombros e no busto do observador, na qual fosse instalado um telescópio do tamanho necessário para bem distinguir as estrelas jupiterianas.[8]

Com o perdão de Galileu, cuja extraordinária invenção ninguém ousou financiar, e de toda a pletora de inventores de métodos extraordinários para determinar a longitude, a solução do problema teve de esperar até a invenção do cronômetro marinho de Harrison, ou melhor, até sua aplicação definitiva nos anos setenta do século XVIII. A partir deste momento, mesmo no meio de uma tempestade, o relógio seria capaz de fornecer a hora certa do ponto de partida. Antes disso, as *insulae* eram fatalmente *perditae*.

Até então, a história da exploração do Pacífico é a história de gente que descobre sempre a terra que não estava procurando. Tasman, por exemplo, que buscava as Salomão em 1643, chega primeiro à Tasmânia (ou seja, 42 graus de latitude mais ao sul, como se nada fosse), avista a Nova Zelândia, passa por Tonga, toca sem desembarcar nas ilhas Fiji, de onde vê apenas algumas ilhotas, e chega à costa da Nova Guiné, sem perceber que no interior da enseada que seu barco tinha desenhado estava a Austrália, que está bem longe de ser uma coisinha de nada! Mas ele continuou ricocheteando como uma bola de bilhar, e durante muitos anos outros navegadores passaram a dois passos da Austrália sem vê-la [ver imagem 15 do encarte].

Em suma, era uma ciranda de desatinados entre ilhotas, barreiras co-ralinas e continentes, sem dar a ideia de um plano traçado — pobrezinhos: nós, sim, podemos traçar planos, mas com mapas que elaboramos depois de Cook; a bem da verdade, até então vagávamos como o capitão Bligh, de chalupa, em direção às Molucas, e o importante era não voltar a encontrar o *Bounty*.

Mas continuamos a nos perder nas ilhas mesmo depois de resolver o problema da longitude. Basta ver as navegações de Corto Maltese e Rasputin em *A balada do mar salgado* [ver imagem 16 do encarte]. Os personagens da *Balada* leem. Numa certa altura, Pandora aparece delicadamente apoiada na obra completa de Melville, Cain lê Coleridge, autor de uma outra balada,

---

8. *Lettera a Lorenzo Realio*, 1637 (in Galileo Galilei. *Opere*. Turim: UTET, 1964. vol. I, p. 951-953).

a do Velho Marinheiro, que curiosamente encontrou no submarino alemão de Slütter, que, depois de sua morte, deixará um Rilke e um Shelley na Escondida; e para terminar, Cain cita Eurípedes no final.

E, bem no início, até um canalha como Rasputin aparece lendo *Voyage autour du monde par la frégate du rois La Boudeuse et la Flûte L'Etoile.* Posso garantir que não se trata da primeira edição de 1771, pois esta não tem o nome do autor no frontispício e não é impressa em três colunas.

O livro está aberto mais ou menos na metade e, pelo menos na edição original, de igual formato, é nesta altura que começa o capítulo V, *"Navigation depuis les grandes Cyclades; découverte du golfe de la Louisiade... Relâche... la Nouvelle Bretagne".*

Se havia se atualizado em relação às técnicas de 1913, Rasputin devia saber que se encontrava (como indica o mapinha apresentado por Pratt) no meridiano 155° oeste, mas caso seguisse Bougainville teria de estar no fatídico meridiano 180°, na linha da mudança de data. Por outro lado, Bougainville falava de *"Isles Salomon dont l'existence et la position sont douteuses".*

Quando o navio mercante holandês encontra o catamarã de Rasputin, a primeira coisa que tanto o oficial quanto o marinheiro fijiano observam é que aquela embarcação estava meio fora de mão para ser fijiana, pois os fijianos navegam em geral para o leste e o sul. E, como veremos depois, é isso que deveriam ter feito, pois a ilha do Monge se encontra bem mais a sudeste.

Tentem explicar por que Corto encontra o submarino de Slütter sob a ponta ocidental da Nova Pomerânia, ou seja, navegando para o oeste, se ele partiu de Kaiserine, enquanto a meta do submarino é a Escondida, e a Escondida do Monge (19° sul e 169° oeste) deveria estar ao sul das Salomão e a oeste das Fiji. Um oficial de marinha alemão que, para ir à Escondida, navega em direção à Nova Guiné e diz (como diz) "logo chegaremos à Escondida" (e está a uma distância de pelo menos 20° de meridiano) é um sonhador, preso nas redes de Rasputin, que confundiu os confins do espaço. O fato é que Rasputin ou Pratt ou ambos tentam confundir também os confins do tempo.

Cain e Pandora são capturados por Rasputin em 1º de novembro de 1913, mas todos chegam à Escondida depois de 4 de agosto de 1914 (o Monge os informa de que naquela data havia estourado a guerra) e, *grosso modo*, entre setembro e o último terço de outubro, quando entram em cena os ingleses. Entre as duas páginas de Coleridge e duas discussões com Slütter, um ano se passa, no curso do qual o submarino perambulou por vagas rotas, com a curiosa indolência, a sede de deriva dos bucaneiros do século XVII, do Velho Marinheiro e do capitão Ahab.

Todos os protagonistas da *Balada* se deslocam como nos tempos de Bougainville, se não de Mendaña: viajam no arquipélago da incerteza.

E justamente o fascínio das ilhas é perder-se. E azar de quem as encontra de primeira, como acontece com uma balsa miserável indo de Civitavecchia à Sardenha. O fascínio eterno da ilha ainda é aquele celebrado por Guido Gozzano.

> Mais bela entre todas a Não Encontrada
> que ao Rei d'Espanha deu o Rei de Portugal,
> seu primo, com a devida firma sigilada
> e gótico latim na bula papal.
>
> O Infante vogou pelo reino fabuloso,
> viu as Afortunadas, Junônia, Gorgo, Hera,
> e o Mar dos Sargaços e o Mar Tenebroso
> a ilha buscando... Mas ilha, quem dera!
>
> Em vão as galés com suas gordas velas,
> em vão as proas armadas das caravelas:
> a ilha se esconde com a bênção papal
> por mais que a busquem Espanha e Portugal.
>
> A ilha existe. Às vezes ao longe desponta
> entre Palma e Tenerife, envolta em mistério
> "... a Ilha Não Encontrada" — logo aponta
> o canarino do Teide ao forasteiro.
>
> Em velhos mapas corsários ela encontra lugar.
> ... Ilha por achar? ... Terra andarilha? ...

É a ilha fadada que desliza no mar;
agora o navegante a vê com maravilha...

E roça com a proa o seu beato litoral:
entre flores nunca vistas e uma palma altiva,
chora o cardamomo, transuda o seringal
e odora sublime a floresta espessa e viva..

Anuncia-se com perfumes, qual cortesã,
a Ilha Não Encontrada! Mas ante o seu afã,
rápida ela some qual falsa aparência
e se tinge de um azul cor de distância...

Não creio que Gozzano tivesse em mente alguns mapas encontrados nos livros de navegação do século XVIII, mas esta ideia da ilha que "some qual falsa aparência e se tinge de um azul cor de distância" nos obriga a pensar que, antes de resolver o problema das longitudes, recorria-se, para reconhecer uma ilha, ao desenho de seu perfil, tal como foi visto da primeira vez. Chegando de longe, a ilha (cuja forma não existia em mapa algum) era reconhecida, como diríamos hoje de uma cidade americana, pelo *skyline*. E se existissem duas ilhas com *skylines* muito semelhantes, como duas cidades que tivessem o Empire State Building e (outrora) as Torres Gêmeas ao sul? Aportava-se na ilha errada, e sabe-se lá quantas vezes isso aconteceu, mesmo porque o perfil de uma ilha muda com a cor do céu, a neblina, a hora do dia e talvez até com a doce estação que transforma a consistência das massas arbóreas. Às vezes a ilha se tinge de azul cor de distância, pode desaparecer na noite ou na bruma, nuvens baixas podem ocultar o perfil dos montes. Não existe nada mais fugaz que uma ilha da qual se conhece apenas o perfil. Chegar a uma ilha da qual não se possui mapas e coordenadas é mover--se como um personagem de Abbott numa Flatlândia em que se conhece apenas uma dimensão e as coisas são vistas só de frente, como linhas sem espessura, ou seja, sem altura e sem profundidade, sem falar que só um ser extraflatlandiano poderia vê-la do alto.

De fato, costuma-se dizer que os habitantes das ilhas Madeira, Palma, Gomera e Ferro, enganados pelas nuvens, ou pela Fata Morgana, às vezes tinham a impressão de entrever, a ocidente, a *insula perdita*, fugidia entre a água e o céu.

Assim como se podia entrever entre os reflexos do mar uma ilha que não havia, também se podiam confundir duas ilhas que existiam e não encontrar jamais aquela que se queria alcançar [ver imagem 17 do encarte].

Eis como se perdem as ilhas.

E eis por que as ilhas não se encontram jamais. Como dizia Plínio (II, 96), certas ilhas flutuam sempre.

[PUBLICADO NO *ALMANACCO DEL BIBLIOFILO. SULLE ORME DI SAN BRANDANO* (MILÃO: ROVELLO, 2011), RETOMANDO UMA EXPOSIÇÃO FEITA NUM CONGRESSO SOBRE AS ILHAS, QUE TEVE LUGAR EM CARLOFORTE, EM 2010].

Reflexões sobre o WikiLeaks

Enquanto no plano dos conteúdos, o WikiLeaks revelou-se um escândalo aparente, no plano das formas foi e será algo mais. Como se diz, o WikiLeaks inaugurou uma nova era histórica.

Um escândalo é aparente quando traz para o nível do discurso público aquilo que todos sabiam e diziam em particular e que era apenas, por assim dizer, sussurrado por razões de pura hipocrisia (por exemplo, as fofocas sobre um adultério). Qualquer pessoa, não digo perita nas coisas da diplomacia, mas que tenha visto alguns filmes de intriga internacional, sabe muito bem que, pelo menos desde o final da Segunda Guerra Mundial, ou seja, desde que os chefes de Estado podem falar pelo telefone ou pegar um avião para um encontro no jantar, as embaixadas perderam sua função diplomática (por acaso algum embaixador foi enviado, bicorne de gala na cabeça, para declarar guerra a Saddam?) e, à exceção de pequenos exercícios de representação, transformaram-se, nos casos mais evidentes, em centros de documentação sobre os países hospedeiros (com o embaixador, quando é dos bons, fazendo as vezes de sociólogo e politólogo) e, nos casos mais reservados, em verdadeiras centrais de espionagem.

Contudo, dizer isto em voz alta obrigou a diplomacia americana a admitir que é mesmo verdade e, portanto, a sofrer uma perda de imagem no plano das formas. Com a curiosa consequência de que esta perda, vazamento, gotejamento de informações sigilosas, mais do que prejudicar as supostas vítimas (Berlusconi, Sarkozy, Kadhafi ou Merkel), prejudicou o suposto carrasco, ou seja, a pobre sra. Clinton, que provavelmente se limitava a receber as mensagens que os adidos à embaixada enviavam por dever profissional, visto que eram pagos só para fazer isso. O que é, aliás, exatamente o que Assange pretendia, segundo todas as evidências, pois seu veneno era contra o governo americano e não contra o governo Berlusconi.

Por que as vítimas não foram atingidas, ou o foram apenas superficialmente? Porque, como todos perceberam, as famosas mensagens secretas eram puro "eco da imprensa", limitando-se a relatar aquilo que todos na Europa sabiam e diziam e que, na América, já havia aparecido até no *Newsweek*. Portanto, os relatórios secretos eram como as clipagens que a assessoria de imprensa de uma empresa organiza para o diretor executivo que, atarefado como é, não tem tempo de ler os jornais.

É evidente que, como os relatórios enviados a Hillary Clinton não falavam de coisas secretas, não eram "bilhetinhos" de espionagem. Mas mesmo que fossem notícias aparentemente mais reservadas, como o fato de que Berlusconi tem interesses particulares nos negócios do gás russo, mesmo assim (seja a coisa verdadeira ou falsa) as mensagens não fazem senão repetir o que já diziam aqueles que, nos tempos do fascismo, eram chamados de estrategistas de botequim, ou seja, o pessoal que discute política nos bares.

E isso serve apenas para confirmar uma outra coisa que todos sabem muito bem, ou seja, que todos os dossiês elaborados por um serviço secreto (de qualquer nação) são feitos exclusivamente com material de domínio público. As "extraordinárias" revelações americanas sobre as noites de arromba de Berlusconi reportavam aquilo que se podia ler, há meses, em qualquer jornal italiano (menos dois), e as manias despóticas de Kadhafi serviam, há tempos, de tema — aliás, bem requentado — para os caricaturistas.

A regra de que os dossiês devem ser feitos apenas com notícias já conhecidas é essencial para a dinâmica dos serviços secretos e não apenas neste século. É a mesma regra que faz com que se observe, indo a uma livraria dedicada a publicações esotéricas, que cada livro novo repete (sobre o Graal, sobre o mistério de Rennes-le-Château, sobre os templários ou sobre os rosa-cruzes) exatamente aquilo que estava escrito nos livros precedentes. Isto não só e nem tanto porque os autores de textos ocultistas não gostam de fazer pesquisas inéditas (ou não sabem onde encontrar notícias sobre o inexistente), mas porque os devotos do ocultismo só acreditam naquilo que já sabem e no que reconfirma o que já sabiam. Este é, aliás, o mecanismo do sucesso de Dan Brown.

O mesmo acontece com os dossiês secretos. Preguiçoso o informante e preguiçoso, ou de mente estreita, o dirigente dos serviços secretos, que só considera verdadeiro aquilo que reconhece.

Visto, portanto, que os serviços secretos, de qualquer país, não servem para prever casos como o ataque às Torres Gêmeas (e em certos casos, como são regularmente desviados, até os provocam) e só arquivam aquilo que já se conhece, não faria a menor diferença se fossem eliminados. Mas, com os tempos que correm, cortar mais postos de trabalho seria realmente insensato.

Mas como já dissemos, se no plano dos conteúdos o escândalo era apenas aparente, naquele das formas o WikiLeaks inaugurou uma nova era histórica.

Nenhum governo no mundo que continuar a confiar as próprias comunicações e os próprios arquivos sigilosos à internet ou a outras formas de memória eletrônica pode alimentar ares de secretismo. E não falo apenas dos Estados Unidos, mas também de San Marino ou do Principado de Mônaco (talvez apenas Andorra seja poupado).

Vamos tentar dimensionar o alcance do fenômeno. Antigamente, nos tempos de Orwell, era possível conceber o Poder como um Grande Irmão que monitorava cada gesto de cada um de seus súditos, também e sobretudo quando ninguém se dava conta. O *Big Brother* televisivo é uma pobre caricatura do Grande Irmão, porque ali só se pode monitorar o que acontece com um pequeno grupo de exibicionistas que se reúnem justamente para se mostrar — e portanto a história tem importância apenas teatral ou psiquiátrica. Mas aquilo que no tempo de Orwell era apenas profecia, agora se realizou completamente, pois o Poder pode controlar cada movimento dos sujeitos através de seu telefone celular; cada transação realizada, hotel visitado, autoestrada percorrida através de seu cartão de crédito; cada presença num supermercado através de circuitos internos de TV — e assim por diante — e, desse modo, o cidadão tornou-se vítima total do olho de um Grandíssimo Irmão.

Pelo menos era o que pensávamos até ontem. Mas agora ficou demonstrado que nem as profundezas dos segredos do Poder escapam do monitoramento de um hacker e, por conseguinte, a relação de monitoramento deixa de ser unidimensional para se tornar circular. O Poder controla cada cidadão, mas cada cidadão, ou pelo menos o hacker eleito como vingador do cidadão, pode conhecer todos os segredos do Poder.

E mesmo que a grande massa não tenha condições de examinar e avaliar a quantidade de material que o hacker captura e divulga, eis que se delineia um novo papel da imprensa (que ela já começou a desempenhar nestes dias): agora, mais do que registrar as notícias relevantes — e outrora quem decidia quais eram as notícias realmente relevantes eram os governos, declarando uma guerra, desvalorizando uma moeda, assinando uma aliança —, ela decide autonomamente que notícias se tornarão relevantes e quais serão silenciadas, e chega mesmo a acordar (como já aconteceu) com o poder político quais "segredos" desvelados revelar, quais calar.

(À parte o fato de que — visto que todos os relatórios secretos que alimentam ódios e amizades de um governo proveem de artigos publicados ou de confidências de jornalistas a um adido da embaixada — a imprensa está assumindo também uma outra função: antes espiava o mundo das embaixadas estrangeiras para conhecer suas tramas ocultas, agora as embaixadas espiam a imprensa para conhecer as manifestações que revela. Mas voltemos à vaca-fria.)

Como vai se sustentar a partir de amanhã um Poder que não dispõe mais da possibilidade de conservar os próprios segredos? É bem verdade que, como já dizia Simmel, todo verdadeiro segredo é um segredo vazio (pois um segredo vazio jamais poderá ser revelado) e possuir um segredo vazio representa o máximo do poder; é verdade também que saber tudo sobre o caráter de Berlusconi ou de Merkel é efetivamente um segredo vazio enquanto segredo, pois é matéria de domínio público; mas revelar, como fez o WikiLeaks, que os segredos de Hillary Clinton eram segredos vazios significa tirar qualquer poder do Poder.

É evidente que, no futuro, os Estados não poderão mais confiar nenhuma informação sigilosa à internet — seria como publicá-la num cartaz pendurado na esquina de cada rua. Mas também é evidente que, com as atuais tecnologias de interceptação, é inútil querer manter uma conversação confidencial ao telefone. Nada mais fácil, ademais, do que descobrir se e quando um chefe de Estado pegou um avião para encontrar um colega, sem falar naquela feira popular para contestadores que o G8 se tornou.

Mas, então, como poderemos manter relações particulares e confidenciais no futuro? Como reagir ao triunfo incontrolável da Transparência Total?

Sei muito bem que por enquanto minha previsão é ficção científica e, consequentemente, romanesca, mas sou obrigado a imaginar agentes do governo que, de forma sigilosíssima, se deslocam em diligências ou caleças por caminhos incontroláveis, em estradas vicinais das áreas mais desvalidas, intocadas até mesmo pelo turismo (visto que hoje os turistas fotografam com o celular tudo o que se move diante deles), trazendo mensagens guardadas na memória ou, no máximo, escondendo poucas e essenciais informações no salto do sapato.

É interessante imaginar o enviado da embaixada da Livônia e o adido do País das Maravilhas na esquina de uma rua solitária, à meia-noite, sussurrando suas senhas ao se encontrar furtivamente. Ou talvez, no meio de um baile de máscaras na corte da Ruritânia, um pálido Pierrô que, recuando para o lugar onde os candelabros criam uma zona de sombra, retira a máscara mostrando o rosto de Obama a uma Sulamita que, afastando rapidamente o véu, revelará os traços de Angela Merkel. E lá, entre uma valsa e uma polca, acontecerá o encontro, finalmente sigiloso até para Assange, que vai decidir a sorte do euro ou do dólar, ou dos dois.

Está bem, sejamos sérios: não é assim que vai acontecer, mas de algum modo uma coisa bem parecida vai acabar ocorrendo. Seja como for, as informações, as gravações do colóquio secreto serão conservadas posteriormente em cópia única e manuscrita em gavetas fechadas à chave. Pensem bem: na verdade, a tentativa de espionagem de Watergate (onde se tratava de arrombar um armário ou um fichário) teve menos sucesso do que o WikiLeaks. Aconselho, portanto, à sra. Clinton o seguinte anúncio que encontrei na internet:

> A Matex Security existe desde 1982 em defesa de seus bens e propriedades. Oferecemos móveis construídos sob medida para sua casa com compartimentos secretos, onde você pode esconder seus bens e documentos preciosos, num local onde nenhum mal-intencionado poderá encontrá-los,

mesmo que revistasse toda a casa ou escritório ou barco de qualquer tipo ou modelo. Nossos móveis são realizados com o máximo de privacidade, para serem operados sob medida e diretamente pelo cliente, construídos exclusivamente pelo nosso marceneiro e conhecidos apenas do pessoal de nossa máxima confiança.

Por outro lado, tempos atrás escrevi que a tecnologia começou a avançar em passos de camarão, ou seja, para trás. Um século depois da revolução das comunicações protagonizada pelo telégrafo sem fio, a internet restabeleceu um telégrafo com fios (telefônicos). Os videocassetes (analógicos) permitiram que os estudiosos de cinema explorassem um filme passo a passo, percorrendo-o para a frente e para trás e descobrindo todos os segredos da montagem, enquanto hoje os DVDs (digitais) só permitem saltar de capítulo em capítulo, ou seja, por macroporções. Atualmente, com os trens de alta velocidade, se vai de Milão a Roma em três horas, enquanto de avião, entre os vários atrasos, são três horas e meia. Logo, não é extraordinário que a política e a técnica das comunicações governamentais retornem ao tempo das diligências, aos encontros entre as brumas de um banho turco, às mensagens entregues na alcova por alguma condessa de Castiglione. É provável que se abram, portanto, boas perspectivas de trabalho para as *veline** de amanhã e para os que aprenderem a bem empregá-las em benefício da coisa pública.

[Reelaboração de dois artigos, publicados um no *Libération* (de 2 de dezembro de 2010) e o outro em *L'Espresso* (de 31 de dezembro de 2010).]

---

* Ver o início do capítulo "*Veline* e silêncio" (p. 152), que explica as várias acepções do termo *velina*. (*N. da T.*)

Este livro foi composto na tipografia Minion
Pro, em corpo 11/16, e impresso em papel
off-white no Sistema Cameron da Divisão
Gráfica da Distribuidora Record.